チェ・テソプ

韓国、男子

その困難さの感情史

小山内園子・すんみ 訳
趙慶喜 解説

みすず書房

한국, 남자

귀남이부터 군무새까지 그 곤란함의 사회사

최태섭

This book is published with the support of
the Literature Translation Institute of Korea (LTI Korea).
本書は刊行にあたり, 韓国文学翻訳院の助成を得ました.

韓国、男子——目次

凡例

◆本書は、최태섭『한국, 남자―귀남이부터 군무새까지 그 곤란함의 사회사』(은행나무、2018)の全訳である。ただし、本文に引用されている統計データおよびそれに関連する記述の一部で、著者の意向により原著刊行後の新しいデータに更新・改訂した部分がある。

◆＊印付きの番号をふった脚注は原著者による注記である。また、訳者による注釈は該当箇所に①、②、…と番号をふり、脚注欄に訳①、訳②、…で示した。本文または原注の中の〔 〕入りの補いも訳者による。

◆本文や原注で参照されている韓国の文献の書誌情報(および欧文文献のタイトル)は原則として日本語訳の形で示し、原表記は巻末の「参考文献」欄に記載した。

◆各種文献からの引用部分は、引用文原典の既訳等がある場合にも、原則として本書の韓国語原文から日本語に訳出した。

◆本文中や表・グラフ中の年齢は「数え年」であることに注意されたい。韓国では年齢の数え方に関して伝統的に数え年が使用されてきた。2023年6月に数え年を廃止し、満年齢の使用を定める法律が施行されたが、日常生活では相変わらず数え年が使われることが多い。数え年は誕生日によっては満年齢と最大2歳の差が生じることから、本文では満年齢に置き換えず、原文の表記のまま訳出している。

序　いま、韓国の男たち

ソン・ジェギと男性「連帯」

２０１３年のある日、市民団体「男性連帯」代表のソン・ジェギ①が、麻浦《マポ》大橋の欄干の上に危うげにたたずんでいた。欄干に立つことになった理由は、団体の運営資金への募金を呼びかける際に掲げていた「１億集まらなければ、漢江《ハンガン》にダイブする」という公約を実行に移すためだった。彼は、団体の運営で２億ウォン②の借金を抱えていた。とはいえ、川への身投げは自殺することを意味してはおらず、募金集めに失敗したことへの、単なるパフォーマンスという主張だった。それが証拠に、海兵隊出身だから泳ぎは得意だし、最低限の安全対策も行っている、その日の夕方には焼肉パーティの予定もあるという。だが、結局は４日後、川の下流で彼の死体が発見されることになり、パフォーマンスは死亡事故というかたちで終わりを迎えることになった。

彼の死をどう定義づけるかは、ひどく難しい。死因からして曖昧である。生前の主張からすれば、それは自殺ではなく事故だろう。しかし、梅雨で増水中の漢江に、特別な措置も講じず丸腰でダイブをしても無事と判断したというのは、常識からいって納得しがたい。意図的な自殺と見るのは難しいとしても、よくある不慮の事故とも片づけがたい。

だが、より当惑させられるのはこの死の意味合いである。彼の死はどんな意味を持っ

訳①　韓国の社会活動家。２００６年に男性主義と男性の人権を守る団体「男性連帯」を設立。韓国社会は男性ばかりに責任や犠牲を求め、家族の扶養を強要しているとして、女性部（現女性家族部）の廃止や男性の兵役をキャリアに反映させる「軍加算点制度」の復活、男女間での割り勘の推進などを訴えた。

訳②　日本円にして約２０００万円。１０００ウォンは日本円で約１００円。

ているのだろう？　彼は、一身上の問題や偶発的な事故で亡くなったのではない。生前彼は、一連の社会的主張や要求を粘り強く展開していた。ならばその死には、当然に彼の活動と結びつく意味が付与されてしかるべきだ。ところが、ダイブの理由に挙げられたのは「団体の運営資金が集まらない」という事実であり、通常力説していたワリカンや男性逆差別の問題のためだったとはいいがたい。後日発表された男性連帯の声明文によれば、このパフォーマンスには、表にされていない主張（性売買の摘発時、買春した者のみ処罰されるとした性売買特別法改正案への反対）が包括的に含まれているというが、彼の死に至るまでの行動には、そうしたことがひとつも示されていなかった。よって、この死が何らかの意味を持つとすれば、それは、漢江にダイブする危険性の喚起以上でも以下でもない。

ソン代表の死後、その死を追悼する男性たちがオンライン上に大挙して現れた。考えてみれば、彼らこそソン代表の生を継続させることができた存在のはずだ。運営資金を募金していたら、あるいは「パフォーマンス」を止めるよう真剣に伝えていたら、ソン代表が帰らぬ人になることは防げたかもしれないのである。だが、男性連帯に対する男性たちの「連帯」は、それほど共感的には作用しなかった。ソン代表は生前、「からかい支援」について言及したことがある。2012年頃、インターネット上の掲示板サイト「日刊ベスト貯蔵所 www.ilbe.com（以下「イルベ」）」③の会員たちが「男性連帯に支援した」と言っては、多いもので数百万ウォンの振込票を証拠として示していたことがあ

訳③　ネット右翼や女性差別者が多く集まるとされる。特定地域への差別や、セウォル号沈没事故の犠牲者と遺族を侮辱する発言、光州事件を北朝鮮の扇動として扱うなど、社会的な論議を呼んでいる。「イルベ」の呼称はサイト名のみならず、そこに集まって発言をしている人々を指すこともある。

ったが、ほとんどは悪ふざけや偽造だったという。おまけに、ソン代表の死後に葬儀場へ押しかけて、わざわざ５００ウォンや１０００ウォンの香典を置いていく人間も少なくなかった。ソン代表の主張に同調し支持する人間の数にくらべて、実質的な寄付での支援は非常に低調だったのである。

仁義なき戦い

韓国社会を覆う女性嫌悪の波に便乗したがる「かまってちゃん」は、後を絶たない。だが、そうした人々は、あえて言えば「使い捨て」の存在に近い。関連する論争なりバトルなりがオンライン上で起きると、何事にも首を突っ込まずにはいられないかのごとくわいてくるものの、実際の勢力化はというとさほど進んでいない。誰かが女性嫌悪的な発言や行動で注目を集めはじめれば、オンライン上に応援の声（もちろん大部分は実質的な役に立たない）が殺到する。しかし、当の本人が刑事罰、あるいは訴訟といった理由でピンチに陥れば、応援はたちまち嘲笑にとってかわる。つまりこういう感じだ。女性嫌悪に同調する男性の世論は、注目を浴びるべく誰かが前に踏み出せば関心を寄せ、もっと過激にやれとあおるが、実際に一線を踏み越えて処罰されることになると、大慌てで「損切り」[*1]に走る。行為者たちは、自らのそうしたふるまいを恥ずべきものとは思っていない。冷酷なこの世の掟なのだから、タイミングよく損切りできないほうが間違っ

１＊　損害を断ち切る売買を指す韓国語「損絶買」（ソンジョルメ）の略語で、損をする前に取引、投資、関係を断絶するという意味である。

ているとして憚らない。

その最大の理由は、過激なトローリング④で注目を集め、競争を繰り広げたがる男性の大部分が、男性社会のセンターからは疎外されているからである。男性社会の主流は、そうした構図にさほど関心を払っていない可能性が高い。主流がみなフェミニストだからそうなのではなくて、すでに有利な生活をしているのに、わざわざそんな面倒な場に参入する理由がないからだ。階級的にであれ、男性性での競争に敗れたのであれ、恋愛とセックスの市場から締め出されたのであれ、この戦争に首をつっこむ第一の動機は、圧倒的に「欠乏」である。他のサイレントマジョリティは、そうした欠乏を抱える男たちによるショーを楽しみ、生じたメリットは共有しても責任を分け合いはしない。

依然として男の重要な徳目とあげられがちなのは仁義だが、この「性戦」の場にそうしたものは存在しない。そしてこの仁義の不在こそ、ジェンダー権力がどちらに偏っているかを示すものである。この性戦の中で男たちは、わざわざ前に進み出て連帯する必要がない。あえて「男性の人権」を声高に叫ぶ必要もない。最も効果的な対応戦略は、ひたすら沈黙していることだ。すべての問題提起や平等を求める声をひねりつぶしつつ、黙ってやり過ごしてさえいればよいのである。

訳④　悪意のあるコメントをしつこく投稿するなどの、ネット上の嫌がらせ行為。

ボタンを押した男たち

ところが、ここのところ黙っていられない男たちがますます増加している。２０１５年に登場したと思いきや姿を消し、にもかかわらず韓国男子の心に永遠に生きつづける「メガリア」⑤の登場以降に見られる傾向だ。メガリアは、「女も人である」という彼らにとってはラディカルなメッセージのさらに上を行く「女も男を痛い目にあわせられる」という驚天動地のメッセージを投げつけた。それまで女性に浴びせられてきた数多くの嫌悪表現を反転する「ミラーリング」という手法は、真っ白の雪原のような男たちの心に乱れた足跡を刻みつけた。

好き放題に女性嫌悪的な表現を使っていた男たち、あるいは、ネット上のコミュニティにアップされた「キム女史《ヨサ》」⑥や「味噌女《テンジャンニョ》」⑦の画像を、他人事のように鼻先で笑っていた男たちは、それこそ血相を変えた。彼女たちのさまざまな反撃の中で最も急所を突いたのは、韓国人の男性器のサイズに関するものだ。ネットで即検索可能なデータによれば、韓国の男子の性器の平均サイズは勃起前６・９センチ、勃起後９・６センチで、1位のコンゴ（12／16センチ）や日本（8／13センチ）より小さいのはもちろん、インド（勃起後10・02センチ）よりも小さい最下位圏に位置している。*2 その小さな性器を指で示したメガリアのロゴのせいで、男たちは、似たような手つきを見ただけでも苛立ちを

訳⑤　女性嫌悪サイトへのカウンター活動を行っていたコミュニティサイト。性的に男性を非難する発言が多く、男性嫌悪サイトとされた。２０１７年1月に閉鎖。

訳⑥　運転が下手な中年女性を蔑む言葉。

訳⑦　特に若い世代の女性を蔑む言葉。詳細は第5章「女性嫌悪の年代記1――味噌女の誕生」（p. 185）参照。

2＊　「9・6センチ」は、１９９９年に韓国の泌尿器科専門医ソン・ファンチョル博士が発表した「20代韓国男性の陰茎の

見せ、目の敵にするようになった。

また、男性間の競争のみならず、女性との競争にも破れはじめた男性の増加にともなって、この現象は深刻さを増している。現在、男性の相対的な学力の低さは全世界的な問題であり、小・中・高・大を問わず男子は教育現場で女子に後れを取っている。さらに、製造業が危機的な状況になる中でサービス業が台頭するという産業構造の変化は、特に下層階級の男性に不利に作用した。もちろん、所得や就業率をはじめとする経済的指標の大部分は、依然として圧倒的な男性優位を示している。そうなのだが、男が今後、経済的に恵まれた生活を期待するのが難しいことは確実で、失脚の兆しはあちらこちらにうかがえるのだ。そうした脅威を感じとった男性たちが、社会的弱者の生活を保護するための施策を、自らへの逆差別とみなして攻撃しているのである。

もちろん、男性に対してより強力に適用される制約がないわけではない。生計扶養者にならなければ、というプレッシャーは、それがどの程度実現可能なことかとは無関係に、社会の大多数の男性が感じている。「結婚をして正常家族⑧を成し、生計扶養者としての経済活動ができなければまっとうな男ではない」という認識は社会全般に広がり、強い拘束力を行使している。そうであるからこそ、逆に男性家長を家族の「主人」とみなし、家長以外の構成員を非人格化する風潮も成立することになる。

韓国社会に生きる男性にとって、長期にわたる集団的トラウマである軍服務の経験も、やはり制約として認識できるだろう。軍に服務する2年ほどの時間は、さしたる社会的

サイズと、それについての自己認識に関する研究」(『Korean Journal of Urology』第40巻第8号、大韓泌尿器科学会、1999)に関する引用から始まった。この研究は、韓国軍の鎮海(チネ)病院に入院していた将兵156人(平均年齢22・4歳)を対象に行われたもので、結果データのうち勃起前の長さは6・9センチ、手で伸ばした性器の長さ(stretched length)に該当する値は9・6センチ、勃起後の長さは10・8±1・3センチと測定された。ところが、その後2003年に、同僚らと海外の学術誌に掲載した論文では勃起後のサイズが抜け、手で伸ばした長さだけが記録された。それが海外で、韓国男性の勃起した性器のサイズとして引用されはじめたというのが、これまでにわかっていることである。

訳⑧　韓国社会で理想的とされる、夫婦とその子どもから成る典型的な核家族の形態。

補償もないまま義務として空費せざるをえない。また、その過程でさまざまな暴力や危険にさらされ、特定の見方や意見を無理矢理のみこまざるをえない。確かに問題なのだが、それに対する男性の不満が、主に同年代の女性に向けられているのもやはり問題である。兵役の義務について男性から噴出している主張を総合すると、分断状況で兵役があるのは仕方がないものの、自分たちは兵役によって著しく大きな損失や傷を被っている、ゆえに、その苦労や苦痛を女性は察するべきなのに、女性はむしろ自分たちの権利ばかりを要求するのに忙しく、男性を慰めてくれないので不満、という奇怪な展開になる。興味深いのは、女性を含む多くの社会運動主体が進めてきた徴兵制改善運動（あるいは志願兵制転換運動）が、男性一般から格別の人気を集めたことはないという事実だ。兵営での人権を守ろうという措置に最も多く非難を浴びせている集団は、他でもない予備役兵たち⑨である。したがって、この問題を前向きに解決したい人々にとっては、どの集団と足並みを揃えたらいいかよくわからない、ギクシャクした状況が続くことになる。

ここ数年、社会的・経済的な生活全般の質の低下は無慈悲にさえ思えるほどだが、それに対する男性の反応も、やはり問題だろう。男性がその波をまともにかぶっており、両極化によって以前とはくらべ物にならないレベルの格差に苦しまなければならなくなっていることは、確かに社会的な事実である。だが、そうした波は社会的弱者にこそより切実な問題として感じられるものだ。異性愛男性というポジションは、少なくともジェンダーという次元では、つねに多数派のポジションにある。もちろん、個々人のポジ

訳⑨　兵役服務を終えたあとは全員、有事の際に追加動員される「予備役」となる。このため、兵役の終了は「除隊」ではなく「転役」と言われる。

ションはジェンダーが作り出すのではなく、階級や人種（地域）、障害の有無といった別の次元との交差の中でもたらされるものである。したがって、異性愛男性だからつねに別のジェンダーを持つ人より上位に君臨可能というわけではない。とはいえ、それぞれの次元でその時、その場で影響力の差が生まれはしても、ジェンダーはスイッチのように個別につけたり消したりすることのできないものだ。つまり、異性愛男性というジェンダーは、貧困だったり有色人種だったり障害者であっても、男性支配の分け前を一定程度共有し、各自の状況にしたがってそれを行使することになる。それが特権にならない空間はごく少数あるが、男たちがそこで感じる居心地の悪さが、男でない者が世間に暮らしながら感じている生きづらさと相殺できるわけでは断じてない。

にもかかわらずこんにちの世界では、そうした条件は何の意味もない、すべて個人の能力次第、誰もが成功できるし敗北は各自の責任、と教えられる。かつて倫理的な領域に属していたアイデンティティの問題は、いまや利害得失の領域に移った。人々は特権を恥と思わず、他人の苦痛には関心を持たず、自分の手に入らないものはすべて自分に対する（逆）差別だと認識しがちだ。ひたすら目の前にある風景ばかりが真実なのである。そんな中で男たちは自己憐憫と正当化の語りを作り出す。彼らは欺瞞者ではなく、自分が信じたいものを信じる者たちなのだ。

韓（国）男（子）の起源と現在

本書が取り上げるのは、韓国男子《ハングクナムジャ》という困難な存在である。この困難は重層的だ。韓国男子は、その始まりから現在に至るまで、ただの一度も理想的な自己像を現実へと具現化することができなかった。さらに、その失敗をつねに別の社会的弱者、特に女性のせいにしてきた。社会的には暴力と抑圧の主体であり、内的には失敗と挫折でがんじがらめになっている。

第1章では、現在地球のあちこちで浮上中の男性問題を見ていく。長きにわたって男性が人間という種の基本とされてきたために、男性の問題は、イコール人類の問題と扱われてきた。だが近年、アジアならびに東欧で、男性人口の過剰さや学習・経済活動における男性の不振が浮き彫りとなり、「男」そのものが問題視される新たな傾向が生まれている。第2章では、すべての基本となる普遍的な存在の「男」ではなくて、個別に存在する男への、さまざまな理論的／学問的検討の様相を見ていく。そうした観点を持つことを可能にしたのが、フェミニズムという、もう半分に対しての理論であり運動である。だが、本書ではフェミニズムに関するエピソードは意図的に省いている。理由は、本書が主題とする男子という存在により集中するためであり、と同時に、すでに尊敬すべき多くのフェミニストたちの意見や観点を学べる良書が、世界にはあふれているからである。とはいえ、本書に最も多く登場する意見は、ほとんどがフェミニストたちのものだ。男たちがのんびり職場のウォーターサーバーか何かをゆすっているあいだに、フェミニストたちは、男性支配を強化する家父長制という体制について、熾烈に研究を重ねていたのである。第3章では、韓国社会という特定の社会にフォーカスを合わせ、韓国男子の起源と歴史を取り上げる。現在、「男」という存在にからみついている価値の多くが、つい1世紀前にはひどく物珍しいものだったことがわかるだろう。第4章では韓国男子が変曲点を迎えた1990年代の風景を振り返りつつ、変化への欲望と危機的なイシューが、どのようにして男子の自己憐憫をことさらに増大させたのかを見ていく。最後に第5章で、2000年代以降に繰り広げられているジェンダー戦争の様相を仔細に眺め、その論理と問題点を究明してみる。

なぜこうした作業が必要なのか、まずは理解のためだ。理解は、妥協するためにも戦うためにも必ずや必要な先行プロセスである。そのプロセスを経ることで、対象がどんなものを核に存在しており、どこが脆弱な部分かの認識を得ることができる。実際、男は意外と自分たち男のことを知らない。自分と自分の周りの男たちが暮らしている姿の断片をなんとなくつなぎ合わせて、ひとつのイメージを形作ることができるだけだ。したがって本書は、男たちの自己認識の産物であると同時に、社会的客観を求める苦悩の産物でもある。

個人的には、韓国男子として30代半ばを迎えた自分自身の直面している悩みも作業の動機だった。その悩みとは、誰かを抑圧することなしにひとりの主体として、また、他人と連帯しケアを行う者として生きていけるのかという問いである。思うに、男というアイデンティティを突き詰めることなしには、その問いへの答えは見つからないはずなのだ。本書が私にとっても、また似たような悩みを抱く別の誰かにとっても、ひとつの糸口を提供できることを切に願っている。

1

問題になる男

「貴男《グィナム》」たちが招いた危機

跡を継ぐ息子

非常に長いあいだ、人類は「息子」を持つために努力してきた。父親中心の家父長制、そして、その父親の跡を継いで家門を維持する息子という構図は、偏りこそあれ世界の至る所で見られる普遍的な様相だった。フリードリヒ・エンゲルスの有名な著作『家族・私有財産・国家の起源』[①]は、そうした長子相続の構図が生じた原因を、新石器時代の農業革命によって発生するようになった剰余生産物へと求めている。狩猟と採取に依存していた頃とは違って、食べても余るほどの食料を生産することになった人類は、それを自分の子孫へ残したいと考えるようになった。それには誰がわが子かをはっきりさせる必要がある。女たちより力の強い男たちが、それまでの入り乱れつつも平穏だった関係を禁じて、女たちを不自由な生活へ追いこんだとする有名な説である。

死後も何かが残り、自分にとって代わることを願う抽象的で超越的な思考がスタートして以来、多くのものが生まれては消えていった。空気中に散ってなくなる言葉に代わって文字が発明され、巨大な墓、神殿、城が築かれ、国家と法が生まれた。そんな中で多くの息子たちが誕生し、父親の名と権威を受け継いだ。

なぜ息子にそれらを譲るようになったのかについては、いくつかの説が存在する。力の強い息子のほうが生存と防御に有利だったからという説があるし、女を従属的な地位

訳① 邦訳：土屋保男訳、新日本出版社（1997）。

に置いた男たちがその状態の維持を望んだという話も、女が子どもを産み育てるほうを好んだために家門の名誉を守るのは男の仕事になったという説もある。じつはそのいずれも、今に至るまで続く「跡を継ぐのは息子」という認識を完璧には説明できていない。

もちろん、歴史上には、息子にかわって跡取りとなった娘たちも多く存在する。一部では母系で継承される社会が、文明化や家父長制の荒波をくぐりぬけて引き継がれもしている。だが、たいていの場合、娘たちにチャンスが訪れるのは、息子がいないときや息子が死んだあとだった。息子優先ではあるが同じ血統であることのほうをより重要視する文化はあったし、そうしたこととは関係なく、ただもう息子でなければならないという文化もあった。これまで明らかになっている朝鮮半島の歴史全体でみると、女王は、身分制度が長子相続よりさらに重要視された新羅で生まれた3人（善徳《ソンドク》女王、真徳《チンドク》女王、真聖《チンソン》女王）のみである。面白いのは、それでも中国や日本の歴史の記録より割合としては多いことだ。王ではないが実質的には王だったという者の数は、当然これをやや上回る。だが、そのほとんどが、権力欲に突き動かされた希代の「悪女」として歴史に名を刻まれている。そうした記録や評価のすべてが男の手によるものだったことは、あえて言うまでもないだろう。

戸主制と女性の再植民化

朝鮮半島に存在していた数多くの国家も、やはり家父長制と男児選好の長い歴史を持っている。だがここでは、今私たちが暮らしている社会の出発点である大韓民国の建国当時を振り返ってみよう。

大韓民国の建国後、家族の構成要素を決定づけたものは家族法である。そして、その家族法の下にあったのが戸主制だ。国家記録院の資料によれば、『戸主制』とは戸主を中心にして家族構成員の出生・婚姻・死亡などの身分変動を記録するものであり、民法第4編（親族編）による制度だった（……）戸主継承順位は息子―娘（未婚）―妻―母―嫁の順とされ、家族内で息子と娘を差別する矛盾を法によって定めたのも同然だった」。ようするに戸主制とは、国家に公的な家族として認められるためには、代表者を父系中心にして決定しなければならない、と定める法律だったわけだ。女性は、結婚前は父の戸籍、結婚後は夫の戸籍、夫が死ねば息子の戸籍へと移らなければならなかった。この制度の中で、女性はあたかも男性の私有財産のように扱われ、息子の相続は文字通り法《のり》となっていた。

複数の女性団体がこの法律の制定に反対したにもかかわらず、戸主制を含む家族法は、民法に置かれることになった。そのプロセスについて、国文学研究者のカン・ジュンは

「男性による女性の植民化―脱植民化―再植民化」と語っている。南朝鮮の社会は、解放②、分断、戦争を経て新たな民族国家を建設しつつ「民族」のアイデンティティを男性中心に構築したため、女性はジェンダー的な植民化を再度体験することになったのである。*1

例を挙げると、韓国社会は建国後にアメリカの憲法をそのまま受け入れたため、西欧の多くの国々でさえまだ実現していなかった女性参政権が建国と同時に認められた。それだけではない。さらに前の植民地時代には、「新女性③」に代表される存在による、既存の前近代的・儒教的性別秩序や貞操の問題をラディカルに乗り越えようとする試みもあった。しかし、この戸主制が法制度にどっかりと据えられたことで、女性たちは再び男性中心の家族秩序の中へ強制的に編入され、のみならず、戸主である男性を経由せずしては公的なものにアクセスできないようにされた。

戸主制への抵抗はもちろん続き、制度の廃止前にも何度か改正は行われた。1958年には、既婚女性が法的な行為を行う場合、女性の年齢と関係なく夫の許可が必要とされていた妻の無能力制度、また、妻の財産であっても夫が自由に処分できるとした管理共同制が廃止され、双方の私有財産を認める夫婦別産制が導入された。1977年には、男女ともに成人すれば両親の同意なく婚姻することができるようになり、親権は双方の親が共同で行使するとされ、娘と息子の相続分が同じになった。1990年には長男が必ずしも家長になる必要はなくなり、親族の範囲も夫、妻の双方に平等になり、離婚し

訳② 1945年8月15日の、日本の植民地支配からの「解放」を指す。

1＊ カン・ジユン「怨恨と内面――脱植民主体とジェンダー力学の不安」、『尚虚学報』第50集、尚虚学会（2017）、pp. 25–26.

訳③ 主として植民地期に日本に留学を果たし、新式の教育を受けた女性たちを指す。

た元配偶者の財産分割請求権が新設され、離婚後も母親が親権者になれるようになった。結局2005年、数多くの女性団体の必死の努力によって、戸主制は廃止となった。

こうした歴史を見ると、新たな大韓民国は現代国家で最も基本的とされる、法的に独立した個人で、私有財産の所有者で、自身の意志に従って結婚や離婚ができる決定権者で、自身が産んだ子どもの親権者になるという権利を女性から剝奪していたことがわかる。戸主制と共に2005年に廃止された再婚禁止期間制度は、もし子どもが産まれた場合にその子の実父が誰かをはっきりさせるため、女性に6か月の再婚禁止期間を設けるというものだった。④ ここまでくると、国家が考える女性の「用途」があまりにも見え透いていて、こちらが恥ずかしくなるほどである。

訳④　日本でも民法でこれと同様に、女性に限って離婚から100日は再婚を禁止する制度が設けられていた。民法の一部改正により、2024年4月以降は再婚禁止期間が撤廃された。

「貴男」たち

このように孤高な男児選好の歴史のもと、「息子を産まなければならない」というのは、韓国社会に生きる女性への巨大な圧力となっていた。息子を授けてくれるという正体不明の韓方薬⑤、触れれば息子ができるという全国各地の男根をかたどったあれこれ、よく当たる占い師、寺や教会をはじめとした祈禱や献金、さらにはセックスの体位にいたるまで。ある産婦人科のホームページには、「王子さまを産むための妊娠法」というタイトルでアドバイスがアップされているが、そのポイントを大まかにまとめると、膣

訳⑤　韓国独自の伝統薬。

をアルカリ性にしてこそY染色体を持つ精子がより生き残りやすくなるから、女性はセックスをする前に膣をソーダ水で洗い、アルカリ性食品をたくさん食べろというものである。女性の膣が弱酸性なのは細菌の増殖を防ぐためであり、そのバランスが崩れると病気への抵抗力が落ちるのにもかかわらず、根拠のない情報が、他でもない医療機関のホームページにアップされているのだ。類似の掲示物は依然多くのネット上のコミュニティで再生産されている。

1992年10月から、韓国の地上波放送局MBCで7か月間放映されたドラマ『息子と娘』は、最高視聴率61・1％を記録して歴代ドラマ視聴率7位にランクインした人気ドラマである。二卵性双生児の兄妹、貴男《グィナム》と後男《フナム》⑥の生涯をたどりながら1970年代の男児選好ぶりをリアルに描き、高い人気を集めていた。家族を顧みない遊び人の父親と息子の貴男にはありったけの愛情と期待を注ぐ一方、賢くて才能豊かな娘の後男には不満を持つ母親が登場する。貴男の学費を捻出するために、後男は自分の夢や才能を諦めて就職する。しかし貴男はといえば、「裁判官になってほしい」という親の期待に応えられないまま結婚を決め、銀行に勤めるようになる。長女、末娘もあわせて一男三女をもうけたこの家庭では、すべてのサポートや愛情は唯一の息子、貴男に注がれる。

このドラマの視聴率は後男の状況に合わせて変動した。後男が家族の中でのさまざまな差別に苦しむとき、視聴率は30～40％を行き来していたが、彼女が自分の人生を見つけようと努力を重ね、素晴らしい配偶者とめぐり合って夢を叶える段になると50～60％

訳⑥　当時は、一家が男児に恵まれるよう、女子にも「男」がつく名前をつける場合が多かった。

台に跳ね上がった。息子を授かるまでの子作りの成り行きで「産んでもらった」多くの「弟の姉」たち、食卓に座る位置に始まって、成人してからも差別的な待遇が当たり前に続く時代を生きてきた人々の鬱憤と共感が、その理由に挙げられるだろう。

だが、もはやそんな差別的な待遇はなくなったと果たして言えるだろうか？ 2013年にレジンコミックス www.lezhin.com で連載されたウェブトゥーン『ダンジ』は、1980年代生まれの作家が、兄と弟にはさまれた娘として生まれて経験した差別や暴力を取り上げている。作家は自分の体験を脚色なしで描き、作品では大小さまざまな差別から深刻な暴力に至るまで、すべて赤裸々に明かされていた。同年代で男きょうだいを持つ多くの女性が内容に共感した。その一方で、このマンガをめぐる論争も同じくらい激しいものだった。

『ダンジ』に対する非難は、大きく3つに分けられる。作家が自分の家族を悪く言っているというもの。個人の事例を全体の話のように一般化しているというもの。それほどつらければ、作家が家族との断絶を宣言して独立すべきというものだ。しかし、この3つがいずれも無意味な言説であることは、容易に判断がつく。まず、自分を傷つけているのが家族なのだから、助けになるどころか自然災害同様の位置づけの家族の名誉を、被害者である作家が守らなければならない義務などない。また、この作品が一般化されたとすれば、それは作家ではなく作家の経験に共感した数多くの「娘」たちによるもので、たとえ正確な調査ほどではなくとも、何かを一般化しうる一般的な過程のひとつである。さらに、なぜあらかじめ家族と距離をとらないのかという主張は無責任だ。幼い頃から虐待に近い扱いを受けて育った人間が、ある日突然、自分のすべてを振りきって家族と断絶できると思いこむのは、妄想に近い幻想である。結局のところ、「論争」と言われてはいたものの、マンガそれ自体に由来する議論はひとつもなく、このマンガを不都合に感じる者たちがとってつけた理由ばかりなのである。だとすれば次に来る問いは、「なぜこのマンガが不都合に思えるのか?」だろう。暴力や虐待の記録を楽しい気分で読むことはもちろん難しい。だが、そうした非難は、自分も類似の何かに関わっていることからくる罪悪感や、それを抑え込もうという反発心のためという他に、とりたてて説明がつかない。

当然ながら、それらすべての責任が貴男たちにあるとは言えない。差別的な構造を作り出したのは、家族の絶対権力者だった親や大人たちだからだ。それが間違いであることに、幼い子どもはなかなか気づくことができないだろう。とはいえ、さまざまに教育を受け、それが誤りだと認識できるようになった時点なら話は変わってくる。誤ったシステムに恩恵を与えられていたことを認識し、どうしたらこの問題が解決できるかと知恵を絞るかわりに、自分の恥部を表にさらすまいとして被害を受けた人の口を塞ごうとするのであれば、それは傍観や黙認を越えて、積極的な加害になるからである。

削除された女児たち

貴男の問題は、単に家庭内にとどまらない。貴男を授かるため、親たちが敢行してきた産み分けのための積極的な妊娠中絶は、こんにちの深刻な社会問題の直接的な原因になっている。２０１７年10月に発表された２０１５年人口住宅総調査の基盤推計人口によれば、韓国の人口性比（女性１００人に対する男性の数）は１００・５０で、60代までのすべての年代では女性より男性が多いが、60代以降では女性が男性より多い、という構造になっている。

高齢者層[⑦]での性別人口の差は、平均寿命の差による死亡率のためである[⑧]。しかし、その年代以下に生じる差は、自然出産での性比をあてはめても理解できないレベルだ。特に、20〜29歳に見られる45万2千人（性比１１４）という甚だしい数字は、１９７０年代に始まり１９９０年にピークを迎えた産み分けのための妊娠中絶、別名「ジェンダーサイド Gendercide」によるものである。

韓国は、１９６０年代以降の近代化・工業化の過程で強力に人口抑制政策を推し進め、国際的に成功例と数えられている。１９６０年代でも６・０あった合計特殊出生率は、１９９０年には１・５へと減少、２０１７年現在で世界最低水準の１・１７０を記録したからである。妊娠中絶手術が認められる条件は限定されていたが[*2]、軍事独裁政権によ

訳⑦　韓国の法律では満65歳以上が高齢者。

訳⑧　朝鮮戦争で男子人口の損失が大きかったことも要因としてあげられる。若林敬子「近年にみる東アジアの少子高齢化」、『アジア研究』第52巻第２号（２００６）。

２＊　韓国の憲法裁判所は２０１９年４月11日、特殊な場合を除き妊娠中絶を処罰していた刑法第２６９条１項、２７０条１項を違憲と判断し、２０２０年12月31日までに国会で法改正を行うよう求めたが、現在も法案の改正は行われていない。

る産児制限への強力な後押しもあって、特に産み分けがさかんだった時期、人工中絶はさしたる罰則もなしに、日常的な医療行為として行われていた。また、全国の保健所に家族計画要員を派遣してのキャンペーンも展開され、それにともなって避妊具や避妊法が普及した。子どもが少なかったり不妊手術を受けたりした人に各種の特典が与えられるという方式で、積極的な措置が導入された。

軍政当時、予備役や民防衛隊⑨の訓練場の片隅では、不妊手術を受けることを条件に男性の訓練が免除されていた。さらに、現役兵のうち既婚の志願者を募って、パイプカット手術後に休暇を与えることもした。だが、施術の簡便さや危険度において大きな開きがあるにもかかわらず、不妊手術を受けるのは圧倒的に女性のほうだった（手術を受けた男性の3倍）。なかには、家族計画要員に手術の目的を知らされないまま、不妊手術を受けた女性もいた。[*3]

ようするに、家族計画の成功は、女性の不妊手術、経口避妊薬、妊娠中絶などの助力によるものであり、言い方を替えれば、女性の健康権と自己決定権への甚大な侵害を足がかりにして達成されたのだ。そこに「息子を産まなければならない」という社会的プ

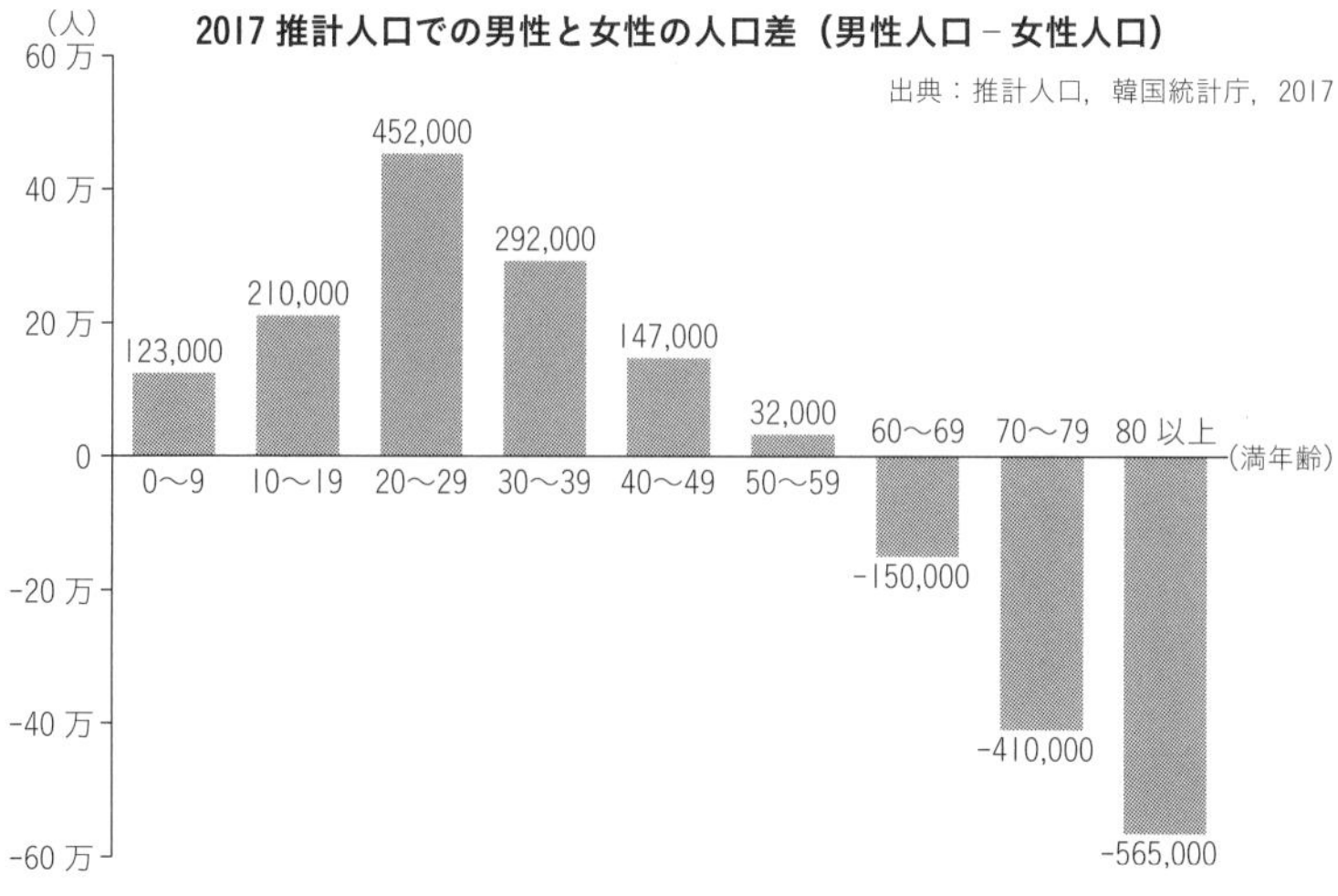

2017 推計人口での男性と女性の人口差（男性人口－女性人口）
出典：推計人口，韓国統計庁，2017

レッシャーも加わって誕生した「貴い」息子たちこそ、現在の20～40代男性である。例を挙げれば、1990年の116・5という性比は多子世帯になるほど高くなる。1990年の子どもの数別の性比は、第1子108・5、第2子117・1、第3子以上193・3となっている。多子出産の動機が息子を産むためだったことを明確に示す指数だ。

人口抑制計画

韓国の出産性比がいわゆる自然性比に達したタイミングは、2011年（105・7）以降である。世界銀行は2009年発行の報告書で、経済発展による都市化や教育の拡大、ジェンダーに配慮した政策の積極的な推進があいまって性差別的な価値が薄まり、結果、韓国社会は出生性比のバランスを取り戻したとしている。だが、『サイエンス』誌のジャーナリストで『男性過剰社会』[⑩]の著者でもあるマーラ・ヴィステンドールは、そうした世界銀行の診断を完全な誤りだとする。韓国の性比の回復は、急激で極端な少子化と関連しているのであり、子どもの性別よりは数のほうが重要視された結果だというのだ。アンバランスな性比を示している地域の綿密な調査を通じて、著者は、その原因となる産み分けのための妊娠中絶が始まるのは、「教育を受けた」エリート中間階級が住む「都市」である、との結論を得る。「エリート層はＭＲＩスキャナーであれ、ス

訳⑨　20歳から40歳までの男性が参加する非常事態に備えた民間防衛組織（ただし職業や心身の状況等によって除外あり）。地域および職場単位で組織され、定期的な訓練が行われる。韓国男性は、兵役の義務が終了すると予備役として予備軍に参加し、それが終わると今度は民防衛隊に参加することになる。

3＊　「60、70年代家族計画の実際を見てみよう――朴正熙経済発展論理と女性の生殖に関わる権利①」、『イルダ』、2004.8.

訳⑩　原著 *Unnatural Selection*. 邦訳：『女性のいない世界――性比不均衡がもたらす恐怖のシナリオ』大田直子訳（2012）。

マートフォンであれ、超音波マシンであれ、先に新たなテクノロジーにアクセスする。韓国で産み分けのための中絶をした最初の親はソウル市民だったし、アゼルバイジャンでは首都バクーの住人だった」[*4]

２０１５年、ジョン・ボンガーツとクリストフ・ギルモトは、世界の人口の推移をたどり、１９７０年から２０１０年までに自然性比のもとで存在すべきだった約１億２千６百万人の女性が消失（missing）し、２０３５年にはその数が１億５千万人に上るだろうと推算した。なかでも２０１０年までの累積数値を基準にすると中国で６千２百万人、インドで４千３百万人の女性が消えたものと見ている。消失の原因は、産み分けのための妊娠中絶と出生後の女性の超過死亡率だが、特に後者の場合、性差別や保健医療システムの不備が重なった結果であるというのが彼らの主張だ。[*5]

合わせてギルモト博士は、中国の結婚適齢期にあたる男女の性比が、２０５０年には女性１００人あたり１８６人となり、インドでは２０６０年現在で１９１人になるだろうと予想した。最近発展を続けるベトナムでも、やはり２０１４年現在で１１４の出生性比を記録している。今の状況が続けば、ベトナムでは結婚適齢期の男性に２３０〜４３０万程度の過剰人口が現れるとみられる。[*6]

アジア地域のアンバランスな性比の問題は、一般にアジアの伝統的な男児選好思想のためと考えられてきた。それに基づけば、伝統の影響力がより大きい非・都市の地域の出生性比のほうが、より深刻な歪みを見せなければおかしいはずだ。しかし、実際の結

４＊　マーラ・ヴィステンドール『男性過剰社会』パク・ウジョン訳、ヒョンアム社（２０１３）、pp. 33-34.

５＊　John Bongaarts, Christophe Z. Guilmoto,「How Many More Missing Women? Excess Female Mortality and Prenatal Sex Selection, 1970–2050」, *Population and Development Review*, Wiley-Blackwell (2015).

６＊　「ベトナム　さらに強まる男児選好…性比不均衡〈非常事態〉」、『聯合ニュース』、2015.8.17.

果は前に書いた通りで、その流れは開発途上にある国の首都から始まり、他の地域へと広がっているのである。ヴィステンドールは、このアンバランスな性比の起源を、西欧エリートたちが開発途上国において積極的に展開した人口抑制政策に見いだしている。

規制なき人口増加が開発途上国の資源に負荷をかけ、貧困を深刻化させるというのは明確な事実だ。だが、西欧の援助国が内心懸念していたのは、貧しさよりも世界の勢力バランス、特に、貧困がもたらすひとつの結果と信じられていた共産主義の拡張のほうだった。人口抑制運動のスタートは、西欧の大国がアジア、アフリカ、ラテンアメリカへの支配力を失いつつある時期とぴったり重なっている。よって初期の多くの人口抑制活動家はアメリカ政財界のエリートだった。(……) この一派は、アメリカがアジアやラテンアメリカの同盟国を緊急に必要とする時期に、(それらの国家の──引用者) 高い出生率が、共産主義を受け入れやすくさせかねないと判断した。*7

人口の増加、それによる貧困が共産主義の拡散をもたらすと信じていた西欧エリートは、開発途上国に強力な人口抑制策の導入を求め、それを公的な資金協力と結びつけた。この人口抑制策のポイントは出生児数を急激に減少させることであり、2人、あるいは1人しか子どもが持てないよう事実上強制することだった。そこに導入されて大活躍したのが、まさに超音波診断装置と堕胎手術という医療技術である。インドは、1960

7＊ ヴィステンドール前掲書、p. 62.

年代に年間１５０億ドル規模の開発資金援助を受けたが、そのカネの大部分はアメリカ政府、国際連合人口基金、フォード財団、世界銀行から出ていた。開発資金援助は人口政策の実施に使われ、１９７５年だけで６２０万人のインド男性が不妊手術を受けた。中国もやはり、１９７９年から4年間、５０００万ドル規模の人口抑制のための資金援助を受け、１９８０年代末からは、かの有名な「一人っ子政策」が導入された。妊娠中絶手術は、人口抑制のための効果的な手段として利用されたのである。

　韓国も、さすが人口抑制の優等生らしく、西欧の人口抑制政策をそつなくこなした。朴正熙《パク・チョンヒ》政権時には、軍事作戦を彷彿とさせるような断固たる人口抑制政策が推し進められ、１９７７年には、ソウルの医師が出産1件あたり妊娠中絶手術２・７５件を執刀していた。つづく全斗煥《チョン・ドゥファン》政権もまた、世界銀行から３０００万ドルの借款提供を受け、人口抑制政策を展開した。

　そして、それらの国では、産み分けのための妊娠中絶は効果的な人口抑制策として黙認され、ひどい場合は好まれもした。アジア女性が息子ほしさにえんえん妊娠しつづけようとすることが、出産率増加の原因と見られていたからである。妊娠中絶による産み分けでは、息子でなければ出産しなくてよいし、息子が生まれたらそれ以上出産しなくてすむ。それであれば西欧も、該当の国家も、子どもの親も、誰もが満足できる方法だったわけである。

　ヴィステンドールは、妊娠中絶による産み分けを進んで行っているアジアの女性たちの動機を、次のように分析している。

中国とインド、韓国、ベトナム、アゼルバイジャンで、中絶の決定を下すのは、ほとんどが女性だ。妊婦自身や、息子の子どもに関心を寄せている姑が決定するのである。（……）結局、男女の産み分けは、誰もが成功を求めて汲々としている雰囲気のなかで起こるのであり、女性は、たとえ同じ女性を犠牲にしてこそ可能なこととわかっていても、威信を示したいという渇望から逃れられない。（……）より悲劇的な別の要因は、女性であることがどれほど大変か、女性が最もよく知っているということだ。[*8]

いくつかの理由で敢行された国家的かつ個人的な選択の結果が、こんにちのアジアにおける男性過剰人口として現れた。ヴィステンドールは、女性の権利に対するさまざまな主張はあるが、この男性過剰人口こそ、女性の権利に最も大きな危険となるだろうと警告している。とはいえ、妊娠中絶による産み分けや男児選好が行われている地域での、アンバランスな性比に対する受け止めは、おそらくこんなふうに要約できるのだろう。

人口学者のリー・シュウジュオが、性比のアンバランスが非常に大きい、中国中央部のある地域を紹介して言った。「一般の人たちもみんな、その事実に気づいています。誰もが知っているんです。でもみんな、息子にたくさん投資して立派にすれば、

8＊　同書 p. 54.

いい嫁は見つかるものだと思っています。よその息子のことなど、知ったことではありません」[*9]

没落する男たち

しかし、そのようにひとわたりの技術を駆使して誕生した男たちの近年の状況は、よろしくない。ジャーナリストのハンナ・ロージンは、著書『男の終末』[⑪]で、アメリカで起きている男性たちの没落をドラマティックに取り上げている。2009年、アメリカのメディアを飾った造語「マンセッション mancession」または「ヒーセッション he-cession」とは、リーマン・ブラザーズの破綻による金融危機以降の景気後退局面を受けて製造業や建設業などに従事していた男性たちが失職し、失業状態に転落した状況を指す単語である。[⑫] 2000年以降、製造分野では雇用の3分の1以上が失われ、さらに住宅市場まで崩壊して、建設業とその関連業界が斜陽になったからだ。だがロージンは、それは一時的な現象などではなく、男たちが継続して味わうことになる状態であると主張している。男たちが相変わらず斜陽産業にしがみついている一方で、最近雇用拡大が進むサービス業や健康、教育分野を主導しているのは女性だというのだ。

ロージンは、1940年代まで、アメリカで男を測る尺度は非常にシンプルだったとする。それは「扶養者」、すなわち家庭を築き、妻子を食わせ、暮らさせる男だ。稼ぎ

9＊　同書 p. 52.

訳⑪　原題 *The End of Men: And the Rise of Women.*（未邦訳）

訳⑫　マンセッション、ヒーセッションともに、男性の失業率が女性のそれを上回る状況。

と地位はすなわち彼がどんな男かを示す尺度なのであり、結婚とは「夫が妻を扶養し、妻は夫を尊敬して仕える」[*10]という簡単な公式で成り立っていた。

しかし、男たちがそうした枠に押し込められることを拒んで「精神的未成熟」「永久的な青年期への渇望」という病《やまい》を患うようになった1950年代、そしてフェミニズムとジェンダー革命が勃興した1960年代を経て、扶養者の価値は少しずつ揺らぐようになった。そうはいっても完全に「ケリ」がついたのは、新自由主義が全面化し、製造業中心の組織労働が衰退（あるいはグローバル化）しはじめた2000年代のことである。男性—生計扶養者だった者たちは職を失い、新たな産業構造で仕事を得るために必要なスキルを身につけることができず、お荷物になった。若い男性たちは、自身が家族を扶養できるという期待自体を持てなくなっている。もはやアメリカでは、家父長制ではなく、女性の生計扶養者が新たな成長産業で仕事をして家族を食わせるという家母長制が出現しており、若い女性は、意に沿わない男との結婚を嫌って、むしろシングルで生きるか「シングルマザー」になることを選んでいる。

実際、最も著しい変化は、つまるところアメリカ式家母長制の出現だろう。そうした生活様式では特に若い男たちが居場所を失い、少なくとも社会的効能という非常に伝統的な物差しに照らし合わせるとき、歴史上のいつにもまして役立たずになる。そして女たちが残って、その残骸を拾うことになる。[*11]

10＊　ハンナ・ロージン『男の終末』ペ・ヒョン、キム・スアン訳、ミヌムイン（2012）、p. 92.

11＊　同書 p. 118.

アメリカの中間層、すなわち、大学には入学したが卒業はしていないとか、高校だけ卒業したという者で構成されるアメリカの中核的な集団は、深刻な変化の渦中にいる。1967年には高卒のアメリカ男性の97％が職に就いていたが、2010年は76％しか仕事をしていない。*12 いわゆるラストベルト⑬と呼ばれるアメリカの工業地帯は、2016年のアメリカ大統領選挙でトランプの当選に大いに貢献した。そうした一方で貧しい地域では「女はひとりで子どもを育て、男の3分の1はムショ暮らし」している。特筆すべきは、父親が刑務所にいる子どもが大卒となる割合が、父親と一緒に住んでいる子どもより高い点である。貧しいアフリカ系アメリカ人の家長の父親は、子どもの学業の助けになっていない。この層の子どもについて言えば、男子が大学に進学したり卒業したりするケースは、女子にくらべて非常にレアである。*13

大学以上の学歴を持つ中・上流階級のエリートの地形図も変化している。大学は男子学生を選びたくて必死だ。成績だけで選べば、大学はほぼ女子学生で埋め尽くされるからである。女子学生の比率を60％以下に抑えるため、男子学生の実力不足の状態にも目をつぶるあらゆる方策やレトリックがひねり出された。大卒の母親のもとで育った娘は大学に進学し卒業する確率が高いが、息子の場合、母親や父親が大卒だからといって、必ずしも大学に進学したり、卒業したりはしないという分析がある。だからアメリカの中間層の家庭では、それまで息子に集中させていた投資を、より成功する可能性の高い

12＊　同書 p. 123.

訳⑬　「錆びれた地帯」アメリカ中西部～北東部にかけての、鉄鋼や石炭、自動車などの主要産業が衰退した工業地帯。

13＊　同書 p. 127.

娘へと回しはじめている。[*14]

こうした男たちの没落は、大学に進学する以前、つまり、学齢期での学業不振の積み重ねに根本的な原因を探ることができる。アメリカの学齢期男子が学校生活で後れを取る理由を研究しているリチャード・ホイットマイアは、言語教育が始まる時期がかつてにくらべて早くなったことを原因のひとつに挙げている。彼によれば、「言語教育課程は、男子がそれに見合うだけの成熟を見せるかなり前に、本格的にスタート」する。挫折を重ねるうちに「早々に自分を劣等生だと思うようになり」、結果、男子学生では留年を繰り返しながら中学3年で停滞し、学業を諦めるケースが増加したという。また、男子は「非認知的能力」という部分で再度挫折をあじわう。「非認知的能力」は「集中し、計画を立て、問題を起こさない能力」を指す。人種や生まれ育った階級を問わず、男子のほうがより多くの問題を引き起こし、留年し、宿題をしないことがわかっている。「実際、学業的な成功を予測する最も有用な指標は、善良な女子の資質としてステレオタイプ化されているものと重なるという点で、コンセンサスが導き出されている」[*15]

これはアメリカのみで起きている現象ではない。オーストラリアでは、男子生徒の学業不振について国家レベルで調査を行い、「男子——正しい理解」[*16]と題した報告書を作成するに至った。報告書では、現在の教育システムが男子に不利なものであると主張されている。シングルマザー家庭の環境や、教師に占める男性教師の割合が20％程度の小学校では、男児が同性の適切な成人モデルと接する機会が奪われている、初等教育課程

14＊ 同書 pp. 218-219.

15＊ 同書 p. 233 から再引用。

16＊ House of Representatives Standing Committee on Education and Training, "Boys: Getting it right — Report on the inquiry into the education of boys", Canberra: Parliament of the Commonwealth of Australia, 2002.

も女子の特性に偏った学習スタイルを推奨している、というのだ。

他にも、西欧諸国の複数の国で、後れを取った男子の問題にさまざまな対応策が取られている。男性の専売特許だった肉体労働や伝統的な熟練労働の職が衰退し、労働市場までもが女性に有利なコミュニケーション能力や対人関係能力が強調される方向へ変貌する中、男子の学習不振は、男性没落の根本的な原因として問題視されざるをえない。もちろん、そうした能力の差が生まれる原因については、さまざまな理論が存在する。いずれにしても、学習能力に対する過去の性差別的モデル（女子は勉強に向かない）は、確実に凋落の一途をたどっているのである。

日本の社会学者である多賀太は、著書の『男子問題の時代』で、西欧で先に提起された学齢期の男子の問題が、日本では持ち上がらないことに注目している。多賀はその原因を、社会における性差別のレベルによるものと考えている。すなわち、日本では学齢期に男子が後れを取っていても、成人後に女子よりはるかに有利なポジションにつくのだから、あえてその時期の問題を掘り下げる必要はない、というのである。[*17]

西洋諸国では、すでに1970年代から製造業の衰退やサービス業の拡大とともに雇用の流動化が始まっており、業績主義的な競争の度合いが高まっていた。（……）一方日本では、少なくとも1990年代初頭までは、男性雇用労働者を一家の稼ぎ手とする長期安定雇用が標準とされる状態が続いてきた。当時の日本ではそれほど製造

17＊　多賀太『男子問題の時代』チェクサソ訳、トゥルニョク（2017）、p. 34.〔原著：『男子問題の時代？——錯綜するジェンダーと教育のポリティクス』学文社〕

業に衰退が見られず、バブル期の好況のおかげもあり、多くの男性たちが、欧米ほどに徹底した業績主義的な競争にさらされることなく昇給と昇進を期待することができていた（……）ところが、１９９０年代後半になると、日本でも、人々の目に明らかな形で雇用の流動化が加速し、若い男性の雇用状況も悪化してきた。[*18]

多賀は、新自由主義的な変化の遅れが、少なくとも１９９０年代半ばまでは、日本の男性の地位を西洋よりマシな状況にしていたとみる。西欧ではすでに姿を消していた男性―生計扶養者モデルが、依然として作動可能だったというのだ。しかし、１９９０年代後半には日本もやはり変化の渦に巻き込まれ、おもに若い世代の男性を中心にして、不安定な状況にさらされる事態となった。そこで登場したのが、いわゆるフリーター、ニートなどへの社会的議論だが、多賀はそうした議論を、構造的な問題には言及せず個人的な問題に還元しようとする戦略の一環だったと見ている。たとえば、従来から大多数の既婚女性はパートでしか働けなかったが、何の社会問題にもならなかった。ところが、若い男性たちがパート労働に大挙して参入すると、いわゆるフリーター、ニートが問題視されるようになった。つまりそれは、生計扶養者でいなくてはならない成人男性たちが、その役割をできなくされているからであり、もっと言えば、既存の男性性、男らしさという価値が揺るがされることへの不安の表れというわけである。[*19]

18＊　同書 pp. 34-35.〔原著 pp. 21-22.〕

19＊　同書 pp. 26-28.〔原著 pp. 13-14.〕

男の終末 in 韓国

韓国の状況は日本とやや似ている。韓国でも学齢期の男子が後れを取っていることは、すでに親や教育者の間で公然と語られている現象だ。息子を育てる近頃の親たちは、男子しかいない中学校、高校への進学を望み、担任教師が男性の場合は「当たり」と喜ぶことが多い。2017年度の大学修学能力試験⑭の成績分析結果によれば、国語、英語、数学のいずれも、女子の平均点が男子より高かった。特に、女性が男性より劣ると言われがちな数学でも、女子の成績はやはり男子と同じか、男子より高かった*20。2007年に教育部⑮が性別ごとの内申点算出を禁じて以来、男女共学の学校の上位圏はほとんど女子が占めている。OECDが2012年に生徒の学習到達度調査PISA（Programme for International Student Assessment）を分析した結果も、基準以下の成績になった割合は男子のほうが高かった。読解力、数学的リテラシー、科学的リテラシーで1科目以上が基準以下の成績になった割合は、男子が61％、女子が39％だが、韓国に限れば男子66％、女子34％と、OECD平均より開きが大きかった*21。

2000年当時で女性より男性のほうが高かった大学進学率の場合、男性では2005年以降じわじわと下落傾向になるのに対して、女性では着実に上昇している。2005年に初めて女性の大学進学率が男性を上回ると、そこからは女性の大学進学率は高い水準が続き、差はしだいに広がっている。

訳⑭　日本の大学入学共通テストに相当。

20＊　「昨年の修学能力試験も、女子優位――済州、全領域で平均点数1位」、『聯合ニュース』、2017.9.26.

訳⑮　「部」は日本の「省」に相当。

21＊　「10代男子、女子より学業到達度低く　OECD報告書」、『聯合ニュース』、2015.3.5.

就職試験である国家試験でも、女性たちの善戦は続いている。女性の多さが最も際立つのは教育現場だ。２０１６年現在、教員全体の59・６％が女性で、小学校が77・０％と最も高く、次いで中学校68・８％、高校50・８％という水準になっている。教師を養成する専門教育機関の教育大学は、入学生に対して15〜40％ほどの「男子学生クォータ制度」を設けている。成績順で選ぶと男子学生がほぼ選抜されないため、教員の性比を考慮して実施された措置である。にもかかわらず、採用試験で合格する男性は20％にも満たない。

他の各種公務員試験の合格率を見ると、９級公務員合格者の57・６％は女性で、７級41・７％、司法試験36・７％、外交官試験70・７％、５級公務員試験⑯41・４％などとなっている。面白いのは、公共部門での女性の社会進出を後押しするとして女性に最低20％のクォータを割り当てていた１９９６年の女性採用目標制が、２００３年に女性と

大学進学率

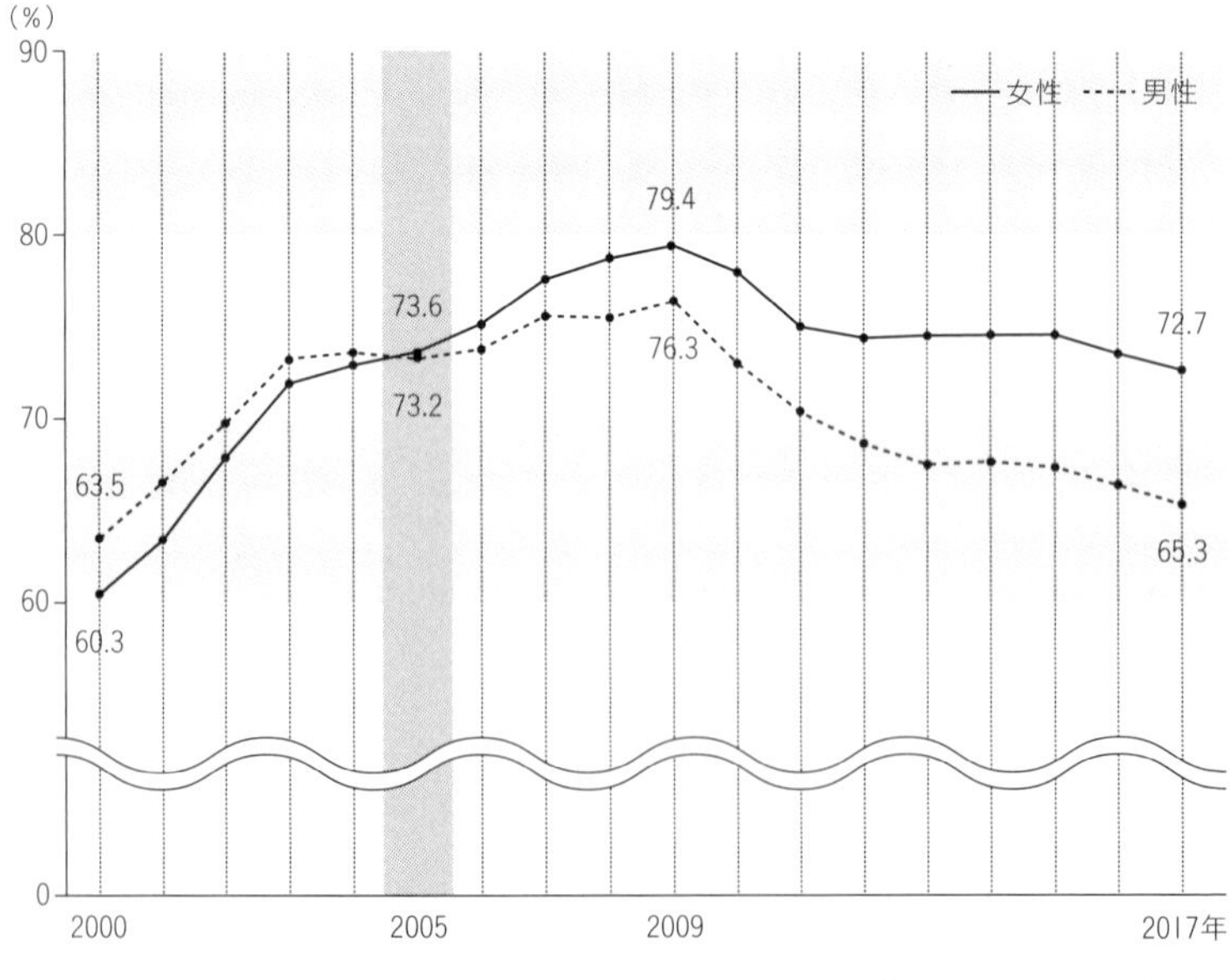

出典：統計庁・女性家族部、「2018 統計で見る女性の生」

男性双方に最低30％のクォータを保障する男女平等採用目標制へと変化してからの動きだ。２０１０年から6年の間、この制度によって追加合格した人の74・４％を男性が占めていたのである。女性の社会進出を手助けするという本来の趣旨が失われたのはもちろん、この制度が、競争で淘汰された一部男性の救済を目的に使われていることの証左といえる。*22

だが、雇用率はそうした傾向をまったく反映できていない。雇用率とは、15歳以上の人口のうち経済活動を行っている人の割合をいうが、２０１６年現在、男性の雇用率が71・１％なのに対して女性は50・２％と20・９ポイントの開きを見せている。女性と男性の雇用率の差は、２０００年23・７ポイント、２０１０年22・３ポイント、２０１５年21・９ポイントと、全般的には減少傾向であるものの、格差にくらべて開きが狭まるスピードは遅い。*23

毎度韓国社会に不名誉な話が出るＯＥＣＤの統計によれば、２０１６年第４四半期を基準にした韓国の雇用率（66・２％）は、ＯＥＣＤの全体平均（67・０％）をわずかに下回っている。ＯＥＣＤの雇用率は韓国統計庁のデータとは異なり、15～64歳の人口のみを調査対象にしているが、その範囲の違いが雇用率の傾向にズレを生んでいるわけではない。ここで注目すべきポイントは、第一に15～24歳人口の雇用率（27・３％）がＯＥＣＤ加盟国全体（41・１％）にくらべてきわめて低いこと、第二に、女性の雇用率（56・８％）もやはり平均（59・７％）を下回っている点である。反面、男性の雇用率（76・１

訳⑯　日本の国家公務員総合職（旧一種）試験に近い。

22＊「性別割当制のジレンマ――女風吹き荒れた公務員・教職の男性割当制時代」、『女性経済新聞』、2017.3.8.

23＊　韓国統計庁『２０１７統計で見る女性の生』（２００７）。

%）は平均（74・9%）より高く、年齢別では、55〜64歳の高齢人口のみで韓国（66・8%）が平均（59・5%）を上回っている。

それに加えて、2016年時点の非正規職の割合は、男性就業者が26・4%なのに対して、女性は41%となっている。そして、非正規職のうちのパート労働者の割合に、男女間で大きな開きがある。男性の場合、全非正規職290万6千人のうちの24・5%にあたる71万1千人のみがパート労働者だが、女性は全非正規職353万8千人の50・1%に当たる177万2千人がパート労働者だった。全体の就業者数に差があるのにもかかわらず、女性は男性にくらべて絶対数でもより多くの人々が非正規職として働き、その半分が時間制労働なわけだ。

韓国において、雇用率で女性が男性を上回る年代は30歳未満だけだ。30歳以前の女性の雇用率が高くなる理由に、韓国の高い高等教育進学率と男性の兵役がある。男性の就業率が30歳で急増するのには、最近の男性が、20代の間は就職準備や語学研修などを理由に、軍服務とは別のかたちの休学をする世相も反映されているだろう。それはまた、若者の失業が増加し就職難になって、就職準備という別の段階を踏んでこそ、まだしも職につけるようになるという状況を反映したものでもある。他方、30代の女性の就職率が急激に落ち込むのは、結婚や出産、育児などを理由に退職せざるをえなかったり、低賃金、不安定な地位、性差別的な職場文化など、劣悪な労働環境の問題があったりするためだ。ソウル市女性家族財団のある研究では、それまで30代女性のキャリア断絶の主な要因に挙げられていた結婚、出産、育児より、劣悪な労働環境のほうがキャリア断絶のさらなる理由であることが明らかになった。特に結婚をしていない女性たちが、非正規での仕事の途中で契約満了にされるなどの労働環境の問題によって、30代でのキャリア断絶を経験している。*24 出産や育児でも大部分の責任が女性に転嫁される現実を考慮すると、韓国の女性の経済活動参加率が低調な根底には、差別が存在しているのだ。

つまり、韓国や日本は米国や西欧にくらべて、より「性差別的」であるために、ハンナ・ロージンがアメリカでの勃興を語る「家母長制」が登場する可能性は低いと思われる。だが、そうはいっても、引き続きアジアが男性生計扶養者モデルを維持できる経済構造というわけではない。ひょっとしたら西欧よりさらに新自由主義の最前線になってしまったかもしれないアジアは、労働条件の後退とあわせ、それでなくても脆弱だった社会的なセーフティネットまで解体されて、各自が自力で生き残らなければいけない状況へと変化した。低賃金と不安定な雇用に苦しめられながらも、性差別満載の結婚制度に取り込まれることを拒否して、結婚や出産をしない人生を選択する韓国の女性たちは、ますます増加している。

韓国統計庁の2022年の「社会調査」によれば、「結婚はするべき」と答えたのは全体の調査対象者の50・0％だった。しかし、未婚男性の場合は36・9％、未婚女性の場合は22・1％のみが「結婚はするべき」と回答した。「してもいいし、しなくてもいい」と答えた未婚の男女はそれぞれ51・3％と64・5％、「すべきでない」と答えた人

24＊「女性のキャリア断絶、出産より〈職場環境〉のせい」、『ハンギョレ』、2015.11.5.

の割合は未婚男性で4・4%、未婚女性で8・1%だった。

また、同じ調査の「結婚をしない理由」に対する回答を見ると、未婚女性の場合、「結婚の必要性を感じないから」(23・3%)、「結婚資金が足りないから」(22・0%)、「出産と育児が負担になるから」(12・5%)、「結婚したい相手と出会えていないから」(11・9%)、「行動や生活の自由を捨てたくないから」(11・2%)が上位5位の理由として挙げられた。対して未婚男性の場合は、「結婚資金が足りないから」(35・4%)、「結婚の必要性を感じないから」(15・2%)、「雇用が安定していないから」(13・4%)、「結婚したい相手と出会えていないから」(11・3%)、「出産と育児が負担になるから」(9・3%)の順だった。*25

こうした結果を見ると、未婚の男女は共に結婚への意志そのものが全体平均を下回るなか、未婚男性のほうが未婚女性にくらべて結婚したい思いは強いことがわかる。それが難しいのは、おもに経済的な理由によるものだ。一方、未婚女性のほうは結婚したいという思いも強くなく、経済的な理由よりは結婚そのものの無意味さや負担の大きさをより強く感じている。社会学者のチャン・ギョンソプは、「こんにちの未婚女性にとって結婚とは、「(1)不安定な雇用状態の上に家事参加度も低い夫、(2)自身の家族だけでなく、国家、社会、経済のために複雑かつ多様な献身を求められる、家族化された義務と機能など、(3)そして本人のハードな職場生活という中での、ナンセンスな結びつきのように受け止められているると主張する。*26 このことは、単に経済的要件が改善され

25* 韓国統計庁「社会調査」(2022)。

26* チャン・ギョンソプ『明日の終焉?——家族自由主義と社会再生産の危機』、チプムンダン(2018)、pp. 240-241.

ただけで、いきなり婚姻率が急上昇するなど不可能であることを示している。

溜まりつづける男たち

「憤青《フェンチン》」（「怒れる若者」の略語）は、2000年代中盤に中国のネットを中心として登場した愛国青年たちである。登場した当初の背景は、1989年の天安門事件だった。民主化デモの強制鎮圧以降、中国共産党は「愛国主義教育」を強化したが、その教育を受けて成長した1980年代以降生まれが、愛国主義に燃える憤青か、あるいは、経済成長の豊かさを享受して育った中国版オレンジ族⑰の小資《シャオズ》⑱となった。後者にくらべると前者はブルーカラー出身のケースが多いが、それでもエリート層もかなりの割合で混じっている。中国では憤青について、「破壊性が高い」「神も人も恨む敗北者」「（憤青の）怒りは、立ち遅れた思想、沈滞した現実への怒りだが、実際の行動に移す者は少ない」という評価が飛び交っている。[*27]

国連人口基金などの支援を受けて中国政府が推し進めたいわゆる「一人っ子政策」は、途方もない数の妊娠中絶による産み分けを招いた。過去30年間続いた出生性比の歪みによって、今では中国で約3400万人の男性が「超過状態」になっている。[*28] マーラ・ヴィステンドールは、この憤青が、かつて中国政府が強力に推し進めた人口抑制政策のもと誕生した男たちだとする。「超過男性」の憤青たちは愛国主義的な集会を開き、モデ

訳⑰　1990年代前半の韓国で裕福な家に生まれ、消費生活を謳歌していた20代を指す。

訳⑱　1990年代後半から中国社会に登場した、若く高学歴な中流富裕層。

27＊　「中国、〈憤青（憤怒青年）〉は敗北者か、変革者か」、『ハンギョレ』、2005.10.23.

28＊　「中国、男女性比のアンバランス『最悪』」、『エコノミックレビュー』、2017.1.27.

ルガンを手に集まってサバイバルゲームをし、飲み屋に押しかけて店員を殴る。彼らの過激な行動は、中国関連の国際イシュー（チベット問題などのような）が持ち上がるたびに世界のマスコミに報じられることもあった。「しかし、しばしば憤青の行動は、強い愛国心による産物というよりも、モヤモヤした怒りの結果のように見える」[*29]。そのようにして行き場を失った怒りは、犯罪率の増加へとつながっている。

ヴィステンドールは、若い男性の人口が急増したのと歩調を合わせて、アジア大陸の犯罪率も急増したと述べている。１９９２年から２００４年の間で中国の犯罪率は2倍に跳ね上がり、インドでは２００３年から２００７年の間にレイプ事件が30％、誘拐事件が50％増加した。ある研究によれば、中国は出生性比が上昇した省で犯罪率が急増した。出生性比が1％上がっても、その地域の犯罪率は5～6％上昇するとし、研究者たちは、中国の犯罪増加率全体の3分の1は、若年男性人口の急増が原因の可能性があるとしている[*30]。

もちろん、ヴィステンドールの主張は韓国の状況とはやや異なっている。韓国では現在、男性人口そのものの高齢化が進行中だ。20～29歳の男性人口は減少傾向が続き、２０００年に４２２万2千人だったのが、２０１７年には３６７万7千人になった。男性人口全体に対する割合は14・３％であり、30代（15・2％）、40代（17％）、50代（16・4％）よりも少ない[*31]。

韓国の犯罪は、２０１６年時点で人口10万人当たり３５７７・5件と集計されている。

29＊　ヴィステンドール前掲書、p. 298.

30＊　同書 p. 301.

31＊　韓国警察庁『２０１６犯罪統計』（２０１７）。

容疑者が男性の割合は81・2％、これを年齢別にみると41〜50歳の比率（19・8％）が最も高く、次いで51〜60歳（17・7％）、31〜40歳（16・6％）、21〜30歳（13・2％）、20歳以下（5・4％）の順になっている。そして、偶然にもこの順番は、該当の年齢層が男性人口に占める割合と比例している。*32

40代男性の犯罪率が最も高かったというデータは、数年前のものだ。それは、通常10代後半の犯罪率が一番高いという世界的な犯罪学界の定説に反している。霊山《ヨンサン》大学警察行政学科のチョン・ウンギョン教授は、中高年男性の犯罪率が増加している原因に「経済的圧迫によるストレス」を挙げている。子どもが精神的、身体的、社会的成人となるまでの期間が長くなり、また、若年層の雇用が悪化していることで、中高年層の家長に加わる経済的圧迫はいっそう強くなったという。さらに、経済危機によって失業や離婚などが引き起こされ、よりストレスを抱えた状態に追い込まれることも少なくない。現在最も犯罪率が高い年齢層は韓国のベビーブーム第一世代、つまり1955年から1963年に生まれた人々と重なっている。労働市場に参入しようとした時点でまず就職難に苦しみ、1990年代にはIMF危機によって失業や離婚を体験した年代だ。また、増加しつづける犯罪も、やはり社会保障制度の不備による高齢者の貧困が直接・間接的な原因と思われる。犯罪年齢が高齢化するほどに手法は巧妙になり、被害額、罪の重さ、残忍性が高まる傾向があるため、ますます危険である。*33

韓国の若い男性たちは、むしろここにきて自らの「被害者性」を積極的に主張してい

32＊　同資料。

33＊　チョン・ウンギョン「韓国における年齢―犯罪曲線についての社会文化的アプローチ」、『刑事政策研究』第25巻第2号（2014）、pp. 101-122.

る。2017年、大統領府が設けた政策請願サイト www1.president.go.kr/petitions に、女性の徴兵を求めて20万人以上が請願をしたことがある。内容は「神聖な国防の義務から女性を排除してはならない」と主張するものだったが、政策実現へのハードルの高さや切迫の度合いを見たとき、その大義名分に十分な実質があるとはとうてい言いがたい。実のところ、この請願のポイントは、韓国のインターネット空間で2000年代以降によく見かけるようになった「男だけが軍隊に行くのは悔しい」というマインドである。他にもネット上には、「権利ばかり享受しようとして義務を果たさない韓国女性」という偏見に満ちた理念型が、事実とは無関係に広く拡散されている。女相手に泣き言を言うのは恥、と考えていた前近代的マッチョに代わって、脈絡もなく「マイノリティのための政治」の皮をかぶって現れた新たな男性たちは、「世間の荒波にもまれても、自分の家族だけは守る資本主義社会の家父長」になる意志はなく、その能力もないように見える。ようするに彼らは、家父長制の費用は払わずに家父長制の恩恵を享受するという、良心の新しい地平を開拓しようとしている。

ここまで大まかに見てきたのは、私たちの時代に新たに持ち上がってきた「男の問題」である。この「男の問題」は、人口問題、労働市場での構造変化、社会的・文化的流れなど、国ごと、世代ごとにさまざまな要因、さまざまな様相で表面化している。問題扱いされる男たちのやっかいなところは、問題当事者の彼らがとりあえず社会の主流にかおり、圧倒的な優位を占めている点である。加えて、問題にされている理由も、その圧倒的優位がさまざまな環境要因によって、わずかながら浸食されていることに端を発している。つまり、男の問題を問題視すること自体、男の支配を補助し、延長するかたちで作用する可能性もあるのだ。しかし、そうした可能性があるからといって、男というジェンダーそのものへの問いかけを止めたり、あるいは平面的にのみ取り上げたりというのもまた、男性支配の解体にさしたる意味をなさないものと思われる。したがって、正しい問いと探求のために、これまでの苦悩や研究について確認しておくべきである。次章で私たちは、「男とは何か？」という問いに対する、過去のさまざまな回答を知ることができるだろう。

2

〃真の男〃を探して

「ヘゲモニックな男性性」の起源

トレードマークは〝真の男〟

真の男とは、どんな男だろうか？

真っ先に頭に浮かぶのは力の強い男である。男は生まれつき、女より力が強い。だから先史時代から、男の役割といえばその強力な身体的能力で、動物や自然環境に立ち向かうことだった。そうした男の力は、有史時代においても男を戦士として活躍させた。侵入してくる敵と対峙し、時には敵地に攻めこんで新たな土地や財貨や奴隷を手に入れてくるのが、男のしていた仕事である。

強い男は賢い男に勝てない。ひたすら筋肉と力ばかりを盲信していた男・ゴリアテが、賢い美少年のダビデの石つぶてに倒れてから、すでに数千年が経過している。いくら天下の力自慢であっても、自然の力の前では人間の力などひとたまりもないものだ。その点、賢い男は力が弱くても、窮地に追い込まれても、勝利する方法を知っている。何より賢い男は統べる者である。古今東西、統治者としては虎より狐のほうが優れているというのが定説だ。

だが賢い者は策に溺れる。トロイアに木馬を運び込んだオデュッセウスは、その企みへの罰として、故郷までの長く険しい旅をせざるをえなかった。謀略で敵を退けてきた著名な軍師たちは、概して哀れな末路をたどった。賢い男は、高潔な男を屈服させることができないのである。高潔な男とは、自身の信じるものを守る男のことだ。聖者、隠遁する賢者、殉教者たち。自分を宰相にすることもできれば手足を引き裂いて殺しもできるアレクサンダーより、樽に差し込む一筋の光を望んだディオゲネス、治世を任せようという聖君からの申し出に、「汚らわしいことを聴いた」と耳を洗って山にこもったとされる許由①がいた。彼らは命も惜しまず、人間が到り得る境地を高めつづけた。

高い理想は、しかし現実に対しては無力であり、人々の苦しみを解決することはできない。そこで新たに登場するのが抵抗する男、革命家である。彼らは、高潔な理想を抱いて野垂れ死にするよりは、理想を現世で、自分の手で実現しようとする。抵抗する男たちは、権力者の男たちが作り上げた誤った世界を覆し、新しい世界を打ち立てようという者たちだ。彼らには大義がある。自らの栄達ではなく、苦しみ、抑圧されている多数のために。過去に縛られず、犠牲を恐れない。彼らは、腐敗し堕落した父親の首を切り落とす息子たちである。

とはいえ、歴史は勝者の記録である。果たして、これまで世の中を維持してきたのは、本当にそうした巨人たちだったのだろうか。大きな岩に浮かぶ人面は、村を長い間守り続けてきた最も謙虚な人の顔だった②。歴史に登場しなかった無数の平凡な男たち。家族を守って食わせることに身を捧げた父親、革命の隊列に並んで恐怖に打ち勝ち、街を守りぬいた一般市民、戦争と災難のさなか、他人を守るために散華した普通の男性こそ真の男ではないか。

訳①　中国古代の伝説の隠者。人格の高潔さで知られる。

訳②　アメリカの小説家、ナサニエル・ホーソーンの作品。大きな岩壁に現れた顔が、いつの日か偉人としてやってくるという言い伝えのある村を、政治家、軍人、金持ちなどが訪れるが、岩に現れていたのは、村に住む誠実な老人の顔だった。

しかし、本当にそれらをやり遂げたのは男だけだったのだろうか。戦場を駆け回った、賢く世を治めた、高潔さのために命も惜しまなかった、革命の旗を持って最前列に立った、そうしたすべての歴史と事件のさなかに他者の世話をし、命を守ろうとしていた数多くの女たちがいた。ただの一度も自身の側についたことのなかった国家、歴史、民族のためにすすんで献身し、また犠牲になった。だとすれば、その人々こそ「真の男」ではないのか。だが名前からして「女」であり、けっして男ではない。そうして私たちはまた振り出しに戻る。いったい、真の男とは何なのだろうか？

男らしさの身体的起源

「男らしさ」を定義する最古の方法は、非常にシンプルである。身体的に男性の特徴を持つ人の習性や行動方式がそれだ。男には乳房がなく男根がある。女は乳房と膣があって妊娠できる。身体についての科学と医学が十分に発展するまで、この区分法が絶対的な基準だった。もちろん、身体構造が固定的な性別と一致しないインターセックス intersex の存在は多くの歴史文献で確認されているが、そのことが身体の外形的な区分自体を攪乱するにはいたらなかったとみられる。実際、医学が十分発展した現代においても、人間の性を分ける最もシンプルで広範囲に知られている基準といえば外形だろう。外形による識別可能性への人類の執着は、中性的な、ともするとどこにも属さない容貌を持つ人を呼びつけて、「お前は男か、女か」と必ず問いかけずにはいられなくする力（?）を持っている。できることなら下着を脱がせてでも、自分の好奇心を満足させたいにちがいない。なぜなら、ひとつの生命体、あるいは人間を分類する上で、性別こそが最も根本的な基準として作用してきたからだ。

性において男性／女性というカテゴリーを耳にしたとき自動的に思い浮かぶのは、「陰茎」や「膣」といったほんのいくつかのたわいない連想ではない。無意識バイアスのレベルを測定すると、女性より男性に対して「科学」「数学」「キャリア」「階級」「高い権威」を、知らず知らずのうちに強く連想していることがわかる。逆に、女性に対しては、男性にくらべて「人文」「教養」「家族と家庭生活」「平等主義」「低い権威」に無意識バイアスが強く働く。*1

好奇心を満たした人類がその事実を肯定的に受け入れ、それ以上どんな意味合いも加えないなら、この性識別可能性に対する執着は、奇矯な関心ぐらいのことで片づけられるだろう。だが問題は、性別に関連して多くの意味づけがなされるからこそ、そんなふうに誰かの性別を気にする、という側面である。つまり、その人が男なら男として接しなければならず、女ならその人を女らしく「扱わなければならない」から、私たちは誰かの「秘められた外形」をそれほどまでに気にするのである。男らしさと、それに相対

1*　コーデリア・ファイン『ジェンダー、作られた性』イ・ジュン訳、ヒューマンサイエンス（2014）〔未邦訳〕、p. 36.

する女らしさという属性の連鎖は、誰かの性別を知った時の私たちの受け止め方や言葉遣い、ふるまいを決定する。しかし、その属性を決めたのは一体誰なのだろうか。

たとえば、計算をするプロセスに男根を使う余地がさしてないことを、私たちは正規の数学教育課程を通じて学んでいる。また、高いポジションにつく人間にとっては、むしろ男根の存在が多くのスキャンダルの元になっており、ひょっとしたら「去勢」を高職に就く際の前提条件にしたほうがみんなのためではないかと思うほど、多くのセックススキャンダルに接してきている。権威が男根から生まれるのであれば、世界のすべての権威は、性器平均サイズでつねに世界のトップに君臨するコンゴ男性に与えられるべきだが、コンゴ男性よりはるかにサイズが小さい可能性の高い白人男性や、白人男性よりさらに小さい可能性があるアジア男性にも権威が与えられていることも知っている。だとすれば私たちには、それらすべてが男のズボンの中から生まれるわけではないと合理的な推論を立てるのに十分な根拠があるわけだ。

にもかかわらず、男らしさや女らしさの根拠として最も多く挙げられるのは、互いに異なる身体である。女は妊娠し出産するから、そして、それは人間だけでなく動物にも広く観察される現象、つまりは自然の摂理であるから、その摂理によれば、女性は夫より早く退勤し、子どもの世話をしながら夕食を作ることのほうが昇進よりも好き、となる。もちろん、メスのライオンやメスのジャイアントパンダも、パートナーより先に退勤して夕食を作るかについては、いまのところまだ明らかにされていないが。

　実のところ、そうしたことを正当化する論理を見つけるために最も熱心に奔走したのが、他でもない科学と医学だった。アメリカの社会学者ベス・B・ヘスの言葉どおり、「2000年間、『公明正大な専門家たち』は、女性は体温を上げて魂を浄化するには熱気が足りず、頭があまりに小さすぎ、子宮はあまりに大きすぎ、そのホルモンが心身を弱め、乳房で思考しているだの、脳の不適切な部位で考えるだのと肝心要をつく洞察」[*2]を提示してきた。1915年、神経学者のチャールズ・L・ダナは、女性参政権についての自身の意見を『ニューヨークタイムズ』に寄せ、「女性の脳幹は相対的に大きく、脳の皮質と基底神経節はより小さい。脊髄の上半分はより小さく、骨盤と手足を統制する下の部分ははるかに大きい。（……）そうした違いのため、女性が男性になることは絶対になく、女性の効率性というのは特定領域にとどまるが、その領域は、地域社会の組織内における政治的な主導権や司法権限においてではないという事実を指摘しておく」[*3]と書いた。他にも、顔の角度、頭蓋骨の大きさと幅、脳の大きさなどが、倦むことなく新たな科学的根拠として示された。

　しかし、最近では並外れた科学の発展で、そうした話が異論の余地のない戯言であることが明らかになった。にもかかわらず、依然として科学の一部では、女と男の違いを究明しようとする試みが行われている。中でも最も代表的なのがテストステロン、すなわち男性ホルモンが及ぼす影響についての研究と、2つの性がそれぞれ異なる脳を持つという、いわゆる女性脳／男性脳についての主張である。近年そうした研究は、2つの

2＊　同書 p. 155 から再引用。

3＊　同書 pp. 197-198 から再引用。

側面で利用されている。例の、男性支配を科学的に正当化しようとする目的、それと同時に、近頃世界的に起きている男性の没落（特に学齢期の男子の学習到達度低下の問題）の弁明をしようという目的である。つまり、男が引きつづき強者である理由を究明しようとする科学と、男はなぜ弱者なのかを究明しようという科学的な研究が、相互間でさしたる協議や論争も行われないまま、バラバラに進行しているわけだ。

心理学者のコーデリア・ファインは、新聞紙上を連日賑わせているこの手の科学的知識がいかに脆弱な基盤から生産されたかを指摘している。たとえば1980年、ノーマン・ゲシュヴィントらは、胎児期に男児は高い数値の胎児期テストステロンを経験するため、脳の左半球の成長速度が遅くなるという見解を示し、したがって男性は「芸術性、音楽性、数学的才能をはじめ、優れた右脳的才能を備えた」途方もない潜在力があると主張した。後続の研究によってこれが事実でないことは明らかにされたが、にもかかわらず、そうした観点はケンブリッジ大学心理学教授のサイモン・バロン＝コーエンを筆頭とした現役研究者らに受け継がれている。バロン＝コーエンは、胎児期のテストステロン数値が女性型（E型）、あるいは男性型（S型）の脳になることを決定づけるという主張を繰り広げた。だが、そうしたプロセスを胎児の研究で直接明らかにするのは非常に難しい。そこで登場したのが、妊婦の血液、羊水、成人してからの指の長さの比率などを通じて、胎児期のテストステロン量を大まかに推算するという方法である。さらに、男児と女児を対象にした心理実験が加えられた。*4

*4　同書 pp. 163-164.

たとえば、平均生後1日半が経過した新生児の性差を見るため、モビールと人の顔を見せて、どちらをより長く凝視するかを測定する実験を行った。結果は、男児のほうが女児より長くモビールを見つめ、女児は人の顔のほうを長く凝視する、というものだった。バロン＝コーエンはこれを、共感能力とシステム化能力における性差であると解釈し、「もし物理学や数学に関連する職業が、そうした分野に惹きつけられる志願者の性をそのまま反映するとしたなら、私たちはそうした職種での男女比が50対50になることを期待してはならない」[*5]と主張した。

しかし、心理学者のアリソン・ナッシュとジョルダーナ・グロッシは、該当研究には深刻な設計ミスがあるとしている。いわゆる「潜在的な実験者期待効果」というものだ。母親たちのそれぞれの部屋で行われたこの実験は、研究者たちが新生児の性別を知りうる環境要因にあふれており、その情報は、子どもに対する研究者の態度に微妙な変化を与えるのには十分な条件であるというのだ。実際、研究者に新生児の性別がわからないよう措置をして行われた別の研究では特に差異は見られず、同じ条件で3〜4か月後に行われた実験で、ようやく違いが現れた。それによって研究者たちは、凝視度の違いに見られる性差は、乳児期初期に学習されたものの可能性があると仮説を立てた。そして何より、子どもが人を凝視するか、モビールを凝視するかは、その子が数学や昇進が得意な男性脳か、共感や洗濯が得意な女性脳かを示すものですらないと指摘した。[*6]

ファインは、脳科学的な性差の発見に有力な証拠として最近頻繁に採用されているf

5＊　同書 pp. 172–174.

6＊　同書 pp. 174–178.

MRI（機能的磁気共鳴画像装置）とPET（陽電子放射断層撮影）の問題点も挙げている。神経科学者のイリス・ゾンマーらは、この画像装置で左右の脳半球での言語機能の分化を調べた脳機能画像研究の結果を収集し、2回にわたってメタ分析で検討した。それぞれ、800人、2000人のデータで行われたこの分析では、既存の個別研究で発見が主張されていた有意な性差は見つからなかった。*7

加えて、この2つの撮影法は、脳の神経活動を直接測定するのではなく、血液内の酸素数値の変化や放射線トレーサー同位元素といった代替となる指標で神経活動を推測するものである。ようするにこの画面は脳の活動を生中継するのではなく、分析によって弾き出された「統計的有効性」を示したものというわけだ。この研究方法に究極の問題提起がなされたのは、大西洋サケ（スキャン当時、そのサケは残念ながら生命活動を停止していたそうだ）に、感情を刺激する写真を見せて反応を調べるという実験が行われたときだった。研究チームは、写真を見せられたサケが、そうでないサケにくらべて特に活発な脳の活動を示すことを見いだしたが、そこから導き出されたのは、「死んだサケの該当の脳の部位が共感能力を担っていた」という結論よりは合理的な、「この研究手法の検出限界の統計的扱いに問題がありそう」というものだった。fMRIを使用するすべての研究が嘘や間違いであるとは言えないが、そこから現れるものを誇張し、ひいては社会に適用しようとする動きにはますます慎重であるべき、という警告には十分なりうるだろう。

*7　同書 pp. 201–205.

もう一度私たちの関心事に戻ろう。男と女の身体が異なり、ある部分はまったく異なる機能を果たしているという点に同意するのは、難しいことではない。しかし、その異なる身体がどれほど異なる機能を果たしているか、また、その機能がどれほど人格的、気質的特質を発現するかについては、いまだ明らかにはされていない。それだけでなく、きっと身体からきているものと私たちが思いこんでいる違いでさえ、ほとんどはその明らかにされていない領域に属している。

食べていくのが人類の心配事のすべてだった時代、多少力の強い人間が力の必要な仕事をし、より呑み込みの早い人間がそれにふさわしい仕事をするというのは、何ら問題にならないことだった。現世人類もやはり食べていくことが問題ではあるが、何を、どのように食べていくかに悩みが変化して久しい。したがって、こんにちの男たち、あるいは男らしさが、数万年前の狩猟や採集をしていた時代の習慣に由来するという話には、より慎重になる必要がある。おまけに人間は、この世のどの動物よりもよく学び、よく変化する動物なのだ。その変化は、マンモスを捕まえることと企画書を書くことくらいの違いだろう。

「男」対「野生」

アメリカのディスカバリー・チャンネルで２００６年から２０１１年まで放送された

番組『人間対野生 Man vs. Wild』[③]は大変な人気だった。元イギリス特殊部隊の隊員で探検家のベア・グリルス Bear Grylsが、世界中の悪名高き過酷な環境にあえて挑み、そこでのサバイバルテクニックを見せるという番組である。

ベア・グリルスは、ジャングル、砂漠、極寒地帯、無人島、高山地帯、沼地、廃墟の都市などをはじめとする人間の住めない場所へと向かう。おおむね飛行機やヘリコプターから飛び降りるシーンで始まるこの番組は、もしその地域で遭難した場合、取りうる対処法を伝えるべく制作されたものだ。ベア・グリルスは、その地域の地形、生態、気候、危険、食べられるものや寝られる場所などを事細かに紹介する。

この番組の白眉は、ベア・グリルスが口にするものである。当然ながら野生環境にはコンビニやキンパプ天国[④]がないから、自然にあるものを調達して食べなければならないが、果樹園のど真ん中に落ちたのでもないかぎり、何が食べられるものかさえわかりづらい。その点で新たに気づかされるのは、捕食者としての人間のすごさである。ベア・グリルスは大体の場合、「この〈食べ物〉にはタンパク質、ビタミン、ミネラル、炭水化物などが含まれている」などと言いながら何かを食べるのだが、私が見た回だけでも、蛇、ワニ、死んだ動物、幼虫、昆虫（特にクモ、さらには蚊も）、さまざまな草や木の実、魚、海産物、海藻など多種多様である。大きいものは火をおこして焼いて食べるが、小さいものはそのまま口に放り込み、顔を歪めて「ベタベタ、バサバサしていて気持ち悪い」、「犬の糞が交じったステーキの味」などと親切に解説してくれる。

訳③　邦題『サバイバルゲーム MAN VS. WILD』。

訳④　韓国で有名な海苔巻きチェーン店。

ベア・グリルスは、自然での生存という人類最初の課題をクリアする原始的な男性性を、あらためて示しているように思う。太初の男とは、生きるために虫や薄気味悪いものを噛み、飲み込むことをいとわない男であり、厳しい環境や危険を、ただもう身体と機転で突破する男である。必要なものは作り出し、不必要なものを手に入れようとせず、すぐに腹を満たすことができて、まどろめる安全な場所があればそれで満足する。重要なのは当面の生存だから、脅威になりそうなものは避けたり取り除いたりし、それ以外のことには関心がないのだ。

生き残るために孤軍奮闘する男の姿は、私たちが男の行動様式を説明（あるいは言いわけ）しようとして口にする喩えを彷彿とさせる。この世は弱肉強食のジャングルであり、食うか食われるかだから、強くなって人を食らう捕食者にならなくてはいけない（「しかし、今ではもう僕のランチです！」⑤）的な言い回しだ。そうした表現は、男性が社会生活で見せる暴力性、競争心、狡知な権謀術数のようなものを正当化する言葉であり、男性が社会的優位を占める根拠として主張されることもある。ダーウィンの進化論が現生人類を進化の産物と明らかにして以来、進化の法則として知られる「適者生存」は、現生人類の存在を正当化する論拠として繰り返し使われてきた。すなわち、今の人類は適者生存の結果であるから正当な存在なのであり、同様に、今ある社会システムもやはり正当というわけだ。

だが、実際にベア・グリルスを「演出」するために必要なものをリストにしてみると、

訳⑤　番組内でベア・グリルスが言うセリフ。

ひとり自然に立ち向かう孤独なオオカミからは程遠いことがすぐにわかる（もっと言えばオオカミも群れを作る動物だから、孤独ではない）。まずは、ベア・グリルスに負けないくらい訓練されたカメラマンらが彼に同行する。ベア・グリルスが耐えられる脅威かどうかを医学的、科学的に判断する専門家がおり、地理学、生物学、医学などの近代以降に発達した多くの知識が、彼のリスクを減らすために動員される。何より、彼の番組は一部の危険なシーンが演出だとの疑いをかけられている。一例として、ベア・グリルスが灼熱の溶岩地帯を脱出するシーンが、まったく危険のない場所で撮影されていたことが、外国のネット市民によって明らかにされたこともあった。しかし、そうしたやらせ疑惑は番組の人気に大きな影響を与えなかった。なぜなら、この番組が人気を集めている最大のポイントは、ベア・グリルスの「グルメ番組」という部分だからである。もっとも彼はインタビューで、自分は好き嫌いがあり、こういう番組はつらい、ともらしたことがある。毎回撮影後にきちんと虫下しを飲んでいるのは確実だろう。

さらに興味深いのは、彼のバックグラウンドだ。彼はイギリス保守党の重鎮議員の息子で、イギリス上流階級の子弟が通う名門私立校イートンカレッジの出身である。言い換えれば、いまだ貴族のような身分制度が影響力を持っているイギリスの、上流階級の一員なのである。私たちはよく、上流階級を巨大ビル上階の巨大オフィスで、巨大な椅子に座って忙しく過ごす実業家のようにイメージしがちだが、イギリス上流階級は貴族（読んで字のごとく）であって、驚くことにあいかわらず「領地」を持ち、自分の領地や他の資産からくる収入だけで何不自由なく暮らせるケースが多い。つまり、イギリスの上流階級とは、かつての貴族がそうであったように、ほとんどがこれといった職業活動をしていない人々であり、と同時にそれを不思議とは思わない人々である。そうした点で見ると、ベア・グリルスが身につけているサバイバルテクニックは、「生き残るため」というよりは軍での職業訓練に近く、また上流階級の酔狂な趣味、あるいはレジャーである。実際、彼は番組から得た収益を寄付してもいる。彼が世界の秘境を回って山海の珍味（?）を食べ尽くす動機は、経済的なものですらないのである。

このあたりまでくると、彼を原始的な男性性の具現者とみることに疑問が生じてくる。生存に対する彼の広い理解や能力に最も欠けているものがあるとすれば、それは他でもない、生存そのものへの目的意識だろう。そのことは、考えようによっては階級に関する一編の寓話のようにも感じられる。私たちが知る最も原始的で生存力が強い男は、実は、生存力を発揮せざるをえない背景から最もかけ離れた場所にいる男なのであり、にもかかわらず、もし彼と労働者階級のある男が一緒にジャングルに落っこちたら、生き残るのはベア・グリルスだろうという話なのだ。当然ながら、労働者階級と貧困層の健康状態や寿命は上流階級のそれよりはるかに劣悪で短い。こんにちの生存力は、そのために動員できる資源に比例するのであって、そこに原始的な男性性といったものが割り込む余地はさしてない。

作られた男

私たちが知る男らしさの起源は、それほど古いものではない。人類は長きにわたって身分制社会だったのであり、男らしいかどうかよりも重視されたのは、その人が貴族か平民か、あるいは奴隷かということだった。私たちが男性性の原型と見なしているいくつかの事例は、現在と照らし合わせれば不適切なものである。たとえば、ギリシャ神話の英雄たちの行跡は、略奪、放火、殺人、拉致、強姦、結婚詐欺などの重犯罪でつづられている。中世の騎士たちは暴力的な（そして中世の生活ぶりから見た時、めったに身体を洗っていない）浪人集団であり、彼らを手なずけるためにはキリスト教と騎士道が必要だった。男性の多くの偉人たちは、その偉大さに一貫性を与えるため、偉大でないたくさんの部分をカットしたかたちで私たちに紹介された。

歴史学者のジョージ・L・モッセは、現代的な男性性の「理想形」が18世紀後半から19世紀初頭の間に誕生したとする。モッセは『男のイメージ』⑥という本で、男性性の理想形の形成と変化の様相をたどっている。そこで言われる理想形とは、平凡な男性の生活の実像というよりは、社会が作り出そうとしていた男性の理想像を意味している。モッセは、そのように作り出された男性の理想像が、18世紀の後半以降20世紀末まで変わっていないと主張する。

訳⑥ 原題 *The Image of Man.* 邦訳：『男のイメージ――男性性の創造と近代社会』細谷実、小玉亮子、海妻径子訳、作品社。

「男らしさ manliness」は、近代性がはらむ危険から、既存の秩序を保護する安全装置とみなされていた。しかしそれは、変化を望む別の人々にとっても、なくてはならない属性と見なされていた。実際「男になれ」という呼びかけは19世紀と20世紀初頭のひとつの常識だった。[*8]

モッセは、新たに鋳造された男の理想形が、何よりその外見に意識を集中させているとする。誰かが立派な男かどうかを知るために、いちいち対話して一緒に暮らしてみるというのは非常に面倒だからだ。内面を顕わにするのは難しいが、外形はそれ自体表に出ているから、識別することも旗印にすることも容易である。フランス革命は、「『新たな象徴』が『新しい男性』を作ることができる」と宣言することで、男性性が外見を中心に強化されることを後押しした。「現代的な男性性は、理想的な男性美を通じて自らを定義する。そして理想的な男性美は美徳を象徴する」[*9]

男性性の外形的な理想形に選ばれたのは、18世紀ドイツの美術史家、ヨハン・ヨアヒム・ヴィンケルマンが称賛した古代ギリシャの彫刻像だった。ヴィンケルマンは、ヨーロッパで異教徒の文化と忘れ去られていたギリシャ文化の価値を発見し、伝えたことで有名だ。ローマのヴァチカン図書館に勤めていた彼は、遺物の倉庫にあったギリシャ彫刻に魅せられ、その様式と年代を整理して1764年『古代美術史 *Geschichte der*

8＊ ジョージ・L・モッセ『男のイメージ』イ・グアンジョ訳、文芸出版社（2004）、p. 10.

9＊ 同書 p. 14.

kunst des Alterthums』を出版する。それを通じてギリシャ文化に熱烈に魅了される人が多く生まれ、以降、19世紀にはヨーロッパ人が自らをギリシャの末裔と考えるようになった。また、1820年代にギリシャがトルコからの独立戦争を行った際、イギリスやフランスなど欧州諸国は支援に回ったが、そこにも古代ギリシャへの羨望が作用していた。*10

ギリシャへの羨望は、さまざまな要因が複合的に作用していた。キリスト教的影響力の弱体化、新興ブルジョアの誕生、そしてヨーロッパに建設された博物館を埋めつくす「略奪された」遺物や美術品といったものだ。血統ですべてが立証される貴族にくらべて、財産や社会的地位といったやや不安定なものを自らの基盤としていた新興ブルジョアたちは、血統に代わって自らの地位を安定させてくれるものを探し回っていた。その時現れたものの1つが、「健康で美しい肉体」という新たな基準である。ギリシャの彫刻のように均衡がとれていて美しく、病に苦しむことなく健康でしなやかな男性の身体が、ブルジョアたちの不安定な出自を補う新たな基準として浮上したのである。当時発展のさなかにあった医学、生物学、人類学などの科学もそれを後押しした。

一方、現代的な男性性の理想形は、当初から19世紀の民族主義運動と啓蒙主義に包摂されていた。そうした男性性の理想形が大衆的、教育的なかたちをとって具現化したのが体操である。現代体操の父とされるフリードリッヒ・ルードヴィヒ・ヤーンは、体操を「ドイツ人民の生命線」と呼んだ。「体操の訓練こそ、ドイツ人民を若者らしさと男

10＊ カン・チョルグ『われらの目から見る世界史』、龍の森〔ヨンエスプ〕(2009)。

らしさへ導き、宗教と地域、身分を越えて、ドイツ人民を1つの共同体にしてくれる」からだ。ヤーンは体操関係者に「精神や忍耐、そして献身性」を強調し、「高尚で、純粋で、能力があって恐れがなく、信義があり、銃を取る準備ができていなければならない」と伝えた。[*11] すなわち、男性性の理想形として採用された強靱で美しい身体は、ほぼ同時に、国家と民族のために献身する身体ともされたわけである。身体はイデオロギーに包摂され、それ自体がイデオロギーの宣伝物となった。「19世紀が進むにつれて、体操は社会における健康法となった。役に立たない無産階級を上品な市民に変えることもできるし、ひいてはそれは、社会主義、インターナショナリズム、ニヒリズムといったイデオロギーを阻止することができた」[*12]。こうした叙述は、このイデオロギーの正体が何かをよく物語っている。ヨーロッパの白人中産階級のための、資本主義のための、民族―国家のための、労働や、開拓や、戦争のための身体を作り出すことが、この新しい男性性の重要な目標だった。

新しい男性性で強調されたのは規律だった。規律なしの勇ましさは、むしろ災いになるからである。軍事的な徳目や軍事訓練が新たな男性性の核心として位置づけられたのは、不思議なことではなかった。その起源はフランス革命、なかでも市民による市民軍の制度だ。市民軍は傭兵のようにあちらこちらをさすらう不穏な武力とも、あるいは徴集された農民のように訓練されていない武力とも違う何かである。国家を守護するという高貴な目的の下に招集された男性集団であり、規律と訓練によって鍛えられていた。

11＊　モッセ前掲書、pp. 75–76.

12＊　同書 p. 79.

「フランス革命期に登場した新たな市民軍は、それ自体が男らしさを教える学び舎だった」[*13]

当然の流れだが、大義のための犠牲も強調された。「死と犠牲は、自由の理念とも結びつけられた。のみならず、死と犠牲は平等や友愛のような理念とも、あるいはドイツの解放戦争の場合のように、民族統一への渇望などとも結びつけられた。英雄たちと結びつけられたのは個人的自由ではなく、民族の自由や新生フランス共和国の自由といった、高邁な大義に奉仕する自由であった」[*14]

大義のため壮絶に散華する男たちへの称賛は続き、そこに崇高さや美しさといった美的価値が付与された。男性性は、大義という名の弾倉から飛び出す瞬間を待ち構える、手入れの行き届いた銃弾へと近づいていった。

新たな男性性の理想形に抵抗する試みも存在してはいたが、第一次世界大戦を経て、理想形はむしろ強化される。何より戦争は「『男になる』自由」という認識を広く伝える契機になった。すなわち、「戦争を通じて、男性性に存在する『詩人』と『真の男性(勇敢で無慈悲)』という2つの、相反するアイデンティティが統合」[*15]されると考えられたのだ。その後、この新たな男性性を積極的に借用して前面に押し出したのが、他でもないナチ党(ナチス)である。ナチスは、ギリシャ彫刻にそっくりの美しいアーリア人種の青年男性の身体を、積極的に自分たちのプロパガンダに使った。ひどい場合、外見がアーリア人種の基準を満たしているというだけで幹部になれるほどだった。

13＊ 同書 p. 88.

14＊ 同書 p. 90.

15＊ 同書 p. 192.

ファシズムが追求したのは、この新たな男性理想形の最高形態だった。ファシズムに対抗する共産主義圏や西側の自由陣営も、躍動と規律が共存するこの男性性の理想を共有した。[*16] しかし、この男性性にはひとつ、公然の秘密がひそんでいる。それを社会的に承認し持ち上げようとすれば、そうなれないものにはスティグマや排除、そして従属が必要だったことである。男の理想形を作り上げるために、障害者、同性愛者、病を抱えた者、有色人種、自らのポジション（母親、ケア労働、養育者）から抜け出したがる女、兵役拒否者といった「アウトサイダー」らが非難と差別を受け、最悪の場合、死を受け入れなければならなかった。そうした者たちは、男性性の理想形を強化するアウトサイダーの典型というかたちで社会的な剝製にされた。モッセは、第二次世界大戦後の変化した世界でも、依然用いられているその男の理想形に警鐘を鳴らしている。

（……）この男性理想形は単に男女の相互作用に依存しているのではなく、慣習や倫理、社会的な理想のすべてを覆う網の目によって維持されている。このように現代の男性性は、今も社会を結束させる重要な役割を果たしている。そうした事実こそが、男性理想形の根強い生命力を語ってくれるだろう。歴史は簡単には巻き戻らないのである。[*17]

16＊　初期には何人かの社会主義者が、これに対抗する代替的な男性性を作り出そうとした。その代表に、オーストリアの精神分析学者、マックス・アドラーがいる。

17＊　同書 p. 335.

ヘゲモニックな男性性

男性性の理想形の最大の問題は、その理想形に当てはまる男性が現実には見つかりづらいことである。ナチスが人種主義的な観点から示したアーリア人男性の理想のスタイル、すなわち、適度に筋肉質で鍛えられた身体、高身長、白いが日焼けしやすい肌、青い目、金髪、美しい歯並びなどの最大の問題は、彼らの仲間内でも、それに合致する特性すべてを持ち合わせる人間がめったに見つからないことだった。ナチ党政権の「国民啓蒙・宣伝大臣」だったゲッベルスは、そうしたアーリア人男性の理想形を国民を扇動する前面に掲げた張本人だが、本人には障害があった。他の陣営や他の国で掲げられた男性の理想形も、やはり同様だった。

加えて、理想形の構成要素も、時代や場所によって変化を経験していく。モッセが18世紀に誕生し20世紀後半まで影響力を持ったとしていた理想形も、21世紀の到来とともに大きな変化に巻き込まれるようになった。さらに根本的な疑問は、なぜそうした理想的な男性性が誕生したかである。また、その理想的な男性性に到達できない他の男たち、そして、男ではない者たちとの関係はどうかということだ。

オーストラリアの社会学者R・W・コンネルは1995年、『男性性／たち』[訳⑦]という著作で、「ヘゲモニックな男性性」という概念を提示している。[*18] ヘゲモニーとは、イタ

訳⑦ 原著 *Masculinities*, 第2版の邦訳：『マスキュリニティーズ——男性性の社会科学』伊藤公雄訳、新曜社（2022）。

リアの革命家であるアントニオ・グラムシが再定義した概念である。ファシストの手によって刑務所に送られた彼は、なぜイタリアが革命ではなくファシズムの道を歩むようになったのかに頭を悩ませた。彼の見立てによれば、イタリアで革命が起きなかった理由は、カトリック教会に代表される宗教的権威や支配階級の道徳的かつ社会的な影響力などによって、大衆の意識が掌握されていたからだった。つまり、支配階級は銃や刀を使った強制力だけでなく、宗教、道徳、文化、伝統などを通じて大衆の同意を取りつけ、それが、革命の条件が熟していたはずのイタリアで、むしろ支配と独裁を強固にした原因になったというわけだ。さらにグラムシは、このヘゲモニー問題がすべての体制の維持、あるいは転覆の重要な要素であると力説し、そのための闘争戦略を模索した。[19] ヘゲモニックな男性性という、こんにち理想的な男性性と見なされているものも、やはりこうした政治的かつ文化的な闘争と同調（同意）、戦略の産物であることを浮き彫りにする視点である。

男性性内部の多様性を認識するだけでは不十分である。私たちはさまざまな男性性のあいだの関係、つまり男性性が同盟を結び、支配し、従属するという関係について認識しなければならない。そうした関係は、誰かを脅し、搾取するなどの行動をとる包摂と排除の実践を通じて構成される。男性性の内部にあるのはジェンダー・ポリティクスだ（……）ヘゲモニックなパターンを拒否する人々は、出口を見つけるために

18＊ 「ヘゲモニー」という概念はレーニンが初めて登場させた。レーニンは、労働者階級が多数の人民の支持を獲得するための革命戦略として、ヘゲモニーという概念を使用した。

19＊ 韓国では『グラムシ獄中労苦』［全2巻、アントニオ・グラムシ著、イ・サンフン訳、コルム（1999）］として出版されている。重要部分の抜粋を翻訳したものである。

戦うか、折り合いをつけなければならない（……）ヘゲモニーは完璧な統制を意味しない。ヘゲモニーは必然的なものではなく、崩壊させられることもある。さらには、自滅もありえる。[*20]

コンネルは、男性性を定義する既存の4つの方法を語り、それらが抱える盲点を指摘する。まず、本質主義的定義は、男性的なるものの中核をなすいくつかの特徴を選び出し、それらに即して男たちの生活に関わる説明を添えるやり方だ。その場合、男の本質として採用されるのは、能動性、危険を引き受けること、攻撃性、責任、無責任などである。このパターンは、他人のことに首を突っ込むのが好きなタイプやナルシストの男たちに人気があるが、本質の選択があまりに恣意的という致命的な欠点がある。

実証主義的社会科学による定義は、事実の発見を強調するものであり、観察と現象の記述を基本とした単純な定義を導き出そうとする。しかし、この観点は3つの点から問題である。まずは、特定の立場を持たない公正な観察者のような態度はとり得ないという認識論的な問題、次に、男と女の行動を観察してそれを男性性と女性性に区分するためには、あらかじめ男性と女性という二分法的方式でカテゴリーを分けざるをえないマッチポンプになるという問題、そして3つ目は、日常的に使われる「あの子（男）はなんであぁ女みたいにふるまうんだ」とか「あの子（女）はほとんど男だよ、男！」的な用語法を説明する術がないという点だ。

20＊　R・W・コンネル『男性性／たち』ヒョン・ミン、アン・サンウク訳、イマジン（2013）、p. 60.〔邦訳書誌は訳⑦を参照〕

男性性の定義への3つ目のアプローチは、男性はかくあるべしという規範的定義だが、これは、前で触れた男性性の理想形に似ている。難点もまたそれと同様である。誰も、その規範の中の男に該当しないという点だ。金髪に青い目の美男を見つけたとして、そうだからといって彼を勇敢な戦士、やさしい家長、生計扶養者、異性愛者、非障害者と保証はできないのである。男性以外にも関連する話だが、2017年にアメリカのシャーロットビルで行われた人種差別的デモの主導メンバーの一部が、DNA解析によって「純粋な白人」ではないという結果を通知されたという冗談のようなエピソードを思い出すとき、この試みがいかに不可能かに思い至るだろう。*21 それだけでなく、規範的定義は現実の男性たちがどんな性向を見せているかについては語ることができない。

最後の方法は記号学的アプローチだ。記号学的アプローチをわかりやすく言うと、私たちの記号体系（代表的なものは言語）で何を男性的と言い、何を女性的と言うかを分析する。この観点でいう男性性とは、簡単にいえば女性性に当てはまらないものである。男性的なものは「主人の記号」であって、それが何かは定まっていないながらも別の記号のポジションを決定づける。女性的なものは、ある種の欠如を通じて、主人の記号からポジションを与えられる記号となる。つまり男性性とは完全なもの、欠如のないものであり、それに対して女性性は何も持っていない、不足している、欠如しているという具合に定義される。

こうした既存のアプローチへの批判的分析を通じて、コンネルが定義した男性性は以

21＊「白人優越主義者 DNA解析すると『純粋白人』ではなく」、『アジア経済』、2017.8.31.

下の通りである。「男性性はジェンダー関係における場所であり、その場で男女が関与することを通じての実践であり、そうした実践が身体的経験、パーソナリティ、文化において作り出す効果である」。[*22] もちろんこれは、私たちが日常的に受け入れている男性性という概念と直観的に結びつく表現ではない。だが、男性性を単純に自分の周囲の男たちの行動や言葉に縮小させてはいけないぐらいのことは伝えてくれる。

男性性についてのこの複雑な定義を念頭に置いて、いま一度ヘゲモニックな男性性について見てみよう。男性性のヘゲモニーは、単に男性だけではなく、社会全体における男性と女性の役割と地位にも作用している。このヘゲモニックな男性性が守ろうとしているのは、究極的には家父長制と男性優位の社会体系である。単純な力や暴力の論理ではなく、数多くの迂回路が利用されている。男性性の優越性や正当性を立証するための学問的かつ科学的研究、男性性をカッコよく、面白く、親しみやすく、当たり前のものにするイメージ戦略、男性性に配慮する（たとえば男の性欲に対して）法や制度、あるいは伝統や風俗の名で正当化される性差別的な慣行、神の名のもとに性差別を擁護する宗教などが、このヘゲモニーの構成要素である。

ヘゲモニックな男性性は、家父長制は正当かという問題への、現在受け入れられている解答を体現するようなジェンダー実践の配置形態として定義することができる。すなわちそれは、男性の支配的位置と女性の従属性を保証する（もしくは保証のため

22＊ すなわち、社会的に形成される男性性というのは3つの次元を持っている。ジェンダー化された生活の中での位置／場所、その位置／場所に男性と女性が現実に関わって行う実践、その実践が作り出す効果である。（コンネル前掲書、pp. 113-116）

に選ばれる）ような解答を体現している。（……）とはいえヘゲモニーは、個別的なものというより集合的な産物であり、文化的理念と組織的権力が符合する場合に限って打ち立てられる。したがって、超一流企業、軍隊、政府は、それなりに説得力をもって、共同で、男性性を示している。男たちやフェミニストの女性たちがいくら異議を唱えても、ほぼ微動だにしない。これが、直接的な暴力より権威を主張するヘゲモニーの目印である（もっとも、暴力はしばしば権威を下支えし、指示している）。[*23]

ヘゲモニーは、力よりも同意によって支配を進めるが、究極的な暴力の暗示はつねにつきまとう。ヘゲモニーは簡単に拒否できるものではない。前でコンネルが語っていた通り、それから逃れようとする人々は、抵抗したり折り合いをつけたりという方法で代価を支払う必要がある。だが、離脱の試みがつねに成功するわけではないし、失敗は主体の消滅を意味する。

ヘゲモニックな男性性が標榜する属性は、すべての男性に喜んで受け入れられるものではない。現実に存在する男たちにある種の圧迫として迫るものだ。だが、大部分の男たちは、このヘゲモニックな男性性にさして不満を示さない。コンネルはその理由を「家父長制の分け前」[*24]という概念によって説明している。ヘゲモニックな男性性が理想的な男性性を説き、それへの広範囲な同意を生み出している世界においては、理想にふさわしくない男もまた反射的利益を得る。ヘゲモニックな男性性が作り出す偏見によっ

23＊ 同書 pp. 124-125.

24＊ 同書 p. 127.

て、労働市場で得をしたり、ミスに対して寛大な処置を受けたり、少なくともご飯ひと口分くらいは恵まれているのだ。

多くの場合、家父長的秩序の維持にとって、あからさまな男性性のポリティクスは必要とされない。ヘゲモニックな男性性を持っているという理由で社会的に選抜された男性異性愛者が企業と国家を運営している状況で、そうした制度の日常的な維持は通常成功裏に進む。それこそがヘゲモニックな男性性という集団的なプロジェクトの核心であり、日常の中でヘゲモニックな男性性がひとつのプロジェクトとして可視化されない理由である。多くの場合、男性性は主題化される必要性がまったくない。代わりに注目されるのは、国家の安全、企業の利潤、家族の価値、真正なる宗教、個人の自由、国家間の競争、経済的効率性、科学の進歩といったものだ。そうした用語による守護を受けながら、日常的に制度は作動し、特定のタイプの男性性が支配するようになる。だが、ジェンダー秩序に危機の傾向が現れると、その対応としてヘゲモニックな男性性が主題化される可能性があり、「銃ロビー」のようなタイプの政治が現れる。ヘゲモニーを日常的に維持する活動と、あからさまな男性性のポリティクスの相互作用は、さまざまな実践の舞台で発生し得る。*25

ヘゲモニーがうまく機能している最大の証拠は、誰もそれを問題視していないことで

25＊ 同書 p. 311.

ある。男性や男性性は、「危機」という局面でだけ、水面上に浮かび上がる。ヘゲモニックな男性性に害を及ぼさない問題はさまざまな「社会経済的」危機として解釈されるが、それがジェンダー秩序に害を及ぼすと思われる場合は、そうはならない。危機をあおる論調が果たすのは、現実世界の変化に合わせてヘゲモニックな男性性の内容を一部修正したり、あるいは、もはや正当性を持たなくなった部分に代わる新たな論理を構築したりする役割である。ヘゲモニックな男性性の内容は時代や状況によって変化してきた。しかし、男性が社会的優位を占める社会の姿は変わらなかった。ヘゲモニックな男性性が守護するのは、まさにこの優位性である。

支配のコスト

すべての支配にはコストがともなう。ひとつの小さな村を統治するのにも多くの難関が待ち受けるのが人の世である。さらにそれがひとつの国なら、または人類の半分を対象としているものなら、なおのことだ。

男たちはそう教わって成長したために、あるいは、それが自分にとっての利益となるために、家父長制を擁護したり家父長制に便乗したりする。しかし、それは何のコストもかけずに行われるわけではない。ヘゲモニックな男性性が作り出す期待に、男たちは何らかのかたちで応えなければならないのだ。勇敢でない戦士は臆病者と非難されるかもしれないし、真の男という資格を剥奪されることもある。危険を恐れて立ち向かおうとしない男も非難されるだろう。家族を大切にできない家長、性的に女性を満足させられない男、貧しい男、背の低い男、異性愛者でない男などにとって、その期待は、時に人生全体や生命を左右しかねない要素だ。

この男性支配の利益は、すべての男性に平等に分配されるわけではない。いままで見てきたところによれば、すべての時代のヘゲモニー的、あるいは理想的な男性性に貫かれる論理は「動員」である。すなわち、男たちは戦争や経済成長のため、身を挺して犠牲になる準備をしなければならない。そして女性は、そうした男性のために家事と育児を専門に担当し、性的／情緒的な癒しを与える存在でなければならない。理想的な男性性が民族主義や資本主義の始まった時期に登場したのは偶然ではない。戦場や工場を満たす鍛えられた肉体の必要性が、特定の形態の男性性を鋳造したのである。とはいえ周知の通り、男なら誰もが最前線で非業の死を遂げたり、工場で過労により早死にしたりするわけではなかった。誰かは豪華な軍服をまとって他の男たちを死地に追いやる決定を下し、あるいは他の男たちの労働を搾取して資本家になった。

最も不当な扱いを受ける女性や非‐男性の立場を少し脇に置けば、男性支配とは、権力を持った少数の男性のために、さして見どころのないその他大勢の男性が、情熱と誠意を尽くして仕える不公正なゲームである。つまり、支配のコストは「男性」と呼ばれる全員が負うものの、支配を通じて得られた産物は一部が独占する構造となる。その一部は、自分と同じ支配者のための配当金でさえ、自らのポケットから支払うことはしない。彼らがその他大勢の男性に与える利益配当とは、女性と非‐男性を差別する立場だ。つまり、ほとんどの男性は、自分の下に自分より劣る者がいるという慰めと若干の反射的利益のために、家父長制の守護者的役割を果たしているのである。

新自由主義の到来以降、この男たちのあいだの溝はますます深まった。かつて製造業の正規職労働者と低い職級のホワイトカラーから成っていた中産層は、大きな破裂音とともに真っ二つに引き裂かれている。男たちにハードな労働を課すかわりにその一家が食べていけるだけの賃金を支払うというのは、新たな経済状況にはそぐわないことだ。中産層の男に家で王様の役割をさせてくれていた「男‐生計扶養者‐家長」という最後のよすがは尽きた。こんにち直面することになった現実とは、父親たちの享受した（じつは享受しただろうと想像される）家父長の権力をよこせと愚痴る若い男たち、世相の変化に適応しようともがく少数の男たち、そして、今という時代の権力と権威と名誉の唯一の象徴であるカネをつかみ取ったごく少数の金持ちの男たちが、ぎこちなく手を取り合っている様相なのである。

ここからは過去に戻って、極東アジアの小さな半島に存在した「男」たちの歴史を見ていく。ネタバレをすれば、彼らは、不幸に始まり次々と失敗を重ねる歴史を生きてきたし、最近の状況もあまり愉快なものではない。「韓男《ハンナム》」⑧と略して言ったなら大変な悪態となってしまう、まさにその「韓国男子《ハングクナムジャ》」たちと対面してみよう。

訳⑧　「韓国男子」を略した「韓男（ハンナム）」は、韓国の男性を全否定する罵倒語。フェミニズムに反発し、家父長制を支持する男の意。

3

韓国男子の憂鬱な起源

ちゃっかりした無能力者たち

近代化以前の朝鮮を見ると、私たちが知っている「男の徳目の歴史」はかなり短いものであることに気づく。それ以前のどの国と比較しても、武人を冷遇し、文人を高く買っていたことはよく知られている。そうした傾向は朝鮮王朝時代も末期になるほど特に顕著になり、朝鮮王朝後期の文人である韓元震《ハン・ウォンジン》（号は南塘）①が、「我が国には3つの大きな憂患あり、文官が武官を蔑み、士大夫②が庶子やその子孫を踏みにじり、俗人が僧侶の群れを見下すのであるから、それはまさに災いの根源なり」*1と語るほどだった。武人は文人とのやりとりにおいて自らを「小人」と自称し、権勢をふるう一族の村には軍服姿で立ち入ることも控えた。位が近かったり同じだったりした場合でも武人は文人より低く見られ、武人が上官の時でさえ、指示を拒否したり無視したりする文人は多かった。

さらに、歴史の裏話を集めた17世紀の書物『天芸録』では、慶州の西岳《ソアク》書院でソンビ③の一人が、薛聡《ソルチョン》④や崔致遠《チェ・チウォン》⑤のような文人と、武人の金庾信《キム・ユシン》⑥を一緒に祀るのは不適切であると異議を唱え、そのせいで金庾信の呪いを受け死亡したという内容の説話が伝えられている。金庾信は統一新羅を開国に導いた功臣にもかかわらず、その位牌を祀ることに議論があったことを考えると、武人に対する冷遇がどの程度のものだったかがよくわかるだろう。

訳① 朝鮮王朝の性理学者。

訳② 官職を出す支配階層。両班（ヤンバン）の身分とほぼ同一。

1* チョン・ジェミン「朝鮮後期の説話に現れた武人の位相と文武の関係」、『韓日軍事文化研究』第21巻第0号、韓日軍事文化学会（2016）、p. 340.

訳③ 学識高く高潔で儒教理念の実現を目指す人物。

訳④ 新羅の儒学者。

訳⑤ 唐に留学経験を持つ新羅の文人。

訳⑥ 三国統一に貢献した新羅の将軍。

人類の歴史の中で最も普遍的な男の役割とされ、支配の正当性として提示される「戦士としての男」は、朝鮮ではさして影響力を発揮できなかった。武人への不当な扱いが話題になることも、文禄の役⑦や丙子の乱⑧で苦痛を経験していなければ難しかったかもしれない。

だが、この白面書生⑨の文人たちのまた別の問題は、ひどい場合、家族を養う存在ですらなかったことである。朝鮮中期以降、士大夫たちが金科玉条としてきた『朱子家礼⑩』において、家長は「①礼法を守り、子弟と親族を治め、職分を分けすべき仕事を与えてそれを成功させ、②財物を使用する手続きを正し、収入を計算して支出をし、家に「物品が」あるか否かの見当をつけ、上下衣食と冠婚葬祭の費用を払う」など、構成員と一家の財産を管理する役割[*2]をこなすべきことが明言されていた。しかし、当時の生活の様子がうかがえる資料を集めた研究によれば、かなりの数の士大夫が「家長」の役割を果たしていなかった。国文学者カン・ソンスクは「朝鮮時代の士大夫にとっては、科挙に合格して官職に進むことだけが自らの存在を証明し、家門の立場を強くする方法だったため、文章を読んで身を立てることが優先された」「学問を究めること以外の他の領域に関心を持つことは許されず、したがって、家庭のことを顧みないのが両班《ヤンバン》である士大夫の美徳[*3]」でさえあったとする。

おかげで、両班家の多くの夫人たちまでもが、基本的な家事労働はもちろん、家計を支えるためのさまざまな労働をせざるをえなかった。生活に余裕のある家でも召使を使

訳⑦　1592年の豊臣秀吉による朝鮮出兵。

訳⑧　1636年の清による朝鮮侵略。

訳⑨　勉強ばかりして世情に疎い人物の意。

訳⑩　中国の南宋時代に成立した礼儀作法書。

2＊　カン・ソンスク「朝鮮後期（19世紀）日常生活の場における男女のジェンダーの違いの間隙と交渉——家長の役割を果たした女性の生活史叙述を中心に」、『女性文学研究』第30号、韓国女性文学学会（2013）、p. 12.

3＊　同論文 p. 13.

って家庭の衣食住の段取りをつけるのは夫人たちの役目であり、余裕のない家では針仕事や機織りといった労働によって世間体や衣服を整える必要があった。

もちろん、朝鮮時代の士大夫の数は多くなかったし、士大夫でない男性たちの大部分は、あらゆる生産労働を行っていた。だが、社会をリードするヘゲモニーを握った男は、いかんせん性理学に身を投じたゾンビたちだった。

こう見てくると、当時の「男の中の男」は、現在の基準に照らせば野原の雑草レベルの役立たずだったと考えて間違いない。もちろん本人たちも、建前にしていた人生とは異なる生き方になってしまったのだろう。だが、朝鮮王朝時代のヘゲモニックな男性性は、そもそも彼らが家族を養ったり、脅威に立ち向かって家族と国を守ったりすることを喜んでいなかった。徹底した無能力ぶりは、それを支える社会、経済、文化的条件があったがゆえに可能だった。つまり、社会の生産と再生産の領域は女性や下層身分にすべて押しつけ、自分たちは両班—男性同士で孤高を競い合う、彼らだけのリーグで名誉と権力を分かち合っていたのである。

もっとも、それはあくまで理想形の話だ。たとえば私たちは、朝鮮時代に描かれた春画によって、朝鮮の男性がどれほど多彩な方法で性行為をしていたか知ることができる。在野の歴史書や口承では、多くの聖王や高官要職たちが繰り広げていた夜の冒険譚が伝えられている。また、孤高を称賛するのとは対照的に、そうした豪傑たちの放蕩な人生への羨望も存在した。歴史学者パク・ノジャは朝鮮時代の男性性について「スペクトラムの片方の端には、性理学的君子の礼儀正しく禁欲的な自制があった。もう一方の端には、性欲や放浪生活への賛美、そして、性理学的規範に対する平民社会の一部の無視が、明確な対比を作って存在していた」[*4]とする。

パク・ノジャは、後者の代表格として、パンソリ[⑪]「ピョンガンセ（横負い）歌」の主人公、ピョンガンセを挙げる。ピョンガンセは巨大な性器を持つ絶倫の下層階級の男性で、人生を一貫して酒と色で埋め尽くしている人物だ。彼は、やはり性欲が強すぎて、交渉を持つたび男を腹上死させるために村を追われて放浪していた女性、オンニョとカップルになるが、結婚後もオンニョの労働に依存して暮らし、村に立っていた木彫りの守り神を薪にしようと切りつけたために、祟りを受けて死ぬ。オンニョへの遺言は「操を守って生きていけ」というもので、彼女に近づく男はすべて呪われて死ぬだろうと告げる。ピョンガンセは、朝鮮時代末期に定着先を見つけられなかった流浪の民の哀歓を代弁する人物であり、また士大夫の君子的な徳目に相対する庶民的なヒーローである。と同時に、平民男性もやはり女性を支配し、女性の労働を搾取するという点では共通していたことを教えてくれる存在だ。

いずれにせよ、朝鮮時代の男たちが治める世は、西欧列強や日本帝国主義の侵略の中でしだいに力を失っていき、植民地支配とともに終わりを迎えた。もちろん、女性と男性の間の性別権力が消えたわけではない。だが朝鮮の男たちは、過去とは異なる存在になることを余儀なくされた。

4＊　パク・ノジャ『勇敢な男を作ること』、青い歴史（２００９）、p. 81.

訳⑪　物語に節をつけて歌う、朝鮮の民族芸能。

輸入された男――植民地男性の不遇な誕生

本格的な「韓国男子」の誕生は、韓国の近現代史と共にある。その流れを大まかに分けると、植民地支配、内戦、産業化、民主化、新自由主義化（？）くらいになるだろう。そしてそれぞれの時期、あるいは課された役割別に、理想的な男性像が形づくられた。

もちろん、そうした理想の大部分は、条件に適う人間の数がごくわずかであるか、存在しない。おまけに韓国男子の場合、より悪条件に置かれていた。男性性への要請が民族主義の勃興と重なっていたという点では、韓国も他の国と軌を一にしている。だが問題は、民族や国家なるものが完全には存在しない植民地統治下だったことだ。草創期のナショナリズムは膨張主義と対を成していた。民族と国家のためにさらに多くの植民地や資源を確保しようと、大小さまざまの戦争が勃発し、若い男性たちのあいだではより広い世界への熱望が沸きかえった。しかし、新たに男になろうとした朝鮮の青年たちの名を呼んでくれる民族や国家は、すでに失われていた。

にもかかわらず、初期の韓国男子たちは、西欧の列強や日本から男のなり方を勤勉に学んだ。スタートは似ている。身体を鍛え、近代的な人間工学が作り出した規律を身につけ、国家と民族の名を轟かせるために備えることである。そして、前に触れた朝鮮の2つの男性性、つまり、孤高な性理学的「君子」と、力や冒険、酒と色を楽しむ豪快な庶民的「侠客」は変形と再領有を通じて、輸入された男性性を朝鮮の地に装備するのに一役買うことになる。

徐載弼《ソ・ジェピル》[訳12]が創刊した『独立新聞』には、西欧から輸入された人種主義を、植民地支配に抵抗する手がかりとして流用する例が見られる。パク・ノジャによれば、「『我々の人種』は生まれながらに『優秀』であるから、『臨時的な困難』は、『努力さえきちんとすれば』いつでも克服できる、というのが〈独立新聞〉の持論」だった。「中国人より聡明で、勤勉で、清潔で、日本人より筋骨が丈夫な朝鮮人がきちんと教育を受け学問を身につけるようになれば、東洋の中で最も秀でた人種になるはず」という論旨である。朝鮮人の身長や体重などの数値が日本人より高かったことが、その主張の証拠とされた。パク・ノジャはそれを「植民地状況がもたらした劣等感を打開するひとつの方便」だったと評している。[*5]

しかし、そうした生まれもっての優秀さを浪費しているからこそ、朝鮮の男たちは、その優秀さをきちんと実現するために身体を磨き上げなければならなかった。路上で石を投げて戦う遊び「石合戦《ソクジョン》」が、民族の伝統が息づく攻撃的な男性性の証左のように言われ、グラウンドに出てスポーツを楽しんだり、閲兵式の真似事をしたりする青年学生への称賛が相次いだ。[*6]単に暴力や物理的な力を称賛するというよりは、訓練され律せられた身体と武力を備えなければならない、というのがポイントだった。

だが、それらを裏づける制度や資源がない状況では、多少の空念仏にならざるをえな

訳⑫　朝鮮の独立運動家。

5＊　同書 pp. 101-104.

6＊　同書 pp. 104-112.

かった。19世紀末に『独立新聞』が行ったキャンペーンの中に「朝鮮軍隊の軍紀を紊す」というものがある。論説では、「近頃、軍人たちが各所で見張りに立っているのを見ると、銃を立てかけたままそれぞれ勝手に見物に出るやら、ふざけるやらして」[*7]と、当時の朝鮮軍隊の規律の緩みを描写している。しかし、それもある程度仕方のない状況ではあった。日本やロシアなどによって劣勢に追い込まれていた朝鮮の軍隊がまともな訓練を受けていたはずはなく、また、まともにやろうとしたところで見逃してもらえるはずがなかったからである。よって、大韓帝国末期の知識人たちが、新たな男の理想形として夢見ていた軍人は、実際には無節制で狼藉を働く頭の痛い存在に近かった。理想的な軍人を作り出そうという彼らの夢までもが、不可能の領域にあった。

他方、知識人が力を注いだのは、新たな男の理想形にふさわしい伝統を探すことである。前に触れた石合戦の再定義もやはりその流れを汲んでいるが、より重要だったのは歴史的な英雄を作り出すことだった。たとえば、崔南善《チェ・ナムソン》⑬は、日本の早稲田大学に留学中の17歳の時（１９０６年）、朝鮮人留学生たちが発刊した『太極学報』に長文の手紙を投稿している。その手紙で、彼は他国における救国の英雄を列挙し、その業績を称えた。ロシアのピョートル大帝、ドイツのビスマルク、イエス・キリスト、ジャンヌ・ダルク、マルティン・ルーター、ジョージ・ワシントン、諸葛亮などの名前を並べて、彼らが抱いていた「献身的精神」を論じる。そして、朝鮮人もやはり「我らの神聖なる太極旗が八域に輝き、高貴な太極旗の風が四方に吹き、五大陸すべての国がその威勢の下にひれ

7＊ 同書 p. 119.

訳⑬ 朝鮮の歴史家、思想家、詩人。

8＊ 同書 pp. 19-20.

訳⑭ １９０５年に締結された「第二次日韓協約」の朝鮮での呼び方。

訳⑮ 朝鮮の作家、独立運動家、歴史家。

訳⑯ 清国末期〜民国初期の啓蒙思想家。

伏し、三界のすべての生命がその恩恵を浴びる」ようになるその時まで、努力しなければならないと力説する。*8

だが、救国の英雄と呼べるような人物を見つけるのは容易なことではなかった。前に触れたように、士大夫たちが繰り広げた権力ゲームの様相によって、長いあいだ武人を冷遇する風潮が続いていたからである。もちろん実学をはじめとして、それに抵抗し、現実的に物的基盤を固めようとする試みはあったものの、主流とはなりえなかった。したがって、韓民族の救国の英雄たちも、やはり男たちと同様「輸入」された存在だった。

国文学者のソン・ミョンジンは、乙巳《ウルサ》条約⑭以降、申采浩《シン・チェホ》⑮らが著述するようになった民族的英雄の偉人伝を分析し、そこに登場する民族的英雄がすべて「武人」であることに着目する。ソン・ミョンジンによれば、その英雄たちは、朝鮮より先に近代文物を迎え入れた国の民族的英雄伝が翻訳されたあとで登場したという。つまりこういうことだ。申采浩は、梁啓超⑯の『意大利建国三傑伝』*9を翻訳したあとで『乙支文徳《ウルチムンドク》伝』⑰『李舜臣《イ・スンシン》伝』⑱『崔都統《チェ・ドトン》伝』⑲といった創作歴史・伝記小説を執筆しているが、それは「民族の英雄が、翻訳された人物との力学関係の中で初めて誕生しえたという事実を示し」ているのである。国の危機を救う民族的英雄を武人として想像させようとすれば、戦士としての民族的英雄のイメージをよそから借りざるをえなかったのだ。*10

そうした歴史・伝記小説は、「危機を克服できる力を持つ、強力な男性性」を、歴史から召喚しようとした。しかし、大抵の場合がそうであるように「強力な男性性の強調

9＊　イギリスの歴史学者ジョン・マリオットJohn A. R. Marriottの『近代イタリアを創った人々（*The Makers of Modern Italy*）』（1889）の翻訳本。日本の平田久が『伊太利建国三傑』と訳したものを中国の梁啓超が翻訳し、それをさらに申采浩が1907年に翻訳出版した。1830年、イタリアを統一して近代国家へと発展させることに寄与した、マッツィーニ、ガリバルディ、カヴールの3人の英雄の活躍ぶりが描かれている。

訳⑰　高句麗の将軍。

訳⑱　朝鮮王朝の武将。

訳⑲　高句麗末期の将軍、崔瑩（チェヨン）の伝記小説。

10＊　ソン・ミョンジン「民族の英雄の発明と抵抗的男性性の伝統作り」、『韓国文学 理論と批評』第48集、韓国文学理論と批評学会（2010）、pp. 144-145.

は逆説的に、現実での強力な男性性の不在を暴露する」。また「帝国主義に抵抗するために尚武精神⑳を通じて強力な男性性を作り出し、その男性性による国家の危機の克服を示したが、それはあくまでも現在ではなくて叙事化された過去でのみ可能なことだった」[*11]。それもそうだろう、ついこないだまで、現実と歴史の中の武人を不吉なもののように眺め、牽制するのに余念のないソンビの国だったのだから。

近代の文物を受け入れた知識人は、輸入してきた近代の男性性と民族主義の文法を通じて、伝統と歴史についての再解釈・創造作業を行った。皮肉なことに、その目的は過去に支配的だった伝統との決別だった。だが、彼らの願いはそれ以前の試みと同じように現実の壁、すなわち非力な民族、奪われた国家と直面することになる。

おやじは忘れちまえ
おふくろは忘れちまえ
兄弟や親戚や仲間は忘れちまえ
最後にお前の女を忘れちまえ

アラスカに行け、いやアラビアに行け、いやアメリカに行け、いやアフリカに行け、
いや沈没せよ。沈没せよ。沈没せよ！[*12]

訳⑳ 武道や軍事を重んじる精神。

11＊ 同論文 p. 151.

12＊ 徐廷柱（ソ・ジョンジュ）、「海」、『未堂 徐廷柱全集1 詩』、ウネンナム（2015）、pp. 61-62.（パク・ノジャ前掲書、p. 170より再引用）

徐廷柱が1941年に発表した詩「海」は、第二次世界大戦で日本の同盟国だったナチ・ドイツやイタリアのファシストたちが戦没した英雄に捧げた称賛と同じ流れを汲んでいる。と同時にこの詩は、近代民族国家と共に成長した男性性が向かわんとしていた終着点を、示唆的に見せてくれる。数多くの悲哀と未練と欲望を忘れ去り、民族と国家のため、壮絶に散華する男たち。そうした美辞麗句で舗装された道を駆け抜けた彼らが作り出したものは、第二次世界大戦という地獄だった。さらに、総動員令が発令された1940年代以降に太平洋戦争のため強制的に送り出された膨大な数の朝鮮人は、自身のものではない業の火に焼かれなければならなかった。

もちろん、すべての男たちが身体と心を屈強に育て、大義のために身を投じようとしゃにむに突き進んだわけではない。国家と民族を失った悲哀を、どれほど多くの人が感じていたのかも判然としない。国文学者のイ・ヨンアは、パク・ノジャの本に寄せた跋文で「皇国臣民として参戦の義務と権利が付与される1940年代前まで、強い肉体、軍人らしい体は男性にとってそれほど重要なものではなかった。男性たちもやはり美しい体になるために、女性たちに負けず劣らずの華やかなファッションを追求していた。むしろ、肺結核で夭折する文人を理想化するなど、病弱な男性の体に憧れる流れまで生まれた」[*13]と指摘している。おもに上流階級の子として生まれ、近代化した京城を洒落た出で立ちで駆け回っていた「モダンボーイ」「モダンガール」たちがいたし、李箱《イサン》を筆頭に、近代的な意味での倦怠やデカダンスが感じられる遊歩者の存在もあった。とはい

13＊　イ・ヨンア「『勇敢な男を作ること』を語る」、パク・ノジャ『勇敢な男を作ること』所収、青い歴史（2009）、p. 203.

え、彼らもやはり、日本が太平洋戦争のため戦時動員体制を強化してから、そうした生き方を続けることは難しくなった。

ようするに、植民地という体制は、ブルジョア市民であれ帝国官僚であれ、公私の領域の区分を前提とした男性生計扶養者モデルが依拠する近代的男性性を創出できなかった。一例に、植民地モダニティの一面として登場していた朝鮮の青年たちが、1930年代に入ってからは全世界的なファシズムの登場、それに伴う日本の総動員政策によって、まったくの「ルンペンインテリ」のごとくさすらう姿が、当代小説にはたびたび登場する。朴泰遠《パク・テウォン》の「小説家仇甫《クボ》氏の一日」（1934）や李箱の「翼」（1936）など都市・京城を散歩していた植民地男性知識人の内面が、小説で描かれた体を売る妻の一間部屋のようにやがて矮小化されることはまさに象徴的である。さらに、タイトルも赤裸々な金南天《キム・ナムチョン》の「妻を殴って」（1937）に至っては、妻の夫への悪態を通じて、植民地男性知識人が置かれていたポジションが暴露される。*14

14＊　リュ・ジニ「『武器なき民族』の女性という鏡――解放直後の脱／植民男性性と女性嫌悪を手がかりに」、『文化科学』第83号、文化科学社（2015）、p. 52.

前述したように、近代的な男性性の根幹となるのは、新たに世界の主となったブルジョア／中産層の生活様式や文化である。そしてそれは強力な公／私の区分と、それによる性別分業によって成り立っている。公的な領域で男性は経済活動を行い、政治に参加する。私的領域である家庭では、男性が公的な経済活動を通じて稼いだお金で女性が育児、家事、教育、再生産に専念する。

言い換えれば、近代的男性主体の構成は、性別化された契機を通じて登場し、またその性別という違いを除去することで完成する。ところが、女性が他者の位置へ向かわず、男性間の理想的同等性が具現化されにくい場合、この近代的男性になるという企画に亀裂が生じる。植民地朝鮮の男性の立ち位置から見て、「近代的男性」になることは「女性との違い」と「男性の同質性」というふたつの側面で、いずれも不可能なことだった。[15]

女性主義研究者であり活動家のクォンキム・ヒョンヨンは、男性性形成の核心は、男性間の同質性を確保し、女性との差を作り出すことだと説明する。そして、植民地時代の韓国人男性にとって、それは不可能なことだったとする。植民地男性は二等市民であり、公的な領域で完全な権利を持つことができない。つまり、植民地の男たちは大日本帝国の男たちと同じ男ではなく「女性化された」男である。しかも、究極的には自国の女性に対する実質的な統制も、帝国の男性の権限なのだ。だから彼らは、自国の女性と一線を画す明確な区分の線を作り出すことすらできない。

結論として、西欧と日本から輸入された「朝鮮の男たち」は、生まれもっての限界を抱え、けっして完成しえない男性性を不完全なかたちで構築していた。民族主義的な膨

15＊　クォンキム・ヒョンヨン「近代転換期韓国の男性性」、クォンキム・ヒョンヨン他、『韓国男性を分析する』、クォンキム・ヒョンヨン編、教養人（2017）、p. 83.

張の熱望をそのまま取り込んだ彼らは、多くの場合、より近代化され発展した体制である日本の帝国主義に身を投じた。一部は抵抗者として残り、植民地となった祖国を取り戻す強力で神話的な男性性の到来を待った。一部は国家や民族とは無関係の近代人になろうとしたが、それが二等市民にはなかなか認められないものだったために、彼らは罪のない妻を殴って鬱憤をなだめ、路地裏に引きこもった。

反共戦士を作る

第二次世界大戦が連合国の勝利で終わり、日本の植民地支配からの解放を迎えることになって、韓国社会ではようやく近代的な意味での男性性の構築が重要な課題になった。国を建てること、すなわち建国とは、経済発展のための集約的労働力、軍事力増強のための兵力資源が集中的に求められる事件だからである。しかし、韓国社会はまたたく間に西欧の資本主義とソ連の共産陣営間の勢力争い、いわゆる「冷戦」体制に編入されてしまった。植民地時代に存在した民族 vs 反民族（そしてどちらにも関心のない人々）という対立は、共産主義 vs 自由民主主義（反共）の対立に重心が移っていく。

モスクワ三国外相会議で信託統治が決まると、韓国社会では左右の対立が全面的な広がりを見せる。[㉑] 一方には李承晩《イ・スンマン》を筆頭とする海外の右派独立運動家たちと朝鮮のブルジョア、もう一方には社会主義勢力が立っていた。李承晩は解放以前から反共主義的信念

訳㉑　38度線を境に北はソ連、南はアメリカ軍による軍政が始まるなか、1945年12月にモスクワで開かれた米英ソの三国外相会議で、朝鮮半島は最長5年間、米・英・中・ソの4か国が信託統治し、機会を見て総選挙を実施するという基本方針が決定する。即時独立を切望していた朝鮮の民衆はこれに強く反発。全国で激しい信託統治反対運動が盛り上がる。だが、当初は信託統治反対の共同戦線に加わっていた朝鮮共産党が、ソ連の意向を受けて突如賛成に回ったことで、左右の亀裂は決定的になった。

の持ち主であり、信託統治論争によって民族主義と反共主義を結びつけ、政府樹立後は自らの掲げた統治理念「一民主義」を通じてさらなる反共主義を推し進めた。*16

解放後に韓国を主導した勢力が掲げた理念の特徴は、強力な家父長制に基づく民族主義と国家主義の結合といえる。韓国の初代国務総理であり国防部長官でもあった李範奭《イ・ボムソク》と文教部長官だった安浩相《アン・ホサン》は、㉒ナチ・ドイツの青年組織、ヒトラー・ユーゲントの活動に感銘を受けていた。それは、のちに李範奭による朝鮮民族青年団の設立に影響を与える。李範奭はまた、日本の皇道主義、すなわち天皇への忠誠の理念を民族に置き換える皇国臣民思想の変形を、新たな国家理念とすべきであると主張した。*17

李承晩の一民主義は、「一人の民（一民）である国民を作り、民主主義の土台を整えて共産主義に対抗する」というもので、これは理念というよりも政治的な状況への対応に近かった。当初は、統一を成した結果として韓国の大衆を国民にすることに重きが置かれていた。だが、政府樹立の直後から韓国内左派の武装闘争が相次ぎ、１９４８年の麗水順天11・9事件㉓、4・3事件㉔などが起きて政権が危機に瀕すると、反共主義を激しく強調するようになった。李承晩は１９４９年に著書『一民主義概述』で、世界のすべての強大国、弱小国で生存の危機を経験していない国はなく、その理由は共産党のためであり、民主主義で共産主義に対抗するというのはあまりにも平凡な思想すぎるから、一民主義で対抗しなければならないと主張した。一民主義を体系化した安浩相もやはり、民主主義は部分的かつ一面的であり、「老いも若きも愛国者も売国奴も関係なく民主主

16＊　チョン・ジェホ「韓国民族主義の反共国家主義的性格――植民地的起源と解放直後の展開の様相」、民主化運動記念事業会企画『植民地遺産、国家形成、韓国民主主義』、チョン・グンシク、イ・ビョンチョン編、本の世界（２０１２）、pp. 147-150.

訳㉒　韓国の初代文教部長官、独立運動家。

17＊　同書 pp. 150-156.

訳㉓　この地域に駐屯していた軍部隊内の左翼勢力が先導して起きた部隊の反乱。

訳㉔　済州島で、住民のデモに警察が発砲したのを皮切りに、警察、軍が多くの島民を虐殺した事件。

義と騒々しく叫んでいるが、民主主義だけでは共産主義と強力に戦うことは困難」という主張を展開し、一民主主義を強調した。[*18]

李承晩の一民主義は男女同等主義を掲げたが、実状は違っていた。解放空間㉕では多くの女性主義者が女性解放を勝ち取るための闘争を行っていた。だが、当時政局を主導していた左派、右派の男性知識人、指導者たちは、その要求を受け入れなかった。左派の場合、女性解放は民族解放と階級解放が完成した暁に達成される逐次の課題であって、だから先に女性解放を掲げたり、女性が革命を指導しようとしたりしてはならないという立場を取った。他方右派は、新たな国での望ましい女性の役割は良妻賢母であり、国家を導く子を産んで立派に育てることこそ女性の本分であると主張した。[*19] 実際に韓国で単独政府が樹立されると、李承晩政権は家父長制を強化して性別分業体系を確固たるものにすべく、さまざまな制度の導入を目指した。なかでも最も土台となったのが民法に属する家族法だった。政権側は、日本の植民地支配時期に導入されたイエ制度を朝鮮の伝統的なものと再解釈し、男性戸主を中心とした父系継承を法的秩序によって認める戸主制を設けた。

戸主制導入とあわせて重要な分岐点となったのが、1949年制定の兵役法によって施行された徴兵制度である。解放当時、ほとんどのエリートは義務兵制度の必要性を共有していた。だが、大衆の抵抗と支配勢力内部の権力闘争によって、即時の施行には至らなかった。おまけに、制定された兵役法も翌年勃発した朝鮮戦争のせいで有名無実の

18＊　同書 pp. 156-160.

訳㉕　一般には1945年の解放後から1948年8月の大韓民国政府樹立までの社会・政治的混乱期をいうが、1950年の朝鮮戦争開戦までとする見方もある。

19＊　イ・イムハ「[特集　歴史の中の女性労働]解放後の国家建設と女性の労働」、『歴史研究』第15号、歴史学研究所（2005）、p. 39.

かたちになった。停戦後の1957年に改正兵役法が公布され、現在まで枠組みを維持したまま施行されている。

韓国社会の徴兵制の根幹は国民皆兵であり、国防の義務は軍や徴兵対象者だけでなく、理念上はすべての国民に付与される。その人々のうち、20歳以上の欠格事由のない男性に、軍に入隊して軍人として服務する義務を課すというのが徴兵制だ。*20 つまり、兵役法の施行と共に、韓国社会のすべての生物学的男性は、共産主義に立ち向かって戦う強靭な戦士、かつ特定の形態の男性性を備えた「一人前の男」になることを求められたのである。

1949年に文教部が配布した『私たちの誓い』は、「第一に、我々は大韓民国の息子、娘、屍（死）として国を守ろう。第二に、我々は鋼鉄のように団結して、共産侵略者を打ち負かそう。第三に、我々は白頭山《ペクトゥサン》霊峰㉖に太極旗を掲げ、南北統一を果たそう」という内容だった。教科書を含むすべての書籍の裏面に印刷され、学生はこの誓いを暗記しなければならなかった。*21 朝鮮戦争を経てからは大衆の記憶に強烈な戦争体験が刻まれ、こうした流れに悲痛な正当性が付与された。社会学者のカン・インチョルは「1950年代において国家は、二分法的で戦闘的な世界観を維持し、また広める各種社会的装置を創出し、それらを活用することによって冷戦・反共的な世界観の説得力や世界感覚を保とうと必死であった*22」とし、共産ゲリラ掃討作戦、スパイと賦役者㉗に対する魔女狩り、決起大会、身元調査と連座制、反共闘士と越北㉘家族のあいだの社会格差、予備軍

20＊　ペク・スンドク「朝鮮戦争以前の国民皆兵制構想と施行」、『韓国史研究』第175号、韓国史研究会（2016）。

訳㉖　現在の北朝鮮と中国の国境にある標高2744メートルの活火山、朝鮮半島の最高峰。

21＊　カン・インチョル『朝鮮戦争と社会意識、並びに文化の変化』、ユン・ヘドン他、『近代を読み直す1』、歴史批評社（2006）、p. 358.

22＊　同書 p. 360.

訳㉗　共産主義者への協力者。

訳㉘　北朝鮮の政治体制に共鳴して38度線を越えること。

と軍事訓練などが日常的にある、制度化された戦時体制が構築されたとする。

朝鮮半島の南側に誕生した新たな分断国家は、ついこないだまで同じ民族として解放のため力を合わせていた人々を最悪の敵と宣言し、一戦を交えるための反共戦士を作り出そうとした。その過程は、送り込むべき好戦的で権威主義的な強い男性を作り出す過程でもあった。一民主義によって共産主義との対決を宣言した李承晩は、戸主制に代表される家父長制秩序を構築して男たちに社会的権威を与え、女性を二等市民化した。そして、その家父長的な秩序が徴兵制を施行する土台となった。軍に服務することは社会的な権利が付与される一等市民であるための条件であり、と同時に「後方」にいる女性を保護する者として「女性に対する権利」を主張できる、正当性の主たる源となったからだ。こうした構図は、以降韓国社会のジェンダー構図の原型になったと言っても過言ではないくらいに持続的な影響力を発揮する。ただし、何事もそうであるように、必ずしも思った通りに事は運ばないのである。

朝鮮戦争——男性性の墓

前で触れたように、民族主義の勃興は戦争の空気をともなう。民族の息子たちを育てようとする教育や思想の果てには、民族のための戦争へ命を惜しまず駆けつける息子たちの後ろ姿がある。だが、植民地支配から抜け出し、やっとの思いで国家なるものの建設に成功した韓国が行った最初にして唯一の全面戦争は、国際関係を代理するとともに内部の熾烈な政治闘争によってもたらされた「民族が相争う」内戦だった。

この戦争に、南側が少しも備えられていなかったことは周知の事実である。また、朝鮮戦争の奇妙な点のひとつは、南側、もっと正確に言えば初代大統領・李承晩の、戦争に対する態度である。のちに明らかになった資料によれば、李承晩をはじめとする国家首脳部とアメリカは戦争が起こりうると認識しており、その時期についても比較的正確に予測していた。しかし、いかなる措置も講じなかった。*23 社会学者の金東椿《キム・ドンチュン》は、そうした行動が当時の韓国の状況への、李承晩の政治的な狙いを示したものと見ている。すなわち、極端な反共主義者だった李承晩が自らの信条を推し進めるのと同時に、戦争直前に行われた5・30総選挙での事実上の敗北で予期されていた自身の失脚を覆い隠すため、戦争を防ぐ努力をまったくしなかった可能性が高いというのである。*24

だが、そうした対応に続いて政府が戦争中に見せた行動は、さらにひどかった。戦争勃発の2日後にあたる6月27日、李承晩は駐韓米国大使に相談しただけで、銀行券や政府の重要文書、軍隊をソウルに置き去りにしたまま自らは避難した。その一方で国民にはまともに戦況を知らせず、「ソウル市民の皆さん、安心してソウルを守りましょう。敵は敗走しています。政府は、皆さんとともにソウルにとどまります」*25 という録音放送を繰り返した。この避難劇で最も劇的だった場面は、よく知られる「漢江橋爆破」である。当初予定されていた爆破時刻を繰り上げたため、避難中だった数百人の市民が橋の

23＊　金東椿、『戦争と社会』、トルペゲ（2000）、pp. 70-76.（邦訳：『朝鮮戦争の社会史―避難・占領・虐殺』金美恵他訳、平凡社（2008）。

24＊　同書 pp. 75-76.

25＊　同書 p. 88.

上で爆死し、さらには数多くの兵力と装備までも漢江以北に取り残された。[*26]

これを上回る惨状となったのが、いわゆる「国民防衛軍事件」である。政府は、戦争中の1950年12月21日に「国民防衛軍設置法」を公布し、満17歳以上40歳未満の男性60万人あまりを国民防衛軍に徴集する。ところが、防衛軍が後退し収容される過程で防衛軍の幹部らが物資や軍資金を着服したため、兵士には物資の供給が届かなかった。このため、9万人から12万人にのぼる防衛軍が、病気や寒さに耐えられずに死亡した。

民間人の虐殺も続いた。北朝鮮軍による虐殺をはじめ、避難民の列に爆撃を浴びせ、山中に潜むゲリラ部隊を掃討するという名目で山間部の住民を皆殺しにした米軍、賦役者を処罰すると押し入って村を焼け野原にした韓国軍による虐殺もあった。怨恨関係にあった者同士が戦争に乗じて殺し合う、民間人のあいだの虐殺劇も繰り広げられた。

この世に名誉ある戦争といったものはなく、あらゆる戦争は地獄である。にもかかわらず西欧で戦争は、男性らしさを鼓舞し男性性に自由を与える事件として再文脈化された。もっとも、朝鮮戦争は少し特殊な地獄だったといっても、大きな間違いではないだろう。この戦争によって男らしさや愛国心が鼓舞されることはなかった。残されたのは同族への憎悪、そして戦争に対する恐怖だった。

26＊ 同書 pp. 90–91.

傷痍軍人、兵役忌避者、そして女たち

解放後の混乱と朝鮮戦争の経験は、脱植民男性主体に深い肉体的・精神的トラウマを残した。戦後、反共主義に立脚した軍事主義は、左翼の影響に対する「治安」のため差別化のメカニズムを持続的に必要とし、非常に好戦的で過剰な男性性を呼び起こした。しかし、朝鮮戦争は公式記録で死亡者、行方不明者、拉致者100万人あまり、負傷者69万人あまりに及ぶ人命への被害を残した戦争だった。強制徴集によって戦争期間に一般兵士として徴兵された男性の数は100万人あまりに上った。戦後、除隊した傷痍軍人が社会に再編入されるプロセスには深刻な後遺症がともない、多くの場合、傷痍軍人らは経済活動に無力な存在とされることになった。戦後の1950年代は強力なヘゲモニックな男性性に関する議論が見られる時期だが、それだけ現実との乖離からくる不安が抱かれていた時期であったといえる。[*27]

傷痍軍人は、朝鮮戦争が作り出した最も代表的な男性性イメージといえる。国家は傷痍軍人を栄光ある者たちと称賛したが、いざ経済活動が難しくなった彼らの報勲体系となるとひどい有様だった。傷痍軍人は、戦争で受けた身体的、心理的トラウマに苦しむ一方で、深刻な生活苦にも悩まされた。負傷して除隊した傷痍軍人の切実な事情が他者

27＊　カン・ジユン「怨恨と内面――脱植民主体とジェンダー力学の不安」、『尚虚学報』第50集、尚虚学会（2017）、p. 26.

への暴力として表れはじめたのは、まだ戦争が終わる前のことだ。戦後、傷痍軍人の暴力は深刻な社会問題になった。彼らの行動は、ひどいときには警察のような公権力でも阻止することができなかった。公共の場や官公庁でも暴れ、民家を訪れて物乞いやゆすりもした。彼らを制止できるほぼ唯一の存在が、大韓傷痍勇士会や傷痍軍人療養所といった、傷痍軍人組織で構成される監察隊だった。[*28]

歴史学者のイ・イムハは、傷痍軍人の状況とそれに対する国家の対応がよくわかるものとして、1952年に起きた「漆谷《チルゴク》事件（倭館《ウェグァン》事件）」を分析している。これは1952年9月、100人あまりの傷痍軍人が武力で警察署を占拠して拘束され、すると、傷痍軍人数千人が彼らの釈放を求めて釜山に集結し、街頭行進を行った事件である。

しかし、政府はその後、漆谷事件を共産党の謀略であると発表した。メディアの側も、検挙された人々が偽の身分証を持っているとか、傀儡集団の命令を受けた者がいたなどの報道を繰り返した。傷痍軍人の集団暴力は共産党を利する容共行為という論理が打ち立てられ、それは、戦争で共産党と戦って負傷した傷痍軍人に強力な影響を与えた。実際、それ以降に傷痍軍人が政府を相手どって生存権の保障を求める集団行動を起こしたのは、1960年4月の四月革命㉙と1987年6月の民主化抗争の時以外になかった。かわりに政府が彼らにしたことといえば、一種の用役業者㉚として動員し、活用することだった。そして多くの傷痍軍人が、あいかわらず家庭と社会で、自分と他人に向けて暴力を振るった。[*29]

28＊　イ・イムハ「傷痍軍人、国民にすること」、『中央史論』第33集、韓国中央史学会（2011）、pp. 297-299.

訳㉙　第4代大統領選挙における李承晩の不正に対し、1960年4月19日に起きた市民による大規模な抗議デモ。これにより李承晩は下野した。

訳㉚　権力と癒着して、暴力的に市民を排除する集団。

29＊　同論文 pp. 299-318.

傷痍軍人は、大韓民国という新生国家が作り出した男性性の現実を圧縮的に示している。男性たちは国家の暴力、戦争、貧困の犠牲になった。それに対して国家は、無能や無責任な姿をさらすだけだった。傷痍軍人は「国家のために犠牲になった」という大義で不自由になった体や心の慰めを得ようとしたが、国家はそれさえ許さなかった。

一方、韓国の徴兵制は思ったほど円滑には運営されなかった。日本の植民地支配当時の強制徴用についての記憶が残る中、政府が朝鮮戦争とその前後に取った行動は、いっそう不信を深める結果となった。

何よりまず、軍の服務に適した身体を選ぶための徴兵検査そのものが不信の対象だった。判定が覆されることも多く、各種の不正が横行していた。1952年以前は、医療の専門家ではなく兵士区[*30]の司令官が、身長や体格といった基準で入営を決定していた。その後、医務部隊が身体検査の担当になると、むしろ以前より多くの不適格者が出た。1954年には全陸軍部隊員の19%が不合格という判定になり、軍医責任論が持ち上がりもしたが、実際は過去の検査基準が不精密で、不適格者も入営させていたことによる結果だった。

軍隊に行かないための自傷行為も多かった。甚だしくは手を切断したり、胸部に金属粉を塗ってレントゲンを撮ったり、黄疸を装ったり、肛門に塩酸を入れて痔を偽装したり、寄生虫症の患者の排泄物を食べて感染したりと、手段を選ばなかった。よって1957年には兵役回避のための身体損壊を処罰し、1958年には検査人に民間人医師を

30＊　兵務庁の前身にあたる機関。

含めるといった徴兵検査基準の見直しが行われたが、簡単には不満は消えなかった＊31。

徴兵への認識を変えて大衆を懐柔するため、有名俳優や製作者が参加しての反共―軍事映画がさかんに製作された。その手法は、戦時体制の日本が朝鮮で行っていたのと同じものであり、さらには当時親日映画の製作に動員されたかなりの数の人間が、新たな反共映画作りに参加していた。そのうち、朝鮮戦争真っただ中の1952年に製作された映画『成仏寺』は、徴兵忌避者への働きかけを目的としたものである。とはいえ、そうした映画は、製作意図を超えてさまざまな時代の不安や反作用をさらけ出すことになった。たとえば、同じく徴兵への認識を改善して愛国心を鼓舞することを目的に製作された『でぶっちょとやせっぽちが論山《ノンサン》訓練所に行く』（1959）という娯楽映画でも、徴兵プロセスへの疑念はもちろん、軍隊内であじわうであろう経験への不安がさりげなく描かれていた＊32。

1950年代の無原則な戦後社会の風景は、よく「ブローカー」「偽者」「裏取引」といった新造語で表現される。つまり、動員をはじめとしてあらゆる種類の法の網を潜り抜けられるよう代行してくれる「ブローカー」、「ニセ警察官」「ニセ軍人」「ニセ大統領の息子」といった権力層を詐称する「偽者」、役所から書類一枚発行してもらうのにも「裏取引」しなければならなかった社会が、1950年代の韓国社会だった。それほどまでに権力やカネの有無が法の上に存在し、カネも「コネ」もない民衆は、

31＊　チェ・ウンギョン「1950－60年代医療専門家の動員と徴兵検査の樹立」、『人文科学研究論叢』第44号、明知大学人文科学研究所（2015）、pp. 244-247.

32＊　キム・チョンガン「冷戦と娯楽映画」、『韓国学研究』第61集（2017）、pp. 83-95.

つねに搾取と蔑視の対象だった。

そうした慣行が最もひどかったのは、生命を担保する動員の過程だった。実際、戦場での生命の危機というのは貧富や権力の有無とは関係のない現象であり、すべての動員対象者がどんな手を使ってでも回避したいと思うのは当然のことである。だが、1950年代の社会で徴兵の回避方法は、まさに社会的身分を反映したものだった。権力やカネを手にしている者は後方要員のような合法的な地位を得るか、または賄賂を渡すなどして兵役を免れた。他方、貧しくて力のない民衆は、徴兵を避けて逃走したり身体を毀損したりなどの方法をとり、そうしなければ軍隊や労務隊に動員された。*33

1950年代の、国民国家のための男性性を鋳造しようとする試みにもかかわらず、多くの大衆、そして男たちは、国家というものを不信のまなざしで眺めていた。1950年代の国家は無責任、無体系的で、非常に多くをアメリカに依存する未成熟な体制であり、李承晩政権が打ち出す派手で攻撃的なスローガンも実現の可能性は高くなかった。国家の先行きが不安なのと同様に、戦争、貧困、徴兵の恐怖に苦しんだ男たちの男性性の先行きも不安なものだった。

この不安を解消するため、1950年代の社会が「選択した」のが、他でもない女性嫌悪である。国文学者のホ・ユンは「1950年代の女性嫌悪が、ポスト植民、反共などの冷戦秩序の結節点であることを示している」*34という。すでに戸主制、そして徴兵制

33＊　イ・イムハ「朝鮮戦争前後の動員行政の反民衆性――軍事動員と労務動員を中心に」、『歴史研究』第12号（2003）、pp. 66-67.

34＊　ホ・ユン「冷戦、アジア的秩序と1950年代の韓国の女性嫌悪」、『歴史問題研究』第35号、歴史問題研究所（2016）、p. 98.

が、女性を社会の二等市民にさせる法的秩序だった。しかし、1950年代の女性嫌悪はそこからさらに進んで、国家のために戦争や労働に身を捧げる男性を鋳造するため、その対蹠点《たいせき》にある存在としての非国民で非男性の不道徳な女性像を作ろうとしたのである。洋公主《ヤン・コンジュ》、㉛自由夫人、㉜国連マダム、㉝アプレガール、㉞戦争未亡人などに対するあふれんばかりの非難や憶測、女性の道について教え諭す男性知識人、女性の社会進出について憂慮する論評は、男の不安と苦痛についての咎《とが》を、その原因である冷戦体制や国家に問う代わりに女性へと押しつけるものだった。少なくともそこでだけは「官」と「民」、「知識人」と「無知の者」が、かなりの水準の共通分母を持つことができた。支配者――男性たちは嫌悪をあおり、冷戦体制で傷を負った男性に餌食として女性を放りこみ、被支配者――男性たちは自らの不満や不安を、支配者がお墨つきを与えた女性たちに向けて浴びせかけたのである。

軍靴をはいた継父――徴兵制と産業の担い手

3・15不正選挙㉟に対する小・中・高・大学生の反発で始まった4・19の大規模デモによって、以降、各界各階層の人々が李承晩政権の腐敗と失政に反旗を翻して闘争し、李承晩の下野を引き出した。しかし、その革命は、目標と組織の不確実性、革命の成果を自らが権力を掌握する道具ととらえた民主党の失敗、革命主導勢力の変節などによって、

訳㉛　アメリカ軍人相手に性的奉仕をする女性。

訳㉜　1954年開始の新聞小説『自由夫人』同様、社交ダンスに夢中になって不倫をする女性を指す。

訳㉝　国連軍を相手に性的奉仕をする女性。

訳㉞　「戦後」を意味するフランス語「アプレゲール」の一部を「ガール」に変えた造語。伝統的な性別役割に従わない女性を指す。

訳㉟　1960年3月に行われた第4代大統領選挙。

民主主義体制を定着させることに失敗する。[*35]

1961年5月16日、陸軍少将、朴正熙《パク・チョンヒ》が主導したクーデターが成功して、韓国は非常に長い軍事独裁の時代を迎えることになる。朴正熙体制の一般的な性格としては、強力な家父長制、権威主義、反共主義を基盤とした開発独裁㊱を挙げることができる。と同時に、国家に収斂される「民族主義」と「民主主義」が、政権に大義を与える論理として広く活用された。経済は高度成長を成し遂げ、住民登録をはじめとする細かい人口行政のシステムが整えられ、北朝鮮との分断体制は体制競争というかたちで安定していった。農村中心だった産業構造は都市中心、工業中心に急速に再編され、財閥と特定地域に集中した経済インフラは、階級と地域の格差を押し広げた。貧困から脱するための強力な人口政策が政府主導で進められ、家族主義は現実を正当化する強力なイデオロギーとして作用した。

朴正熙は大衆を国民と呼び、国家への忠誠を強調することで、結果的に支配の正当性が確保されるよう力を注いだ。そのため、一方では警察と軍隊を動員して反対勢力を物理的に弾圧し検閲や統制を加えながら、他方では農民や労働者という冷遇されていた人々に「セマウル指導者」㊲「輸出の担い手」といった呼称を付与して献身を称えた。特に大統領自身が貧農の息子であることを強調し、富裕層や特権層への怒りを表に出すこともあった。[*36]

軍事政権期、男性性はそれ以前と同様、国家の建設に命を捧げて献身する男性を召喚

35＊　キム・ウンギョン「韓国民主化運動の起源としての四月革命の再評価」、『あらためて見つめる韓国民主化運動』、韓国政治研究会編、図書出版ソンイン（2010）。

訳㊱　国家の最優先目標に経済成長を掲げ、軍部や強権的な指導者が国民の政治的権利を抑制する権威主義的な政治体制。

訳㊲　「セマウル」は「新しい村」の意。1970年代、朴正熙は、経済発展が遅れた地方の農村地帯を近代化する「セマウル運動」を展開した。

36＊　ファン・ビョンジュ「朴正熙体制の支配論理と大衆の国民化」、ユン・ヘドン他、前掲書。

した。だが、その様相は以前と様変わりしていた。ひとつは、学校―軍隊―工場（会社）と続く男性性を培養する構造を確立したこと、そしてもうひとつは、経済的利害が男性性の核心に位置づけられたことである。

新たな男づくりで重点が置かれたのは、韓国の兵営国家化と、その根幹となる強力な徴兵制度の定着だった。軍事政権は、それまで内務省の管轄だった兵務行政を専門に担当する兵務庁を新設する。以降、軍事政権で継続的に行われた重要事業のひとつが、他でもない「兵役忌避者の取り締まり」だ。草創期は行政力の不備で大きな成果が上げられずにいたが、住民登録制度と兵務行政が改善されたことで、しだいに兵役忌避者の数は減りはじめた。特に１９６８年、金新朝《キム・シンジョ》が率いる北朝鮮の朴正熙暗殺部隊がソウルまで侵入して制圧された事件㊳が発生してから、朴正熙政権は軍服務期間を6か月延長し、さらに兵役忌避者の取り締まりに力を入れた。そうしたなか「兵役忌避者」という単語は「兵務事犯」へ引き上げられ、重大犯罪として扱われることになった。１９７２年の「十月維新㊴」後は、兵役をすませていない者に公職就任禁止、国・公営企業の許認可禁止、国外旅行禁止という強力な制裁を加え、兵務事犯を「国民総和と社会綱紀の阻害要因」「非国民」などと描写して社会の敵に規定した。あわせて、兵役義務に関する内容を教科書に掲載し、生徒への教育を進めた。それによって兵役は「神聖な国防の義務」として韓国社会に定着し、成人男性の通過儀礼であるという共通認識が生まれた。[*37]

しかし、そうした過度な徴兵は、むしろさまざまな社会問題の原因となった。兵力資

訳㊳　青瓦台襲撃未遂事件。

訳㊴　朴正熙が非常戒厳令を宣布して国会を解散、憲法を改正し、大統領権限を強化した体制のこと。

37＊　シン・ビョンシク「朴正熙時代の日常生活と軍事主義」、『経済と社会』第72号（２００６）、pp. 155-164.

源があふれる反面、20代男性の労働力が急速に減少したのである。それを補完するため、国家は兵役特例制度[40]を設け、労働法の保護を受けない低賃金労働者を企業に提供した。のみならず、やはり軍人たちも軍で進行中の各種工事や労役に動員され、事実上無賃金の労働者として搾取された。他方、おもに高い階級の人間が犯した兵務不正や請託は、兵役忌避者の取り締まりにくらべればはるかに緩い扱いだった。[*38]結局、軍事政権下の徴兵制度は、財閥企業と上流階級に恩恵を与え、平凡な徴兵者を搾取したわけである。比較的平等な徴兵制度が施行されるのは、むしろ民主化以後のことだ。

そのかたわら、韓国社会は1964年から1973年まで奇妙な戦争に参戦する。南と北に分断されたベトナムで共産陣営と自由民主主義陣営のあいだに内戦が起こり、共産主義の拡散を防ぐためアメリカが参戦を決める。すると韓国は米国の派兵要請に足並みを揃え、戦争終結までに計4回、兵を送り込む。韓国軍は計32万人規模の兵力を派兵し、そこから5千人あまりの死者と1万1千人あまりの負傷者、そして15万9千人あまりの枯葉剤被害者が生まれた。

アメリカの友好国として共産主義の拡散を防ぐ、という名分はあったものの、韓国の派兵は政治的・経済的利益のためというほうがまさっていた。朴正熙元大統領は、自分に信を置いていないアメリカから政権への支持を引き出すため、積極的に派兵要請に応じた。派兵した将兵たちへの手当として約2億ドルの外貨収益が発生し、その「血の対価」は、京釜高速道路の建設を含む韓国の産業発展に使われた。戦争のあいだに、19

訳[40]　兵役の代わりに研究機関や産業団体に勤める「兵役特例要員」を割り当てる制度。

38＊　同論文 pp. 164-168.

64年で103ドルだった韓国の国民総生産GNPは1973年には541ドルに増加した。[*39]

ベトナム戦争で、韓国軍は民間人へのレイプや虐殺など、数多くの戦争犯罪を犯した。ベトナム政府の調査によれば、韓国軍による民間人虐殺は80件あまり、被害者は9千人あまりに上る。戦争後、ベトナムのあちらこちらに韓国軍の蛮行を記録した「韓国軍憎悪碑」が建てられた。[*40] また、戦時中韓国軍人による性売買やレイプなどで5千〜3万人と推算される子どもたち（別名「ライダイハン」）が生まれ、ベトナムで社会問題にもなった。

ベトナム戦争は韓国にとって、戦争の廃墟を乗り越えて遠征に赴く立場にまで上りつめた国家、未開のベトナム（の女たち）を（性的に）征服する（帝国の）男、下等で貧しい東洋人ではなくアメリカの勇敢な戦友、という幻想をもたらした。[*41] しかしその幻想は、他人の戦争に身を投じる代わりに血の代価を払う傭兵の男と、自国の基地村で米軍にセックスを提供する女が存在する韓国の現実において、長くは続かなかった。

「ベトナム帰りのキム上士」は、心的外傷後ストレス障害（PTSD）、身体障害、各種後遺症に苦しめられたが、国家からはまともな補償を受けることはできなかった。むしろ、ベトナムとの国交が正常化した1992年以降、ベトナム戦争を振り返る上で中心となったのは、韓国軍の犯した戦争犯罪への批判だった。参戦した軍人たちは、自分たちは虐殺者ではなく「国家功労者」であると主張、加害者という呼ばれ方に反発した。[*42]

39＊ 該当の数値、並びにベトナム戦争参戦の経過は、韓国国防部軍事編纂研究所ホームページ（http://www.imhc.mil.kr）の「ベトナム戦争とは？」項目を参照。

40＊ 「ベトナム平和紀行①　ベトナム民間人虐殺　公式犠牲者だけで9千人あまり…韓国政府は『沈黙』」、『オーマイニュース』、2014.2.26.

41＊ キム・ミラン「ベトナム戦争再現の様相から見た、韓国男性性の（再）構成」、『歴史文化研究』第36集、韓国外国語大学（グローバルキャンパス）歴史文化研究所（2010）。

42＊ カンユ・インファ「韓国社会のベトナム戦争の記憶と参戦軍人の記憶闘争」、『社会と歴史』第97集、韓国社会史学会（2013）。

彼らの主張は、自分たちを送り出すときに国家が掲げていた大義をそのまま認めろ、というものである。だがこんにち、自国の利益のため傭兵として他国の戦争に参戦した者を戦争の英雄として崇めるのは、外交的に極めて不適切なことに違いない。結局、参戦した軍人には一種妥協的なやり方での「国家功労者」の地位が与えられたものの、彼らが国家の名のもとに遂行し、他人の戦争で負った被害、またベトナム人に負わせた被害のいずれも清算されることはなかった。そうしている間にベトナム戦争の参戦者たちは極右勢力の行動隊長となり、民主化された広場で、さまざまな分野の「アカ」を糾弾するデモを行うようになる。軍事独裁の時代には思いもよらなかった、反政府デモを含めて。

他方、軍事政権は4・19以降に勢力を再編した労働運動や労働組合に強い弾圧を加え、政権の統制下にある御用組合の韓国労働組合総連盟（韓国労総）を唯一の労組として認可する。朴正熙政権は、政権初期の2、3年は産業政策で大きな成果を出せずにいたが、アメリカの調整のもと輸出中心の産業化へと舵を切ってからは年間10％台の成長率を記録し、急激な産業化を実現することになる。農村人口が都市に押し寄せて、都市の賃金労働者数は10年で2倍以上（160万→340万）に増加する。

初期の製造業は女性の労働力に大きく依存していた。製造業の労働者における女性の割合は、1963年の41％に始まって1976年には53％まで増加、その後1987年には49・6％に減少する。女性労働者は繊維、医療、電子産業などの軽工業で絶対的な多数を占め、金属、機械、運送装備などでは著しく少なかった。[*43] 1970年代後半からの女性労働者の減少は、韓国が製造業が軽工業から重化学工業中心に変化するタイミングと符合している。女性労働者の大部分は10代半ばから20代前半の未婚女性であり、きつい労働と薄給、非人間的な待遇に苦しんでいた。もちろんそれは教育を受けていない男性労働者も同じで、韓国の労働時間は1980年代、世界で最も長かった。

社会学者のク・ヘグンは、韓国の産業労働力の向上に寄与したものに、公教育、軍隊、家族を挙げている。李承晩政権の教育投資によって大部分が初等学校以上の教育を受けられるようになり、それは当時の国際的な状況から見てもけっして低くない水準だった。おかげで労働者は読み書きの能力を含め、工場に適応するためのさまざまなことを身につけた。軍隊は、農村での生活の仕方になじんでいた人間を、近代的な規律と統制された組織生活に適応させた。その過程で日常的かつ苛酷な暴力や処罰が行われ、工場での秩序にも軍隊式はそのまま適用された。もっとも、そのふたつよりさらに決定的だったのは家族である。大抵の場合、工場の権威構造や労使関係は家父長制的な家族構造を反映し、再生産していた（たとえば「社長＝父親」、「職員＝子ども」）。のみならず、実際にも家族は、労働のための強力な動機として機能していた。[*44] 多くの場合、女性労働者は稼ぎを生活費や兄／弟の学費という名目で故郷の家に送金していた。もっと言えば、女性を上級学校ではなく工場に送り込むことも、大部分が親の意向だった。娘たちは幼い頃からお金を稼ぎ、そこそこの歳になったら嫁ぎ、資源は息子に集中させて教育を与えて、

43＊ ク・ヘグン『韓国労働階級の形成』シン・グァンヨン訳、チャンビ（2002）、p. 66.

44＊ 同書 p. 81.

成功すればそれで一家が繁栄する。そうした「家族計画」はかなり普遍的なものだった。

だが、当時の労働者たちの処遇はひどいものだった。社会的な蔑視や差別、低賃金、長時間の過酷な労働、労働災害、軍隊を彷彿とさせる会社側の統制や暴力などが労働者の日常だった。[*45] 国家は彼らを取り込むため、「産業戦士」あるいは「産業の担い手」「輸出の担い手」という単語を広めた。もちろん、それに先立って「労働者」を「勤労者」と変え、全世界で祭典が行われるメーデー（5月1日）を「勤労者の日（3月10日）」[*46] に変えるなどの措置が取られた。それら新しい単語は、産業労働者の肯定的なイメージ作りのために考案されたものだった。

社会的差別と蔑視を受けていた産業労働者にとって、そうした呼び名の波及効果は小さくなかった。しかし、当時の労働環境は、そうした措置でなだめられるようなものではなかった。勤労基準法遵守を訴えながら自らの体に火を放った全泰壱《チョン・テイル》の死後、㊶ 軍事政権の監視や弾圧にもかかわらず労働運動は新たに芽を吹いた。１９７０年代の労働運動の特徴は、軽工業に従事する女性労働者が中心だったことである。

女性労働者たちは、産業労働者としての差別に加え、同じ労働者からの性差別に二重にさらされていた。問題の深刻さを端的に示しているのが、１９７６年から3年にわたって行われた東一《トンイル》紡織労組の闘争だろう。労組指導部の選挙で既存の御用男性指導部に打ち勝った女性指導部を、会社、警察、御用労組が一丸となって弾圧した事件である。女性組合員たちは、警察と会社の肩を持つ（男性）労働者に対抗して裸でデモをしたり、

45＊　同書3章参照。

46＊　メーデーの日付を変えたのは李承晩で、共産党が記念するメーデーを記念できないという主張によるものだった。3月10日は、李承晩政権が作った御用組合「大韓独立促成労働総連盟（大韓労総）」の創立日である。続いて朴正熙政権が、１９６3年に「メーデー」という名称を「勤労者の日」に変更する。

訳㊶　１９７０年11月13日、ソウルの縫製工場で働きながら労働法を学んでいた青年・全泰壱は、勤労基準法の遵守と労働環境の改善を求め焼身自殺した。

彼らの投げた糞尿にまみれたりといった壮絶な闘争を繰り広げた。多くの男性労働者が会社側の提示する補償に買収されて女性指導部への弾圧に加わったが、記録によれば、そうした物質的な理由だけでなく、「男性が女性主導の労組指導部を支持しなかったのは『男たちの自尊心』のため」でもあった。さらに「女性労組指導部を支持する数人の男性は、同僚男性労働者によって排斥され労組活動から退くなど、結局は女性労働者の信頼を裏切」らなければならなかった。[*47] つまり、男性労働者の中に根づいていた性差別的な観念が、軍事独裁の抑圧を乗り越えて立ち上がった同僚女性たちの闘争を前に、心の狭い求社隊㊷の役割を担ったわけである。[*48]

国会立法調査処研究員のキム・ジュンは、1970年代に重工業の大企業生産職に就いていた労働者の沈黙を理解するため、退職者の口述資料を分析した。キム・ジュンによると、1970年代の労働環境の苛酷さや暴力性への不満は大企業男性労働者のあいだにもあったが、合法的かつ安全な抵抗の道は閉ざされていた。また、女性労働者や非大企業の労働者より相対的にかなり高い賃金を与えられ好待遇を受けていた点、そして、そのおかげで生計扶養者としての地位を完璧に享受できたことが、彼らの沈黙の原因だったと結論づけている。[*49]

このように、1970年代の一部の男性労働者は、自分よりはるかに悲惨な人々（特に女性たち）がいることに歪んだ慰めを得つつ、苛酷な労働環境に順応していた。また、自分たちにもできなかった激しい闘争を繰り広げる女性たちにむしろ嫉妬し、妨害した

47＊　同書 pp. 131-132.

訳㊷　会社側が作る労働運動破壊組織のこと。

48＊　ク・ヘグンの記述に対して、これを民主化、あるいは民主労組運動のための神話を作るための記述であり、実際の1970年代労働運動での主体間の関係はより複雑だったと主張する観点もある。特に、「御用対民主」という構図は事後に作られた性格が強いという。（キム・ウォン、「1970年代の女工と民主労組運動」、『韓国政治学会報』第38巻5号、韓国政治学会、2004ほか）。しかし、1970年代の労働運動が軽工業部門の女性労働者を中心になされ、男性が反民主労組活動に多数動員されたことは事実である。

49＊　キム・ジュン「競合するアイデンティティ、男性性、そして階級——1970年代の巨大造船事業場労働者の事例」、『産業労働研究』第16巻第1号、

りもした。１９８０年代に産業構造が重工業中心に再編され、労働運動もやはり大企業の男性生産職労働者中心になる。その段階で、１９７０年代の労働運動は多くの批判とともに不当な評価と直面することとなり、民主化以降の労働運動史は１９８０年代以後の歴史に重点を置いて扱われるようになった。

韓国産業労働学会（２０１０）。

「いい暮らしをしよう」――仲むつまじい中産層を目指して

その時期、本格的に展開されていた朴正煕軍事政権の近代化プロジェクトは、「超男性主義的な発展主義国家 hypermasculine state developmentalism の典型」と評価されている。（……）その戦略は、一方では西欧の帝国主義的な強い男性性を模倣しながら、他方では自国の内なる団結を維持するため、ファッショ的な強い男性性をとることである。植民地化と内戦、経済援助を通じて、長きにわたり非力な状態に置かれていた男性主体と、それによって性差の境界が解体され、自己のアイデンティティに不安を抱いていた男性たちは、自らを「祖国の喪失や内戦による分断、深刻な貧困などの民族の外傷を癒す、先進的で攻撃的な行為主体」と称し、「経済発展はすなわち男性性の具現」と主張する朴正煕政権の性差化された発展観念や戦略に、自発的に同意した。＊50

50＊　パクイ・ウンシル「覇権的男性性の歴史」、『文化科学』第76号、文化科学社（２０１３）、p. 174.

だが、軍事独裁の動員体制が声高に「ひとつの国民」と叫んでいたとしても、日常における差別や格差はますます広がっていた。軍隊経験は規律への服従と適応を韓国の男性たちに強力に植えつけたが、同時に人々は、その体制に対する不信をもちろん抱えていたし、兵役の不正などで明らかになる不平等が未解決であることも知っていた。軍隊を模した工場ではホワイトカラーとブルーカラーが分かれ、男と女が分かれ、差別が横行した。

加えて、その時期の目標であり正当性の源だった「食っていけること」を達成すべく国家を統治し、会社を経営していた男たちは、他者の苦痛を顧みようとしなかった。国家のための犠牲と献身を強要して、ベトナム人が、女性労働者が、「慰安婦」が、基地村の女性が、搾取されることを男性たちは黙認し、あるいはそれに参加した。維新を敢行したのちの1973年、朴正熙は、10年以内に「100億ドルの輸出、1000ドルの国民所得、マイカー」時代を達成すると約束を掲げた。[*51] 実際は、反共戦士や産業の担い手ではなくてこの約束こそが、1960、1970年代を支配していた。それは、朴正熙政権に抵抗していた人々でさえ拒むことのできない約束だった。

51* ク・ヘグン前掲書、p. 57.

朴正熙政権期の抵抗エリートたちは、大体において「民族主義」や「開発主義」など、権力サイドと共有されたパラダイムの中で対立し、葛藤した。彼らの社会批判や大衆への啓発は、同一パラダイムの中で、おもに「手続きのモラルの不在」や「低成長の実状」を問題視するというやり方で行われた。そのため、彼らは批判対象の社会－政治的な存立基盤を弱め、亀裂を入れると同時に、その存立基盤が弱まるスピードを遅らせ、亀裂の幅を制限するという、矛盾した役割を遂行していた。[*52]

韓国社会が、厄介な父親を快く受け入れることにしたのは、彼が掲げていた「いい暮らしをしよう」という新たな時代精神のためである。軍事政権は、それまで存在した数多くの無能な父親を並べて罵倒し、自身らは彼らとは違って強く有能な父親になれると主張した。無理強いながらも、人々はある部分でそれに同意し、拒む場合は静かに姿を消した。そしてその同意の陰には、「中産層家庭の生計扶養者としての父」という、新たなヘゲモニックな男性性を獲得／遂行しようとする意志があった。

安定した職に就く夫と専業主婦の妻、そして子どもが2、3人、そのような構成の4～5人家族は、当時の中産層家庭モデルのサンプルとして、住宅設計、内装インテリア、耐久消費財の所有などに関連する多くの文化的表象を産んだ。（……）特に、彼らのやすらぎの家庭環境の中心には、テレビ、冷蔵庫、洗濯機が置かれている。[*53]

経済成長とともに韓国社会に登場した消費財や、都市を中心に形成されはじめた中産層、ならびに彼らの生活様式は、実際にそれを達成した人間の数が少なかったとしても、

52＊　キム・ボヒョン「朴正煕政権期 抵抗エリートたちの二重性と逆説」、ユン・ヘドン他、前掲書 p. 544.

53＊　キム・イェリム「1960年代中後半の開発ナショナリズムと中産層家庭ファンタジーの文化政治学」、聖公会大東アジア研究所、『冷戦アジアの文化風景2』、現実文化（2009）、p. 427.

強力なモデルとして定着しつつあった。この時期の「家族」には、家父長制、再構成された伝統、経済的な安心や成功への欲望、信用できない危険な世の中で生死を共にする運命共同体といった、複合的な意味あいが重ねられていた。国家もやはり社会的なセーフティネットの不在を家族によって解決しようとし、戸主制に括られた正常家族を統治や政策の単位と考えていた。

しかし、いざそうした家族を作って維持するために男たちがしなければならなかったのは、できるだけ長く家族と別れて職場にいることだった。さらに遠く離れて中東、ドイツ、ベトナムへ行った男たちこそ、家族のために最も献身している存在と見なされた。もっとも、家族の未来のため、いい暮らしをするためと家を離れた父親たちに、癒しとなる場が残されることはなかった。せいぜい気まずさ混じりの尊敬の念を抱かれるくらいのもので、そうでなければ、不在ながらも君臨する暴君のような存在だった。そして子どもたちが成長すると、善良で無能だった父親、不在と暴力しか記憶されていない父親、毎月稼いでくるお金だけが存在証明だった父親はいずれも克服対象とされた。

加えて重要なのは、ほとんどの父親が、家族を完全には食べさせられていなかったことである。社会学者のチェ・ソンヨンとチャン・ギョンソプは、圧縮産業化時代[43]の既婚男性が、実際に家族を完全に扶養できていたかについて調査をした。韓国高齢化研究パネル調査の「職業力調査」をベースに、1932年から1961年生まれの既婚男性を分析した結果によると、男性が生計を支えて家族を扶養し、女性が家庭で育児と家事に

訳[43] 1960年代半ばからの急速に高度成長した時代。

専念するというモデルは、現実にはまったく一般的ではなかった。男性たちは20代以降持続的に就労しているが、一部の大企業労働者を除いて45歳まで安定的な職業を保っている人は多くなかった。一例を挙げると、就労を保ちつつ上方移動した比重が最も高かったのは1942〜1951年生まれの大企業事務職だが、彼らが該当の世代に占める割合は2・6%でしかなく、管理職と専門職を合わせても世代全体の10%を越えることはできなかった。多くの場合、男性の雇用状態は下方移動傾向を見せ、正式に雇用され賃金を受け取るというのではなく、自営業や周縁労働といった非公式部門への移動が、その逆より圧倒的に多かった。また、そうした男性の雇用安定性が揺らいでいるのと連動して、女性の経済活動の割合が上向くことも確認された。結局、男性の生計扶養者というモデルは、一部を除き大方の家計で虚像に近かったのである。*54

韓国の労働者階級の家族において、結婚生活の中盤に夫婦共同での生計扶養が増加する傾向は、「生計扶養者」としての男性労働者が経験する職業的地位の流動性や不安定性が、生活単位としての家族に転移したことによるものである。そこで女性たちが再就職すれば、世帯所得を増やして家族に転移した不安定性を吸収し、緩衝するのに寄与することが可能になる。しかし問題は、そのようにして再就職した女性労働者の大部分が、零細自営業や非正規職など雇用体制の周縁部に密集する傾向が明らかなことである。そして実際それゆえに、女性の就業のみでは家族の経済生活の長期的な

54＊　チェ・ソンヨン、チャン・ギョンソプ「圧縮産業化時代の労働階級、家族、家父長制の物質的矛盾」、『韓国社会学』第46集第2号、韓国社会学会（2012）。

安定は期待しづらく、むしろ家族が新たな不安定性にさらされる契機ともなりうる。そうした複合的な不安定性は、単に個々の家族の経済生活を描写するにとどまらない。それは、韓国社会で家父長的イデオロギーが産業資本主義の物質的支援のもと維持されてきたのではなく、非常に脆い物質的基盤にもかかわらず作動してきたことを示唆している。*55

男性から見て最も普遍的な近代化とは、正常家族を成し中産層になることであり、その正常家族で家長の地位を手に入れること、言い換えれば生計扶養者になることだった。前に触れた通り、ヨーロッパ近代のブルジョア主体の社会では、男性生計扶養者を経済的基盤とする強力な性別分業体系が構築されていた。一方韓国社会で、男性生計扶養者モデルは着実に定着することができなかった。大多数の韓国男子にとって経済的な人生は挫折の連続であり、結局のところ、女性もいかなる形であれ経済活動に従事せざるをえなかったのである。にもかかわらず家父長制が存続可能だったのは、女性への深刻な差別が社会的に蔓延している中、じつはあまり頼りにならない国家への不信ゆえに家族単位でまとまり、生存を図らざるをえなかったからである。

１９７９年10月26日。クーデターののち１９６３年に大統領に当選し、18年間、韓国社会に君臨した朴正熙は、安全家屋㊹で宴会をしている最中、最側近の銃弾に倒れて命を落とす。彼の死はいくつかの真実を明らかにした。まずは、たえず自身で強調していた

55＊ 同書 p. 225.

訳㊹ 特殊情報機関などが秘密保持のために利用する一般家屋。

勤勉さや誠実さ、国家への献身というイメージとはいささかかけ離れた存在だったことが、暗殺時の身も蓋もない状況によって白日の下にさらされた。人気芸能人や若い女性を呼びつけて手当たり次第弄び、国家機関を遊興のために動員し、国庫を小遣いのように使う、典型的な独裁者だったという事実である。

しかし、彼の姿は男たちがひそかに夢見ていたものでもあった。王国のすべての女性を思うがまま犯せる王が、実際に存在していたわけだ。そんなふうにして、不世出の日和見主義者、教師、満州軍兵、日本軍兵、光復軍兵、南労党員、死刑囚、密告者、韓国軍人、国家再建最高会議議長、大統領、維新大韓民国の終身大統領だった朴正熙の一代記は幕を下ろした。権威的な父親の不適切で突然の死に際して、準備が不十分だった人々は解放のチャンスをつかみとれず、最初から正当性などドブに捨てていたようなもうひとりの日和見主義者が、父親の座を簒奪した。だが、その後の世の中は簒奪者の思うままにも、また、それに抵抗した者たちの思い通りにもならないものだった。

男性性の極限——80年光州の空挺部隊

朴正熙元大統領の死後に訪れた「ソウルの春㊺」は、長くは続かなかった。軍将官の私的組織だった一心会《ハナフェ》会長、全斗煥《チョン・ドゥファン》の主導で、再びクーデターが起きたからだ。全斗煥新軍部は1980年5月17日、「非常戒厳全国拡大措置」を発動、本格的な国家掌握

訳㊺　朴正熙大統領の暗殺後から1980年5月の非常戒厳令拡大までの、民主化への期待が高まった数か月を指す。

に乗り出した。政治活動の禁止、大学休校令、メディア報道の事前検閲の強化、集会およびデモの禁止が全国的に宣言され、予備拘束によって野党の主要政治家や在野の人士、学生運動関係者など2700人が逮捕・拘禁された。

　1980年5月17日、光州にも戒厳軍が投入された。翌18日、戒厳に反対してデモを行った約200人の全南《チョンナム》大学の学生たちと戒厳軍のあいだで、初めての衝突が起きた。戒厳軍はデモ隊を過剰に鎮圧し、午後4時には第7空挺旅団を光州市内に投入。そこから、戒厳軍はデモ隊か一般の通行人かを問わず無差別に暴力をふるい、連行し、その過程で多くの人々が死傷した。怒った光州市民がデモに加わりはじめ、20日には20万規模のデモ隊が集結する。そして20日の24時、戒厳軍は光州駅で市民に向かって集団発砲を開始し、それは21日まで続いた。これに対して市民は警察署や予備軍武器庫などを開放して武装し、全南道庁を占拠して籠城に入った。22日以後、光州は戒厳軍によって包囲・封鎖され、言論統制により光州の状況は外部に伝えられなかった。抗戦した市民軍は27日未明、戒厳軍の「尚武忠正作戦」によって敗北する。その過程で公式には163*56人が死亡し、数千人の市民が負傷した。強制連行、暴行、拷問も行われた。

　これは、韓国軍が行った三度目の「戦争」だった。最初は民族同士の内戦、二度目は他人の戦争に首を突っ込んでの遠征、そして最後の三度目は自国民相手に行った虐殺。この戦争のために51万発の実弾と機関銃、手榴弾、ヘリコプター機関銃といった11種の武器が動員された*57。光州事件を取り上げたアメリカの機密文書には、戒厳軍が光州市民

56＊　光州事件関連団体4団体が合同調査したところによれば、推定死亡者数は606人（死亡165人、行方不明65人、負傷後死亡と推定376人）にのぼる。

57＊　「5・18戒厳軍、実弾51万発を使用」、『京郷新聞』、2017.8.28.

をベトナム戦争におけるベトコンのように扱っていたと記録されている。[*58] 当時、陸軍本部作戦参謀部が作成した文書でも、光州市民を「敵」、捕まった市民を「捕虜」と規定していることがわかる。[*59] 全斗煥は、正当性のようなものに縛られる代わりに、民間人の虐殺によって自身の時代を切り開いた。

当時光州に投入された兵力2万2９７人のうち、かなりの数が徴兵された一般兵だった。彼らは、新軍部と志を同じくする兵力ではなかったにもかかわらず、光州で民間人の虐殺に加担した。もちろん、なかにはケガをした民間人を助けたり、意図的に誤射するなどして虐殺命令に抵抗した兵士もいた。だが、いずれにしろ戒厳軍は、17日の投入から27日に道庁目がけて1万発を乱射するまで隊列を保ち、光州は長いあいだ「成功裏に」孤立させられた。

いったいどうしてこんなことが可能だったのだろうか？　じつは空挺部隊は、朴正熙政権時代からさまざまな目的で動員されていた。理由は、空挺部隊が特殊部隊であり、韓米連合司令部の統制を受けないからである。デモ鎮圧のために別途激しい訓練が行われ、空挺部隊内部にはそれによる不満が鬱積していた。ある空挺部隊員は「自分たちは家族がいながら家にも帰れず苦労している一方で、学生らは何の実情も知らずに好き勝手をして」いるし、「こっちは大卒になれず社会の隅で大変な思いをして暮らしている、彼らはラクをしているから自分たちをこんなふうに苦しめる」というのが軍人の一般的な認識だったとふりかえっている。[*60]

58＊ 「『米秘密文書』彼らにとって光州市民はベトコンだった」、『ノーカットニュース』、2017.8.21.

59＊ 「5・18戒厳軍、光州市民を『敵』と規定していた」、『京郷新聞』、2017.8.31.

60＊ ノ・ヨンギ「光州事件初期の軍部の対応―学生デモの市民抗争への転換の背景に関連して」、『韓国文化』第62集、ソウル大学奎章閣韓国学研究院（2013）、p. 303.

また、軍では兵士を対象に「光州で不純分子と北朝鮮のスパイが合同作戦を展開し内乱を引き起こした」と繰り返し教育していた。[*61] いざ作戦に投入されると極限状態に置かれた。食事や睡眠は不足し、疲労困憊した。暴力的な鎮圧でデモが激化するほど、軍人たちが感じる脅威はますます大きくなった。彼らは、鎮圧中に命を落とした同僚のために恐怖に震え、激しい怒りを抱いた。そして、指揮体系は彼らを保護することも、彼らの行動を止めることもしなかった。むしろ、より残忍に光州の市民を倒すことを促した。

集合した兵隊に再度、強く殴っていないからもっと強く、無慈悲に殴りつけろ、と言うんです。そして某二等兵を呼び出して、この兵は全く殴っていない、「うつ伏せ」と言って、持っていた鎮圧棒で尻を10発殴るんです。(……) はるか光州まで来て、自分の部下を殴りつける中隊長が死ぬほど憎かったです。そして、デモ隊への憎悪はますます募るばかりです。[*62]

彼らは、自分たちを極限の状況に追いこみ、状況についての情報を操作し、加えて命を脅かした新軍部の欺瞞戦術によって判断を誤った。新軍部の意図を知らなかった大部分の兵士は、事件後にようやく、自分が手を血で染めざるをえなかったのは新軍部の権力争奪のためだったと気がついた。しかし、何かおかしいと思ったその瞬間には自分を止められず、結局、無辜の市民の命を殺傷した末端の加害者となった。

61＊ 「〈5・18〉『私は光州鎮圧軍だった』」、『平和ニュース』、2004.5.18.

62＊ ノ・ヨンギ前掲論文、p. 305.

そして、ひょっとしたらこれこそが、韓国社会が近代以降に鋳造を目論んでいた男性性の、ある種の「完成」なのだろう。韓国社会はただの一度も、命令に疑問を持つ男を望んだことがなかった。工場や戦場で、命令に順応し、体が壊れるまで献身する剛健な肉体を望んだだけである。それを後押ししたのが、韓国社会の置かれていた悪条件だった。植民地支配が終わり、内戦を経て絶対貧困から出発した韓国が近代国家になるためには、誰もが我慢し犠牲にならなければならないという論理である。だが私たちは知っている。誰もが我慢をして犠牲になったわけではなく、渦中にあっても誰かは、その論理を建前にとって他者を犠牲にし、自分の懐を温めていたことを。そしてまた、おそらく私たちのうちの誰かがあの場に軍服を着て立っていたとしても、命令を簡単には拒否できなかったであろうことを。

軍によって封鎖され、孤立無援となった光州だが、市民の間では無意味な暴力も略奪も起きなかった。人々は他の仲間の死を目の当たりにして自らを守るために武装したが、治安は保たれ、負傷した人々のために並んで献血をした。１９８０年5月21日から27日未明までの光州は、極限状態にあっても互いに支えあう共同体の可能性を示した。最後まで抗戦した４００人あまりの市民軍は、４０００人あまりの戒厳軍と戦って敗北した。市民軍が見せた勇気の源は、誇張された男性性でもなければ強力な火力でも、生存のためだけの単なる反射的な行動でもなかった。イデオロギー的な武装ではますますなかったし、優れた指導者のリーダーシップやカリスマ性でもなかった。あの巨大で強固な国家に対抗して、人々は自らが主体になろうとし、主体として互いを助け、また生かそうとしていた。[*63]

もちろん、そこに限界や問題がないわけではなかった。女性たちは事件の始まりから終わりまで行動を共にしていたにもかかわらず、政治的、組織的領域からは排除された。[*64] 息子を失ってしまった母親や、残酷な国家暴力の犠牲となった女性の身体のみが、光州の叙事の中で注目された。その排除は、のちの真実究明や歴史を確立する動きの中でもそのまま繰り返された。金大中政権が光州事件を民主化運動の歴史に公式に編入したあとも、補償をめぐる雑言、犠牲者たちのあいだの不和、正史に取り込まれずに埋もれてしまった物語、依然として存在する事件へのデマなどがあった。しかし、光州は最終的に1980年代を変えた起源的な事件であり、新たに登場した抵抗勢力の根幹であり、また、新たな時代を作り出す主体の出現を知らせる証しとして位置づけられた。

光州の息子たち——不正な父に立ち向かって

1980年代、大学生ながら全斗煥政権に抵抗していた彼ら、いわゆる「(学生)運動圏」は、光州を自らの起源的な事件であるとみなした。「生き残った者たちの光州についての経験や記憶は、被害を受けた民衆への負い目意識、道徳的な怒り、アメリカに依存してきた民族的現実への自覚、手続き的民主主義[46]による抑圧に正当性はないという

63＊　キム・ヒョンチョル「1980年5月光州民衆抗争と韓国民主主義の現在性」、『あらためて見つめる韓国民主化運動』、韓国政治研究会編、図書出版ソンイン（2010）。

64＊　シム・ヨンウィ「民主化運動における女性の主体の問題——ホン・ヒダムとコン・ソンオクの5・18小説を中心に」、『人文社会科学研究』第13巻第1号、釜慶大学人文社会科学研究所（2012）。

訳㊻　ここでは、民主主義が規定する概念を手続き的な部分でだけ行っていれば、ある程度民主主義は実現されるとの観点を指す。一部エリートが正当化のために民主的手続きを操作することも含まれる。

否認など、抵抗意志に基づいた戦闘的な民主化運動を正当化[*65]した。社会学者の金東椿は、1980年代の民主化運動を「光州の記憶を喚起しようとする勢力と、その記憶を消そうとする勢力のあいだの、歴史的高地を占領するための闘い[*66]」と要約してもいる。

当時、大学には警察兵力が常駐し、学生たちの活動の一挙手一投足を監視していた。1981年からは、要注意人物を強制的に軍へ入隊させ、思想改造および脅迫を通じてプラクチ㊼にし活用する「緑化事業」が計画されていた。447人が対象となり、うち256人が実際に活動した。同じ年に導入の卒業定員制は、卒業生の定員を決め、それより30％程度多く新入生を選抜する代わりに、下位圏の大学生を卒業できなくさせるというのが骨子だった。単位取得と卒業の管理を厳密にすることで、学生の抵抗活動への参加を鈍化させようという目論見である。しかし、拷問や死の脅威の中でも、地下サークルを中心に組織化された運動圏の学生たちは秘密裏に活動を続けた。1984年の新軍部の「融和措置」以降、大学内の抵抗勢力の活動は大衆活動と地下活動に二分され、学内での本格的な抵抗文化を作っていくことになる[*67]。

学生運動は、新軍部の正当性の不在を極度に嫌悪し、潔癖に近いくらいに理念的、歴史的な正当性や道徳性を追求した。特に、全斗煥政権が繰り広げていた3S（Sports, Screen, Sex）政策㊽で隆盛となった大衆文化に対しては「非道徳的」であると猛反発した。1981年、ソウル大学では軍事政権が大学を掌握するため、総学生会に代わって設けられた学徒護国団がイベントを準備していた。それを学生運動圏が妨害し、招かれた芸

65＊　キム・ヒョンチョル前掲論文、p. 116.

66＊　金東椿、「1980年代民主変革運動の成長とその性格」、学術団体協議会、『6月民主抗争と韓国社会の10年』、タンデ（1997）。キム・ヒョンチョル、同論文から再引用。

訳㊼　組織内で身分を偽り、スパイ活動を行う者。

67＊　ホ・ウン「1980年代上半期の学生運動体系の変化と学生運動文化の拡散」、『学生運動の時代』、イ・ホリョン、チョン・グンシク編、ソンイン（2013）。

訳㊽　大衆の関心を政治に向けないために、全斗煥政権がとった愚民政策。

能人たちに糞尿が投げつけられる事件があった。1984年、高麗《コリョ》大学では、既存の学園祭を「無方向性・非体系性・没価値的な外来大衆文化の無分別な需要と羅列」「低質な大衆文化への従属と、汚染された文化風土」の産物と批判し、それに抵抗する行事が企画されもした。*68 彼らは「民族的で民衆的な文化様式」を志向し、消費資本主義やプチブルジョア的な文化、特にアメリカに代表される西欧の文化を排斥した。だが、当の彼らの潔癖さが何を目指しているのかは曖昧だった。大きな議論が具体的な実践に移されると、たとえばコーラを飲んでナイキの運動靴を履いている後輩にビンタを張ったり、祭りが派手という理由で女子大の大学祭に押しかけ、乱暴をして妨害したりという表れ方になったからである。*69

こう見ると、1980年代の文化運動は、経済開発期に入って急変した社会経済的展開の副産物として出現したさまざまな問題点への反作用のひとつであり、特に「文化的自我アイデンティティ」を十分確立できていなかった当時の韓国社会の漂流する文化的能力に対して、それなりに真剣に叩きつけられた挑戦状とは言えるだろう。だが、彼らが文化の現実を診断する枠組みとして設定していた「西欧対韓国民族」および「支配層対民衆」というフレームは、一方では当時の社会構成員の感性的な側面に訴えるところが少なくなかったものの、その具体的な社会的実体と論理的土台は、依然曖昧で粗けずりな形態にとどまっていた。*70

68＊ 同論文 pp. 198–199.

69＊ 「1996年、テドン祭を取材する」、『梨大学報』、2005.11.28.

70＊ ソン・ドヨン「1980年代の韓国文化運動と民族・民衆的文化様式の探索」、『比較文化研究』第4号、ソウル大学比較文化研究所（1998）、p. 175.

一方、抵抗運動を粉砕するために新軍部がとった戦略が強制入隊だったことは示唆的である。朴正熙が住民登録制度などを整え、それによって出来上がった行政的な人口管理・監視システムが最も活躍したのが、まさに兵役忌避者の取り締まりや検挙の領域だったことをもう一度想起してみよう。維新政権期、宗教的な理由などにより銃をとることを拒否した人々は、兵役法違反の処罰行為として投獄され、出所するとすぐまた入営令状が届いて再度投獄されるということもあった。訓練所に入っても、銃を手にすることを拒んで殴られたり死亡したりした。兵役義務自体の道徳化、神聖化と、それを支える徹底的で綿密な徴兵制度によって、兵役義務の絶対性は韓国社会に定着した。さらに、反体制の抵抗運動で懲役刑などになって兵役が免除されたり、徴兵をかわして逃走したりなどのケースはあったものの、はっきりと兵役拒否を宣言するケースは、２００１年のオ・テヤン氏の事例㊾以前は多くなかった。

国家が、20歳以上のすべての男性に対して徴兵権を行使できるということは、それ自体強力な「生権力」*71の現れに違いない。特に韓国社会では、身体的な障害があるなど特定の社会的条件に置かれていないかぎり兵役拒否や代案を選択できないという点でなおさらである。*72 軍事政権は、兵役義務を統治の道具として十分に活用してきた。軍は、身体的規律と同じくらい、特定のイデオロギーや脚色された歴史の教育に重きを置いた。韓国の軍隊で「男性性理念と歴史認識――女性並びに非軍人への認識」は、ひとつのセッ

訳㊾　２００１年、仏教徒のオ・テヤン氏は宗教上の理由で兵役を拒否すると宣言した。エホバの証人信者以外のケースとして大きな注目を集めた。

71＊　「生権力」はフランスの哲学者、ミシェル・フーコーの概念。近代以前の権力が持っていた生殺与奪権に代わる、近代的権力の作動方式を指す単語である。世話をし管理する権力として、権力の目的に合うよう人口の数や状態を調整、形成することによって作動する。人口学、公衆衛生、優生学、医学の発展などが生権力の作動と結びつけられる知識である。詳しくは、ミシェル・フーコー『性の歴史』、『生命管理政治の誕生』を参照。

72＊　２０１８年、韓国の憲法裁判所は、代替服務制度を用意していない現行兵役法に対して憲法不合致の判決を下し、国会は２０１９年12月31日までに代替服務制度を含む内容で兵役法を改正しなければならないとした。

トとして存在する。また軍隊というものは、新軍部が行ったような司法的な処罰でなくても、人の身体を拘束すると同時に、義務という名のもとで洗脳に近い転向工作を行うのに適した空間でもある。おまけに、軍人は民間人にくらべてはるかに脆弱な身分であり、裁判を受ける時でさえ完全な法の保護を得られない。１９８０年代の軍隊が今とくらべ物にならないほど暴力に取り巻かれた場所だったという点も重要である。

一方、運動圏はある部分で、依然として自分たちが批判する社会と同じ文脈にあった。社会全般に根づいていた軍事主義的で理念的な男性性は、抵抗勢力にも溶け込んでいた。

> 軍事主義文化に関わるこうした覇権的な男性性は、１９８０年代に独裁政権に抵抗しながら民主化を叫んでいた学生運動の中にも、そのまま踏襲される。当時、学生運動は「男性性と融合した軍事主義的価値を基準」にして互いのポジションに序列をつけ、「力」「堂々」「熾烈」「勇猛」「一致団結」など「軍人の美徳を追求する評価体系および価値体系」を持っていたのである。また、１９８０年代の学生運動は、相変わらず「近代的民族国家作りプロジェクトの境界内」で行われ、したがって、「強い国家建設の意志では、朴正熙や進歩勢力にも引けを取らなかった」[*73]

もちろん、学生運動の組織は、ひとりでも裏切れば全員がしょっ引かれ、拷問されるかもしれないという脅威の中に存在していたから、構成員間の位階秩序や厳粛主義が強

73＊　パクイ・ウンシル前掲論文、pp. 176–177.

制される面はあった。加えてその時代は、暴力的な警察と対峙する過程で武力で対抗しなければならない場面が多く、男子生徒で構成される戦闘部隊も存在した。まだ経験が浅く幼い大学生たちにとって、想像し参考にできる組織形態が多くなかったこともひとつの原因として挙げられる。だが、あれほどまでに拒もうとしていた体制の暴力性を超える想像力を発揮できなかったことは、明らかに彼らの限界だった。

加えて、この時期は1970年代に大学に設立された女性学講座に始まって、変革運動としての女性運動がますます大きくなっていった時期である。人間の平等を目指した1980年代の学生運動圏では、教養レベルとして女性主義についての学習が行われる場合が多かった。にもかかわらず、大部分の学生運動圏の組織が取った立場によれば、女性運動は「部門運動」であって、女性問題は「副次的な矛盾」というものだった。[*74] つまり、女性解放は、それに先んじるべき民族、あるいは階級の解放が到来したのちに解決される問題であるとか、あるいは自然に解決されていく問題という見方が支配的だったのである。そのため、女性主義的な悩みや問題提起は無視されるか、あるいは運動を分裂させるという理由で非難された。他にも、女性的とみなされる多くのものが、体制順応的で闘争に適していないという理由から非難を受け、女性の身体は、毀損され奪われた民族や民衆の象徴として扱われたり、西欧文化から伝播した歓楽的で不健全な文化のシンボルというかたちで利用されたりした。闘争の中心を象徴するのは、つねに太い腕を持った男性知識人、大学生、労働者、農民だった。

74＊　キム・ウナ「1980年代、バリケードの裏側の性戦争と女性解放文学運動」、『尚虚学報』第51集、尚虚学会（2017）、p. 20.

フェティシズム構造から民衆美術を眺めると、女性性はおもに商品文化と結びつき、「性的に毀損された」イメージとして再現されている。民衆美術における「性的に毀損された」女性イメージは、西欧資本主義に侵奪された、不純なシミを意味するアレゴリーとしての役割を果たす。それとは対照的に男性のイメージは、そうした女性性を嫌悪したり、加虐的な対象にしたりすることで性的な目的を脱却し、民族主義の論理を盛りこんだ理想的な男性性として再現されている。(……)これによって、民族主義の議論は結局のところ、家父長的な男根主義の歴史と結合していることが明らかになる。*75

1980年代、抵抗勢力の男性性は、腐敗と不正を体現する父親たちに抗って、正しきオイディプスになろうとした。しかし彼らは依然として、強力な父親はもちろん、アメリカというさらなる巨大な父親の存在に対しても萎縮せざるをえない境遇だった。それに対抗して、ともすればやや倒錯的に、彼らはカール・マルクスの原典、レーニンの革命的政治思想、抵抗的民族主義、北朝鮮の主体思想といった新たな正当性の源を追い求めた。その過程で1970年代の抵抗勢力(特に1970年代の労働運動)にも非難の矛先が向けられたが、その主な理由は、そうしたかつての抵抗運動が不徹底な思想と理念に基づいていたというものだった。このように、彼らは維新体制に順応した親世代、

75＊　パク・ヒョンファ「民衆美術に現れた男性性」、『現代美術学論文集』第17巻第1号、現代美術学会(2013)、pp. 41-42.

そして、維新体制に抵抗したもののナイーブだった先輩たちのすべてを克服対象とみなした。もっとも、その強迫観念は、彼らが抱いている不安を露呈するものでもあった。すなわち、彼らを認めてくれる正当性を持った存在は誰もいなかったのである。

特筆すべきは、１９８０年代に青年時代を過ごした世代が、前の世代の同じ時代にくらべて、絶対的な貧困や戦争の傷痕からくる影響をあまり受けていなかった点だ。１９８０年代は韓国経済が最も安定的な急成長を遂げた時期であり、年平均10％を超える経済成長率を見せていた。それに対して人手はつねに不足していたから、求職は難しいことではなかった。特に大学を卒業した者は、簡単に大企業へ入社することができた。そのため、前の世代にくらべて食いつなぐ苦労からは相対的に自由でいられた。１９８０年代の抵抗運動が「急進化」した背景のひとつにあるのは、まさにそうした経済的条件の変化だった。

軍事独裁が長期にわたって持続可能だったのは、単に暴力と恐怖による統治のせいだけではなく、軍事独裁が目指す目標が、韓国社会の多くの構成員にとって拒否できないものだったからでもある。富国強兵の夢、もっと言えば、発展した近代民族（資本主義）国家の建設という目標から自由でいられた勢力は多くなかった。その目標のためには、甘んじて犠牲を受け入れ動員に応じる「国民」の存在が不可欠である。大義に服する軍事主義的な男性性は、そうした存在を生み出す非常に効率的な手段と見なされた。個人主義と逸脱は、左右を問わず批判の対象となった。

しかし、そのような祖国発展のためであれ、民主化のためであれ、大義の重圧感はすさまじいものだった。そこでひそかな役目を果たしていたのが、愚民政策の一環で奨励されていた3Sである。なかでも性（Sex）の側面は着目すべきだろう。1980年代の韓国映画の興行成績を見ると、すべての年でピンク映画が1位か、それに準ずる成績を収めている。全斗煥政権が検閲でさまざまな映画の製作および輸入を禁止したのと相まって、まさに空前絶後のピンク映画全盛期を迎えることになったのである。ピンク映画は下層階級の成人男性の余興だっただけでなく、10代後半の青少年の性的ファンタジーであり、エリート階層の大学生にとっても秘めたる趣味だった。「催涙弾が飛ぶグラウンドで民主化の闘士として暮らしながら、ピンク映画を見るために、たくさんの人の波にこっそり身を隠した」[*76]という青年たちの体験から推察できるのは、産業の担い手だろうが民主化の闘士だろうが、性は共通の解放区、抑圧の噴出口として存在していたという点だ。

だが、当時の性文化は陰性的だった。長時間の過酷な労働や、厳密な監視網のように警察と安企部[50]が張り巡らした生活への事細かな条件の過酷さも実在したから、そうした欲望もやはり、ある種の歪んだイメージを帯びていた。当時のピンク映画で描写される男性は「性的能力を誇示する人物ではなく、性的に失敗したり挫折する者として描かれ」ていたために、「彼らは、欲望の対象を所有できないまま覗き見をしたり、身体的な理由で性的に不能だったり、卑劣なやり方で女性を性的に搾取したり、性欲に踊らさ

76＊ ノ・ジスン「男性主体の分裂と再建、1980年代のピンク映画での男性性」、『女性文学研究』第30巻第0号、韓国女性文学学会（2013）、p. 79.

訳㊿ 情報機関「国家安全企画部」の略称。

れて女性に支配され従属する様相」を示していた。[77] 加えて、ほぼすべてのピンク映画に用意されていたのは、快楽に身を任せ、快楽を通じて男性を支配しようとする女性が家父長制的秩序に回帰したり、あるいは破滅したりという結末だ。[78] カメラはずっと女性の体をなめ回していたかと思うと、突然道徳的な判事となって女性を審判する。そうしたストーリーは、快楽（ピンク映画）を楽しむことへの男性の道徳的負い目を少なくすると同時に、男性の統制から抜け出した女性の性的逸脱を断罪することで、男性性の分裂を縫合しようとする試みでもあった。とはいえ、その突拍子もない展開は結局、道徳や縫合の試みが無意味だったり、虚構的だったりすることを雄弁に語っていた。

長く険しい闘争のプロセスは、「革命以後」を充足させられるだけの内容をさほど用意できなかった。大義は達成されたり解消されたりし、経済は活況だったものの、新たな国家や生活を組織できるだけの代案は多くなかったのである。１９９７年の通貨危機以前まで、韓国社会はその可能性を探ることに血眼になっていた。長い抑圧の中で失われていたものを、ようやく取り戻そうとしていた。

77＊　同論文 p. 80.

78＊　同論文 p. 101.

4 変化と没落

1990年代と韓国、男子

Xな新時代の男たち

6月抗争で軍事政権が倒れ、直選制が導入されたが、つづく大統領選挙で当選したのは、全斗煥《チョン・ドゥファン》とともに12・12クーデターに加担していた新軍部のひとり、盧泰愚《ノ・テウ》だった。しかし、1990年代を生きる人たちは、重苦しい問題にただ圧倒されてばかりいるつもりはなかった。1990年代は、イデオロギーの時代が過ぎ去ったあとに訪れた自我の空白を埋めようと、もがき苦しんだ時代である。産業に従事していた人々も、闘っていた人々ももはや手本とはなりえない新たな時代のなかで、男たちはあちこちへと散らばっていった。

もちろん1987年のあとも、学生運動をはじめとする抵抗勢力の闘争は続いていた。特に1991年5月のデモのさなかに警察の暴力で大学生のカン・ギョンデとキム・グイジョンが死亡した事件をきっかけに、いっそう激しくなった。[*1] 焼身自殺、投身自殺などの極端な方法も含まれる抵抗が続き、それに対しては盧泰愚政権も強硬対応を取った。しかし、文化研究者のイ・ジェウォンによると、1991年5月の闘争は大衆の理解を得ることはできず、まもなく1980年代から始まった「学生運動」の危機（への意識）を招くことになる。つまり、1992年以降の学生運動は「暴力性と反道徳性というくびきをかなぐり捨てる」と同時に「どうすれば大衆を動かしている支配イデオロギーを

1＊　イ・ジェウォン「時代遺憾、1996年彼らが世界を支配した時——新世代、ソ・テジ、X世代」、『文化科学』第62号、文化科学社（2010）、pp. 97–98.

克服し、再び大衆の支持を得ることができるだろうか」という2つの課題を背負うことになったのだ。抵抗勢力は、急進的な理念を抱きつつ大衆文化研究に流れたり、革命ではなく改革を通じてだんだんに社会を変えていこうとする市民運動の道に合流したり、もしくはそれまでの反体制的な道に固執して、いっそう孤立した。

そうした抵抗運動よりも切実だったのは、1980年代という時代からの脱却だった。重く暗い集団、イデオロギー、闘争という世界から脱却して、自由と楽しさがある個人の世界へ。それをどう達成するかをめぐって、さまざまな試みが行われた。その動きを主導したのは、「主として1970年代後半に生まれ、1990年代に20代前後だった、『固有名詞』としての新世代」であり、彼らの行為は、大きく「消費志向的」「個人志向的」「脱権威思考的」な価値に代表された。[*2]

そしてこのすべてを統括する新しいカテゴリとして急浮上したのが、社会、経済、政治に続く「文化」である。文化は、厳密に言えばひとつの合致点であった。1987年に部分的に達成された抵抗運動の延長線上では、より大きな自由、反権威主義、人生の質の向上といった目標を導きだすことが可能になった。他方、産業化の安定と成長した経済状況という延長線上では、大衆の物理的欲求の充足、消費市場の拡大と多様化、経済的自由の増大などが文化に含まれることになった。

最も前のめりにこの変化にはまりこんだのが、狎鷗亭洞《アックジョン》を根拠地として活動していた「(輸入)オレンジ族」だった。この呼び名は、富裕層が低学歴の子どもを留学させて

2＊　チョン・サンイン「新時代の浮上——憎めないアヒルたち」、『季刊思想』第42号、社会科学院（1999）。

「学歴ロンダリング」①を試みていた、当時の慣行と関連がある。留学帰りの帰国子女たちは、20代という若さで高級スポーツカーを乗り回し、女を連れて歩き、お金を湯水のように使って、英語混じりの不自然な韓国語を駆使した。彼らはあっという間に、社会的な叱咤とほのかな羨望を受ける対象になった。

そんな彼らが本格的に注目されはじめたのは、1994年に起きた殺人事件である。数百億ウォンレベルの資産を所有する製薬会社社長の息子だったパク・ハンサンは、勉強に才能がなく、そんな彼を親はアメリカ留学に送り出した。しかし、パクはアメリカでもギャンブルや麻薬に溺れ、学業を続けることができなくなった。親は激怒し、彼を韓国に連れ戻して絶縁を言い渡す。すると、それに憤ったパクは2本のナイフで両親をメッタ刺しにして殺害し、遺体を損壊するため放火する。殺人の証拠隠滅を図り、財産を相続しようとしたわけだが、殺害の過程で抵抗した親による噛傷が決定的な証拠となり、逮捕となった。

この事件が起きて以降、オレンジ族を糾弾する声が高まった。1994年の末に文化体育部が発表した『1994年度青少年育成政策決算及び1995年度青少年政策方向』には、「一般の青少年が、大学に入学するという至上命題に向かって1日24時間を細かく刻みつつ目の前の苦しみに耐えている一方、オレンジ族は酒、女などとともに『楽しむこと』を人生の目標としている。お小遣いとして月2、3万ウォンを使う一般の青少年とは違って、オレンジ族はカードや小切手を使用し、バスや地下鉄よりスポー

訳① 財産などを利用して、成績では入学できなさそうな有名大学に寄付留学などで入学し、学歴を上げるというやり方を指す。

ツカーや外車などを自ら運転して回る。互いの気持ちを徐々に確かめていくせつない恋愛よりは、ブッキング②で出会ったその日にホテルへ直行するようなやっつけの快楽に耽溺する」*3と指摘し、オレンジ族へのネガティブな認識を包み隠さず表にしている。

　オレンジ族の後身として登場したのは、「ヤタ族」だ。ヤタ族という言葉は、高級乗用車を運転しながら、繁華街を行き交う女性に向かって「おい《ヤ》！　乗れよ《タ》！」と叫んで誘いをかける、富裕層の若い男性たちを意味している。実際は、当時珍しかった高級外車より、ソナタII、グレンジャー、スクープといった韓国産セダンに乗っているヤタ族が多かったし、それを真似して韓国産軽自動車のティコ、韓国産小型車のプライドに乗りながら似たような行動をしている者たちもいた。「ティコやプライドに乗るヤタ族は、もちろんウケがよくない。『安物にひっかかりたくない』『プライドの高い』10代女性は、彼らを選択しない。彼女たちを連れ去るのは本物のヤタ族」だ。*4

　オレンジ族は、彼らが総人口に占めていた割合よりもはるかに注目され、代表性を得てしまった。その最大の理由は、上の世代とマスコミがオレンジ族に集中砲火を浴びせたためである。そこには、彼らが及ぼす害悪への報復という意味あいもあったが、他の若者の行動を統制するための、見せしめに使うという目的もあった。

　しかし、オレンジ族が韓国社会に投じた最も重要な意味は、この社会が保ってきた同質性を、もはや維持することはできない、という事実だった。貧富の格差は広がりつづけるにもかかわらず、経済が絶対貧困から抜け出す過程で、その問題はそれほど大きな

訳②　ナイトクラブなどでボーイが女性客を男性客のテーブルに連れていき、カップリングさせるやり方。

3＊　「『キム・ヒョンミン「応答せよ１９９０」(18)新人類が出現』狎鴎亭で「おい、乗れよ！」と叫んでいたオレンジ族、今は……」、『ハンギョレ』、2014.3.28.

4＊　コ・ギルソプ『文化批評とミクロ政治』、文化科学社（１９９８）、pp. 212-213.（カン・ジュンマン『韓国現代史散策１９９０年代編２』、人物と思想社（２００６）、p. 120から再引用）

ことと受け止められなかった。また、独裁政権は、よりラクな統治のため同質性を害する行為を罰していた。ところが民主化が進むにつれて、そうした偽りの同質性を維持しなければならない理由も失われることになった。したがって、１９８０年代の雰囲気を脱していた富裕層の留学生たちが、気づけば山ほど貯まっていた両親の膨大なお金を人目を気にしながら使う理由は、もはやなかったのだ。

それとは別に、オレンジ族やヤタ族の定義、あるいはその命名から見えてくるものがある。オレンジ族という名称の、根拠が確認できない語源のひとつに、「当時としては高価な果物であるオレンジを異性に手渡し、相手がそれを受け取れば、いわゆる『ワンナイトラブ』が成立、という風習（？）」[*5]である。この行動主体はほとんどが男という仮定だ。女性たちは、狎鷗亭洞やそれに類する新しい都心でタンクトップ、へそ出しトップス、ミニスカート、ホットパンツなどを身にまとい、オレンジ族の求愛を受けるだけ。ヤタ族の場合、最初からその主体は男と決まっている。いずれにせよ、そうした新たなアイデンティティの核に存在しているのは、自らの財力を誇示して、これといった苦労もなしに女性とセックスができる男子だ。もちろん女性たちも、１９８０年代とは異なる１９９０年代を迎えていたし、じつは男性たちより急激な変化を見せていた。[*6]それなのに、少なくとも１９９０年代の変化を象徴するオレンジ族とヤタ族を語る文脈では、女性は彼らの非道徳性や経済的な地位を表すために使用されるバックグラウンドとして存在した。

5＊　キム・ヒョンミン前掲書。

6＊　たとえば１９９２年、米ボーイズグループ「ニューキッズ・オン・ザ・ブロック New Kids on the Block」の韓国公演が行われた時の10代女性の反応は、圧死事故が起きるほど熱狂的なものだった。１９９０年代の新しい世代を語るうえで重要な要素のひとつ、ファンクラブ文化を主導したのも10代女性だったし、その他にも、とりわけサブカルチャーで女性の消費者―同好者の活躍が目立った。

自由主義、なかでも性の自由主義を説く人々もいた。1992年に出版された小説『楽しいサラ』③がわいせつ物だとして逮捕され、懲役8月に執行猶予2年を宣告された馬光洙《マ・グァンス》がその代表である。この小説は、サラという名の女子大学生がさまざまな男と、いろいろなセックスに耽溺するという内容で、そのために著者は授業の最中に緊急逮捕され、その小説は最高裁でもわいせつ物だという判決を受けた。文学作品の表現の自由は無限ではなく、「病的で動物的な性行為場面が扇情的に描写されるのみであり、人生に対する新たなビジョンや洞察を提示」していないから、読む側の性的羞恥心を刺激したというのが判決の骨子だ。著者は1998年になってようやく赦免復権が叶った。

馬光洙は1990年代に激しい支持と反対を同時に受けた人物である。擁護する側は、馬の型破りで、反権威主義的で、率直で、自由なところを高く評価した。一方反対する側は、教育者かつ知識人の大学教授として不適切であり、下劣で、品性も能力もないと責め立てた。これに対して馬は、韓国社会の偽善的な世界観、特に「文学の品位主義、両班《ヤンバン》主義、訓民主義」を批判した。彼は、『楽しいサラ』がそれらへの意図的な反動であると主張し、「我が国では、どうせエロ小説を書いたとしても（中略）最後には必ず、勧善懲悪の物語になるか反省するか、そういうかたちで締めくくられてしまいます。（中略）韓国の小説にサラのような女性はいたでしょうか。みんな自殺したり、反省したりするだけです」*7と、作品の意図を明らかにしている。馬が挙げた結末は、前述した1980年代のピンク映画での描かれ方や、当時の成人向け作品でよく見られるもので、

訳③　邦訳：馬光洙『楽しいサラ』、熊谷明泰訳、テレビ朝日（1994）。

7*　カン・ジュンマン『韓国現代史散策1990年代編1』、人物と思想社（2006）、p. 187.

サラのように反省も破滅もしない女性は、それまで存在しなかったのである。

破滅することも、懺悔することも、許しを請うこともしない女は、つまるところ、男に頼らず、男を必要としない女である。男は自分に依存してくる女を介して自らの存在を確固たるものにする。したがって、依存しない女性たちは、男性にある種の去勢の恐怖として迫ってくるのだ。自由な女性をたえず罰しつづけようとする男性の物語は、こうした恐怖から逃れたいというところに端を発している。とりわけ、通俗的かつ性的な作品は、二重の欲望にからめとられている。それは、自由な女性の体や性的な行為をできるかぎり事細かく描写して覗き見をしたいという欲望と、その女を罰することで再び正常な状態、すなわち、家父長制への回帰につながる「安全」を求める欲望である。これは女性に対する二重の搾取を意味する。つまり、男の性的快楽のために貞操を捨てた（あるいは剝奪された）女は、快楽を得たあとで男が抱く罪悪感のために罰を受けなければならないのだ。

馬光洙をはじめとする性的自由主義の提唱者の主張は、既存の韓国社会がとっていた性に対する両義的な態度を批判するのに重要な役割を果たした。だが問題は、彼らの唱える自由があまりにも単純すぎたことだった。提唱者たちは、欲望と快楽の前で誰もが正々堂々と正直にならなければならないと主張した。しかし、そのことが男たちにとっては罪悪感を振り払うだけですむ一方、女たちにとっては、数多くの社会的差別や危険を覚悟してはじめて可能になることだという事実に注意を払うことができなかったのだ。

そもそも、主張されていた欲望や快楽の中身は、男たちの性欲と、それに基づくさまざまな性的行為に集中していた。そしてそれを受け入れない、つまり、サラにならないすべての女性は、古い道徳観念にとらわれた遅れた存在とされた。

性的自由主義の極端なバージョンが、パソコン通信などで「論客」として鳴らしたキム・ワンソプの『娼婦論』である。彼は、女性の純潔がひとつの商品であり、結婚は男性が経済的責任を負う代わりに生涯にわたって性交権を買い取る長期的な売春契約だと主張した。だから、すべての女性が娼婦であることを認めてこそ女性解放なのであり、堂々と花代を要求すべきというわけだ。つまり、キム・ワンソプにとって女性は、自らの性を売って生きていく存在以外の何物でもなかった。

人間が自分の性的欲望や快楽を追求することは罪ではなく、個人の幸福のために重要とする観点は、こんにちではそれほど珍しくない命題となりつつある。同時に、韓国社会が持っている性についてのダブルスタンダードは、依然としてこの社会に残っている。1990年代の性的自由主義者における単純さは、自由に平等な広がりを与えることはできなかった。その代わりに、自由をはき違えた男子たちが、誰にも聞かれていない自らの性的欲望を、自由を名目にして白日の下にさらす出来事が繰り返された。

そんななか、当時の20代を表現していた最も代表的な言葉が、「新世代」と「X世代」だった。既存の発展主義的な世界観や抵抗運動ではなくて大衆文化そのものに没頭し、その価値を最も重要視する新たな若者世代、積極的な消費者である。その20代にとって大事なことは、消費や文化に対する自分の「趣味」を獲得することだった。これは独裁打倒や祖国の近代化といった絶体絶命の優先課題が存在しない1990年代において、新たなる戦線となる。ここで大事なことは、オリジナリティだ。階級的地位を誇示するために高級嗜好を持つことが重要なのではなく、一風変わっていて、自分を表現できる趣味を作り出せるかがカギとなったのだ。言い換えれば、歴史やイデオロギーに個人が規定されたり、拘束されたりしない時代において、自分で自分の存在を構築しなければならないという闘争だった。

趣味をめぐる闘争は、新世代にとっての文化の部族化という事態を生み出し、若者たちは趣味の共同体を形成しはじめた。まさにそのタイミングで拡大しつつあったパソコン通信が、全国に散らばる趣味の似た人間どうしをつなぎ、人々はパソコン通信を介して情報を共有して、趣味というものを学んでいった。当時はまだ開放されておらず、陰で共有されていた日本文化をはじめとして、映画、ゲーム、音楽などに細分化した同好会が誕生した。こうした文化部族たちが、韓国の大衆文化およびサブカルチャーの生産者と消費者を形成する最初の単位となった。

「オレがX世代だ？　自分のことを知っているのは自分だけ！」。男性用の化粧品の広告で、「X世代」という名称が初めて登場した以後、その言葉は新世代と同義、あるいはそれに取って代わる概念として使用されるようになった。このコピーでも、新世代のオリジナリティへの渇望が表れている。加えて、新世代は理由を問おうとしなかった。

何かの背景や文脈をことごとく説明する態度は人気を得られなかった。代わりに判断の重要な基準に取って代わりつつあったのが、第一印象や気分だった。
　そして、何よりもその第一印象や気分を判断するのに最も大きな役割を果たすのが、外見だった。新世代は自分を表現できる外見の演出に本気で取り組んだ。それをよく表現しているのが広告イメージだ。広告研究者のイ・グィオクによると、1970年代から1990年代までに広告に登場した男性イメージを調べた結果、1970年代は「身体的に強い男性」、1980年代には「成功した／著名な男性」のイメージが最も優位だったのに対し、1990年代には「見た目を整えている男性」のイメージが主流となる。イ・グィオクはこれを、1990年代に入り、かつての成長一辺倒の価値観ではない多様な価値観が台頭して、伝統的な性アイデンティティや性役割にこだわらない、伝統的な男性像とは違う方向で、見た目を着飾りつつ生活を楽しむ男性イメージが商品化されはじめたものと分析している。[*8]
　それまでの男のルックスの基準が「端正さ」や「男らしさ」といった最低限度に近いものだったとすれば、1990年代男性のルックスは、自分の個性をうまく表現できているかがカギとなった。大胆なアクセサリーの使用、ヘアスタイル、個性あふれる服が利用された。また、ルックスは居住地域や享受する文化によっても変わっていった。江南と江北のスタイルが異なり、ソウルと非ソウル、都市と非都市でスタイルが違った。ヒップホップ、テクノ、パンクロック、メタル、アイドル音楽、J－POPといった好

8＊　イ・グィオク「〈強い男〉から〈美しい男〉へ」、『メディア、ジェンダー＆文化』第22号、韓国女性コミュニティ学会（2012）、pp. 177–178.

みの音楽ジャンルによっても違いが生まれた。そんなふうにして、ルックスはその人のアイデンティティと見なされるようになった。

　自らの存在をもって男性性への本質的な疑問を投げかけた人たちも現れる。１９９３年、『国民日報』『中央日報』などで、同性愛をエイズが広がる主な原因であるとする刺激的な記事が発表されると、これに対応する形で韓国初の同性愛者人権団体である草同会《チョドンフェ》が結成された。草同会は、１９９４年に男性同性愛者人権団体である「チングサイ」④と女性同性愛者人権団体である「キリキリ」⑤の発足につながり、その後、延世《ヨンセ》大学校社会学科大学院生だったソ・ドンジンらがカミングアウトをすることで、同性愛はオフィシャルな社会的イシューとなった。*9

　なかでも、より注目を集めたのは男性同性愛者、ゲイの運動だった。それは、彼らが社会通念で言われている、女性のような、あるいは女性化された（去勢された）男ではなく、精神障害者や変態性欲者でもなく、資本主義（あるいは共産主義）の病弊でもない別の存在であると知らせた。また、ゲイは人類のなかでつねに一定の割合を占めており、その歴史が非常に長いという事実も明らかにした。ソ・ドンジンは「彼らはまったく異なる人生のアイデンティティを持つ人々だ。家父長制とそれが生み出すさまざまな権力関係の中で、女性とともに最も抑圧されている」*10と綴っている。

　同性愛者人権運動は、単に性的少数者への差別是正だけに関心を払っていたわけではなく、社会で当然視されすぎている「異性愛」自体についても疑問を呈した。法はもち

訳④　「友達の仲」という意。

訳⑤　「（仲間）同士」という意。

9＊　イ・ビョンリャン「韓国の性的少数者人権運動の展開と政策的対応——仮説的議論」、『政府学研究』第16巻第2号、高麗大学政府学研究所（２０１０）、pp. 22-23.

10＊　ソ・ドンジン『誰が性政治学を恐れるのか』、文芸マダン（１９９６）、p. 133.（カン・ジュンマン『韓国現代史散策１９９０年代編３』、人物と思想社（２００６）、p. 154から再引用）

11＊　「特にソ・ドンジンは、１９８０年代のマルクス主義に基づく韓国リベラル政治の盲点を再構成できる問題設定として、フェミニズムとゲイ政治学を核に据えた性政治学を主張する。この際のセクシュアリティは、フェミニストたちが発展させてきたジェンダー（gender）の下位レベルの問題ではなく、それを中心に階層化された権力関

ろんのこと日常生活レベルでも、男女が出会って結婚をし、子どもを持つことが標準で、かつ正常のように見なされること、すなわち、異性愛者の夫婦の閉ざされた寝室がすべての性規範の標準とされることへの問題提起だった。*11

同性愛者人権運動が提起したセクシュアリティの問題により、いわゆる性的少数者への差別や抑圧について考える新たな地平は開かれた。だが一方で、同性愛運動は激しい「ホモフォビア」の壁にもぶちあたった。カミングアウトした同性愛者たちに対する脅迫や暴力沙汰はひきもきらず、マスコミも、エイズ拡散の主犯であるとか、退廃的な性文化の産物として彼らを追いつめつづけた。宗教界では、同性愛者の存在を罪悪視するだけでなく、異性愛者に変化させられるといういわゆる「転換治療」を喧伝して、家族によって無理矢理祈禱院などへ連れてこられた同性愛者を虐待した。

同じ時期に、いわゆる「自己啓発する主体*12」も本格的に登場している。社会的に何の心理的負い目も感じずに、経済的な成功を目標にする人々が現れはじめたのだ。「TOEFLとTOEICでいい点数をとり、英会話教室に通い、それでも足りなければ長期語学研修に行って、学力インフレ現象にブツブツ文句を言いつつも成績のキープに余念がない、昨今よく言われる『スペック作り』に夢中な」人たちだった。*13 そうした人々は、自身を労働者ではなくクリエイティブな人材や企業家とみなし、資本主義での主体になりたがった。実際のところ、こうした態度こそが前の世代に最も期待されていた新世代のあり様なのだが、とはいえ彼らは、別に前の世代に気に入られたくてそうした道を選

係が存在する独立した概念として意味を持つ。セクシュアリティとジェンダーが交差しながら作り出す権力の地点、たとえばジェンダー権力関係的性が存在するし、フェミニストたちはこうした次元の問題を分析してきた上に、今後も分析の必要があるが、と同時にそれだけではないセクシュアリティの権力関係が存在するということである。たとえば、同性愛者の非可視化と抑圧は、ジェンダー権力関係の問題ではなく、セクシュアリティ権力関係の問題として捉えるべきだということである」（キム・ヒョンギョン「『文化』概念と『性差』関連概念に関するいくつかの考察——１９９０年代以降の韓国社会における『フェミニズム文化研究』を中心に」、『民族文化研究』第53号、高麗大学校民族文化研究院（２０１０）、pp. 205-206.）

12＊　詳しい内容は、ソ・ドンジン『自由の意思自己啓発の意思』、トルベゲ（２００９）をご参照いただきたい。

んでいたわけではない。サラリーマンや判事・検事になりたがったのではなく、能動的かつ主体的に、新しい資本主義の一員になろうとしていた。特に株式と広告の業界は、新しい資本主義の訪れを告げる代表例として脚光を浴びた。若者は社長ではなくCEOになろうとし、経営学と自己啓発本が人気だった。給料を貯めてマイホームを買うより、ハイリスク―ハイリターンを狙うギャンブラーのマインドに人気が集まった。

こうした世代の多面化が進むなか、社会経済的な格差はしだいに広がっていく。そして、その亀裂音はさまざまなところから上がった。その代表とも言えるのが、社会を驚愕させた「至尊派」事件である。韓国社会は、1994年秋のあるニュースによって、至尊派の存在を知らされた。20代男性数人と、あとから加わった女性1人で構成されるこの組織は、通常の暴力集団ではなかった。至尊派の目的は、金持ちの殺害である。「金持ちを憎悪する」「10億集まるまで犯行を続ける」「裏切り者は殺す」「女は母親でも信じるな」といった行動綱領のもと、何件もの事件で殺人、強姦、強盗、拉致、死体遺棄など、ほぼすべての凶悪犯罪に手を染めた。アジトの地下には、監禁施設や遺体処理のための焼却施設があり、単に練習のために人を殺害することさえあった。監禁されていた女性が脱出に成功したことで検挙され、犯行への関与が薄かった女性1人[14]を除く全員が死刑判決を受け、1995年11月2日に刑が執行された。皮肉なことに、至尊派は、公言していたような金持ちや「いい思いをしているヤツら」をひとりとして殺すことができなかった。至尊派による犠牲者は、平凡な20代会社員、元至尊派組織員、カフェバ

13＊　イ・ジェウォン前掲書。

14＊　この女性は組織員のひとりと交際しており、「家事をやらせるために」関与を余儀なくされたといわれている。

ンドマスターなどであり、そのうち最も「金持ち」なのは中小企業社長夫婦だった。

至尊派は、自らを社会的格差の産物であると主張した。当然ながら彼らの犯行は、ほかの類似の事件とくらべても、けっして一般化できるものではなかった。これがもし1980年代だったら、至尊派の怒りは場合によっては「階級意識」といったものへと昇華されたかもしれない。しかし1990年代は、下層階級への負い目や義務感が相当薄まっていた。おまけに不動産投機による富裕層が急増し、チャンスをつかめなかった人間は負け犬扱いされるような時代である。謙遜は昔の美徳、自分が手にしているものはもちろん、手にできなかったものまで見せびらかして自分をアピールするのが、新しい時代のルールだった。ゲームに参加すらさせてもらえなかった者たちの目に、それがどれほど輝かしく映ったかは想像に難くない。

至尊派は1990年代の下層階級の男性が挫折したために逸脱した、最も極端なケースだと言えるだろう。女性への嫌悪を表にさらけ出していた上に、強姦を繰り返した点でもそうだ。富（10億ウォン）とセックス（ヤタ族）を自由に享受できるというのが、至尊派が想定していた上流階級の人生であって、彼らはその状況に抵抗したのではなく、そんな人生を営めない自分たちの境遇に憤っただけなのである。結局、至尊派がしたことは、自分たちと同様か、あるいはさらに劣悪な立場にいる社会的弱者を踏みにじることだった。

1990年代前半の男性にとっては、1987年に1度、さらに1991年5月の闘争で1度、最後に1996年の延世大学事態[*15]に1度、と繰り返されたイデオロギーと闘争の時代の終結が、スタートラインとなっている。そうして彼らは、各々のやり方で自ら存在を証明せよという使命を抱いて、さまざまな方法で男性性を変奏させていった。しかし、1980年代という重圧感から完全に抜け出せず、イデオロギー闘争はしないものの、民族主義や国家主義といったイデオロギーをあっさりと受け入れることで前の世代との妥協を図ろうとした。ヤングフェミニストが登場し、反性暴力運動⑥を展開するなどして積極的に時代に物申していた女性たちにくらべて、男性たちが妥協的だった理由は、既存の体制が、依然男性のほうに恩恵が多いものだったからである。時代が変わったとされている1990年の出生性比は116・5、1995年には113・2になった。それは、息子を産むための妊娠中絶が韓国史上最も多かった時期と重なる。つまるところ、1990年代の自由は息子たちのためのものだった。娘たちはミリタリールックにミリタリーブーツ、メタリックメイクで武装し、時代に立ち向かおうとした。しかし、そのような状況に対して完全に超然としていることも、超然としたふりをしないこともできない板挟み状態になって混乱に陥った。

もっとも、この自由の甘い夢はたちまち崩壊する。1997年、ノストラダムスが予言した「空から恐怖の大王が降りてくる」時までには、まだ2年ほどある、ある日のことだった。

15＊　1996年8月14日、延世大学では韓国大学総学生会連合（韓総連）の主催で祖国統一汎民族青年学生連合（汎青学連）の統一大祝典行事が開かれた。警察は大規模な兵力やヘリコプターなどを動員して大学を封鎖。これに学生らが強硬対応した。約1週間にわたって延世大学一帯で起きたこの事件では5848人が連行され、462人が拘束された。政府の強硬な対応とマスコミの大々的、かつ悪意のある報道、デモ隊の激しい応酬などにより、学生運動に対する世論が急激に悪化し、学生運動における最後の巨大組織だった韓総連の実質的な崩壊につながった。学生運動の没落を代表する事件と評価されている。

訳⑥　1980年代から始まった運動。性的暴力が女性の人権を侵害する犯罪行為であることを知らせ、法制化のために活動を行った。

うなだれている男——ＩＭＦ通貨危機と「男性性の危機」

　１９９７年11月21日の真夜中、韓国政府は通貨危機の解決をはかるため、ＩＭＦから資金支援を受けることになったと発表する。続いて、そのためにはＩＭＦが提示した構造改革を行うとした。政府の説明によると、韓国の外債は１５００億ドルなのに対して外貨保有高は40億ドルにも届かず、したがって、資金支援を受けられない場合、事実上の国家の不渡り宣言と変わらないモラトリアム（支払猶予）を宣言しなければならない状況というのだ。これが朝鮮戦争以来の最悪の国難とされる「１９９７年の通貨危機」、通称「ＩＭＦ事態」の本格的な始まりを知らせるシグナルだった。

　翌１９９８年、韓国の経済成長率はマイナス５・１％を記録する。大企業30社のうち17社が倒産し、１９９８年だけで１２７万人が職を失った。失業者数は前年度より約３倍増の１５０万人に上った。株式市場も約半値まで暴落した。１９９５年には１２００ポイントにまで達していた総合株価指数（ＫＯＳＰＩ）は、１９９７年12月に４００ポイント、１９９８年６月に２８０ポイントまで下落。１ドル＝８００ウォン程度だったウォン相場は２０００ウォンに届く勢いで、留学生や大学生らは休学を選択した。男性の場合は軍に入隊するケースも多かった。志願入隊者がいきなり押し寄せたせいで、入隊を数か月間待たなければならないケースも出てきた。住宅価格と伝貰《チョンセ》⑦保証金が暴落し（それぞれ12・４％、18％の下落）、金利は暴騰した。＊16

訳⑦　韓国特有の賃貸システム。契約期間中に一定金額を保証金として預け、部屋を借りることができる。

16＊　「20年前、ＩＭＦ事件を経験した韓国の驚くべき7つの風景」、『ハフィントンポスト・コリア』、2017. 11.21.

１９９０年代前半の自由を熱望する空気を後押ししたのは、経済が成長中であること、または今後も成長しつづけるだろうことへの信頼だった。しかし、その熱望の空気はいわば「木っ端みじん」になった。早期退職とリストラで、一瞬にして職を失った人があふれかえった。大企業17社の倒産は、下請けの中小企業の連続倒産も招いた。路上に暮らすホームレスが急激に増加した。ホームレスは、１９９８年９月に３０２０人、12月に４５００人、１９９９年９月には６０００人にまで膨れ上がった。[*17] 離婚率も大幅に上昇する。１９９８年には前年比27・６％増加で（11万６３００件）、１９９９年にも同様のレベルが続いた（11万７４００件）。自殺も相次いだ。１９９７年、人口10万人当たり13・１人（計６６０８人）だった自殺率が１９９８年18・４人（計８６６２人）に増加したが、１９９９年にはやや減少して15・０人（計７０５６人）という割合になった。

「男性生計扶養者」モデルは打撃を受ける。失業した父親たちの話が連日ニュースに流れ、ドラマや映画のようなメディアで題材にもよく使われるようになった。だが、構造改革の嵐の中で最も大きな打撃を受けたのは女性たちである。女性の失業率は１９９８年に５・７％の過去最高を記録し、翌年１９９９年には５・１％になった。そこにあった理屈は、未婚女性は父親に頼るか結婚すればいいのだし、既婚女性は夫の稼ぎがあるから問題ないというものだった。男性生計扶養者モデルが機能不全の状況に陥っていたにもかかわらず、依然社会は、「家長」を守るための努力を重ねていた。[*18]

これとあわせて浮上してきたのが、「かわいそうな父親」をめぐる言説である。すな

17＊　「ホームレス、ＩＭＦの時より増加——今年６０００人　１年前の２倍」、『中央日報』、1999.9.14.

18＊　「当時の大統領直属女性特別委員会の資料（「女性解雇の実態と政策課題」、１９９９年）によると、ＩＭＦによって失業した多くは「３００人以上の事業所で働く20代の事務職女性」だった。そして、事務職での解雇などによる非自発的離職率は、男性９・７％、女性43％だった。女性事務職でリストラされた人の割合も１９９７年下半期の13・４％が1年後には43・７％に増加した」（「バンダの疾病貫通記」あなたの苦労と犠牲に慰めを……）、『イルダ』、2017.11.20.

わち、父親たちは今まで一家を養うために家族との時間を過ごせず、昼となく夜となく苦労しっぱなしだったのに、通貨危機による経済的な打撃で、プライドの最後の砦である経済的な役割さえ果たせない危機に追い込まれている、というものだ。だからこそ、この危機において、妻子はそれまで献身してきた父親の苦労をたたえ、尊敬し、愛情を見せることで父親たちの威信を高めなければならないと。

お金を稼ぐばかりで使うことはできなかった父親、家族のために人生の楽しさをすべて棚上げにしてきた父親、会社では激務と過労とプレッシャーに苦しめられ、家庭では心理的な他人とさして変わらない父親など、さまざまな父親像が登場した。そして既婚女性に与えられた至上命題が、そんな夫たちのメンツを保ってやることである。「男性―稼ぎ手、女性―専業主婦」という性別役割分業体系のもとで、経済危機とはすなわち、父と夫の危機と等価の概念だったのだ。

「メンツを保つ」ための大まかな内容は、夫の経済的負担を減らしつつも、それによって夫が萎縮したり、負担感を抱いたりしない方法を選び、夫の自尊心を持ち上げてやることだった。妻に求められる役割は、強靭で犠牲的な母親、夫の心強い友人、家庭内で重大な責任と権限を持つ権力者、夫の内面の傷を癒す治療師といったものなのである。[*19]

夫のメンツを保つというのは、おそらく通貨危機という経済危機を招いた原因、その実質的な解決策から最もかけ離れたアプローチだったはずだ。にもかかわらずそのアプローチが脚光を浴びたのは、取り得る手だての中で最も「安価」だったからである。

19＊　パク・ヘギョン「経済危機における家族主義言説の再構成と男女平等言説の限界」、『韓国女性学会』第27巻3号、韓国女性学会（２０１１）、pp. 90–91.

と同時に、既婚女性がそうしたアプローチをある程度自発的に受け入れていた背景には、危機からリアルタイムで与えられた教訓が骨身にしみていたからと思われる。すなわち、生存というのは個々人の役目であって国家は何の手助けもできないため、そんな状況下で生存可能性を最大限上げられる手段を見つけなければならない、という教訓だ。大量リストラが断行され、女性が得られる職が限られている上に、そうした職さえしだいに減っていく状況の中で、家族単位での結束を図ろうとすることは、まったく不合理な判断でもなかった。

（中略）韓国社会の論壇における経済危機への態度は、危機を情緒的なものとしてとらえる情緒化 emotionalization、危機を主として男性問題化し（男性化）、と同時にその責任を女性に転嫁させる（女性化）ジェンダー化、経済危機を社会的または公的な問題としてとらえるのではなく、家族問題という一次的な問題として見る家族化 familialization ／私領域化 privatization の性格を帯びた。

そうした言説の変化は、家族主義の再生産または再構成のプロセスでもあった。ようするに、韓国の新自由主義的資本主義の秩序の中で家族の連帯を強化し、それを情緒的にサポートする観念が形成されたと結論づけられる。家族主義の言論は性別役割分担を正当化し、夫と家族のための心理的な治療師のポジションが付与された女性像を、情緒的なものでラッピングした。家族主義は経済危機による生活への脅威と不安定さに対する処方箋として生産され、流通されたのだ。[*20]

生存における物質的、情緒的基盤としての（核）家族は、通貨危機以前から存在したが、危機によってある部分強化された。これに関連して、通貨危機後に急増した、「子どもを殺害後の親の自殺」[*21]は、ひとつの示唆を与えてくれるだろう。これまでマスコミ等で「家族道連れ自殺」「子ども道連れ自殺」などと呼ばれてきたこの惨劇は、親が幼い子どもを殺害後に自殺することを意味し、すでにその名称からもわかるように、マスコミと社会が、そうした事態を非常に温情的な目線で取り上げてきたことがわかる。つらく困難な人生を歩んできた両親が、自分の死後に子どもが経験するであろう苦痛に耐えられず、自分の手であらかじめ子どもの命を絶たせると解釈しているのだ。

これは、韓国社会で長い間続いてきた家族主義的な危機対応の最も行き過ぎたケースである。もちろん、ここでの根本的な原因は、社会的なセーフティネットの不在によって、生存がもっぱら家族という単位にのみ委ねられている状況にある。人類学者のイ・ヒョンジョンは、韓国におけるこの種の無理心中事件の特徴を3つに分析している。第一に、主として社会経済的な地位が低く、周囲からの支援を受けにくい階層でおもに起きていること、第二に、従来そうした殺害―自殺にとられていた「子どもを所有物と考える文化」という解釈よりは、子どもを1人残すほうが「無責任な」行為と認識されていること、別な言い方をすると、子どもの生存はもっぱら親の責任であると考える面が

20＊　前掲書p. 97.

21＊　イ・ヒョンジョン「〈親―子ども道連れ自殺〉を通して見る東アジア地域の家族観念――韓国、中国、日本社会についての比較文化的アプローチ」、『韓国学研究』第40集、高麗大学韓国学研究所（2012）、p. 189.

より大きいこと、第三に、その原因が、社会によって付加される家庭内性別役割分業によって変わってくること、である。[22]

このうち3つ目の分析をより詳しく見ると、子どもの無理心中がより頻繁に発生するのは「母親」の側で、これは、子どもの養育や生存の責任が母親（特に生みの母）にあまりに集中しすぎている現在の韓国社会での家族像が反映されている。つまり、母親という立場からすれば、子どもを残して死ぬのは子どもにとって苦難だろうから、一緒に死んだほうがいいはずという心理的なプロセスをたどることになるというのだ。一方、「父親」たちが子どもの無理心中を選ぶ最大の理由は「妻の不在」である。これは、父親にとって不慣れな子育ての義務が降りかかる苦しみと、家庭を維持できなかった家長という権威の失墜を、同時にもたらす事件として認識される。最終的にどちらも、「母親をなくした子ども」という状態に耐えられない両親の独断的な選択の結果なのである。[23]

うなだれている男たちへの同情論の延長線上では、「父―新派文学」が人気を集めもした。最も代表的な作品は、小説家の趙昌仁《チョ・チャンイン》による『カシゴギ』⑧とキム・ジョンヒョンの『父のいた日々』⑨である。『カシゴギ』の父親は詩人だが、全盛期の面影はない。離婚した妻との間の息子は白血病を患っている。父親は息子の治療のために自分の臓器を売ろうとするが、自分もがんにかかっているとわかると、角膜を売って息子に手術を受けさせる。その後前妻のもとへ息子を送ってから死を迎える。『父のいた日々』の父親は、公務員として家族の世話をする暇もなく働くが、家では浮いた存在で、やはり末

22＊ 前掲書 p. 201.

23＊ 前掲書 pp. 220–221.

訳⑧ 邦訳：金淳鎬訳、サンマーク出版（2002）。

訳⑨ 邦訳：金重明訳、ソフトバンククリエイティブ（2005）。

期がんを宣告される。のちに病気のことを知った家族は父親との和解を試みるが、父親は強まる痛みに耐えられず、結局、友人である医師に頼んで安楽死という道を選ぶ。

両作品はいずれも、父親の死を通じて隠れた父性愛や家族からの父親の疎外を描いている。家族は父親の死後にようやく気持ちを理解し、遅ればせながら父親を悼み、後悔する。面白いのは、この父親たちにそれぞれ愛人がいることだ。『カシゴギ』の父親には、最期を看取ってくれる女性の後輩がいるし、『父のいた日々』の父親には、家族からは得られない慰めを与えてくれる飲み屋で働く若い女性がいる。どちらも、家族の目には映りえない父親の魅力や人柄に気づいてくれる若い女性であり、余命宣告を受けた中年男性とすすんで恋に落ちる。そうしたファンタジックな存在に投影されているのは、むしろ父親たちの欲望だろう。それは、子どもと妻から敬われようとするのはもちろん、家の外でも若い女性たちから愛されるほど魅力的な男でありつづけたいという欲望なのである。

こうした欲望が言わんとしているものは、父親という存在が抱くと想定されている「寂しさ」だ。父親は寂しい。生涯を家族に捧げ、経済的責任を背負ってきたものの、扶養する家族には認めてもらえず、空回りばかりしているからだ。成人した子どもたちは父親をうるさい年寄り扱いし、妻は無能力で外をうろついている存在としか思っていない。だから父親たちは、仕事帰りに友人や同僚と居酒屋をはしごしてホステスに冗談を言う。だが、そうした父親たちが家族と真剣に言葉を交わしたり、妻の話に耳を傾けようとしたりすることは一度もない。なぜなら、父親は不器用で愛情表現が下手な存在だから。それでも、家族を思う気持ちだけは誰にも負けない。これが、いわゆる「寂しい父親」の、標準的な設定（?）である。

とはいえ、すでに何度も確認してきたように、男性の生計扶養者と女性の専業主婦で構成される完全な中産層家族の形成は、韓国社会のごく一部にのみ許されるものだった。実際は、女性もなんとか家計の助けとなる労働をしなければならなかったし、何よりそうした経済活動の有無とは無関係に、育児と家事というとてつもない労働が、もっぱら既婚女性の役割として振り当てられていた。父親のように夜の街をさまよいながら寂しさを訴えることなど、母親たちには一度も許されなかった自由である。母親は、朝早く起きて朝食を作り、家事の合間に子どもや夫と連絡をとりながら家族の絆を深め、それを守ろうと努力する。一方父親は、こうした努力をせずに、自分への尊敬が家族から自然に湧き出ることを求める。そんなふうだから、自分たちを「稼ぐ機械」と嘆く父親たちの愚痴は、まるで意味をなくしていくのである。そもそも自分自身が、お金さえ稼いでくれば、あとはどうにでもなると思っているのと同じなのだから。

父親が家族から疎外されるのは、家族との絆を深めながら人生を築いていくプロセスから外れているためである。そしてほとんどの場合、父親たちは「そういうのは苦手だから」と言いわけをする。しかし、母親たちも家事と育児の能力を持って生まれるわけではない。それが可能になるのは、同じ経験を繰り返し、学習を重ねるからである。生活を維持し、衣食住を整えて、家族の絆を深めるという能力を養えないことは、父親に多大なる打撃を与える。前述したとおり、父親による子どもの無理心中の最大の原因が妻の不在であることは、妻を失った悲しみではなく家庭を維持できなかった屈辱感、さらに、そうした日常を維持するための能力の不在が大きな要因として働いているだろう。また、近年韓国で増加している50代男性の「孤独死」も、より低賃金で劣悪な環境に置かれた単身女性の場合にくらべ、より頻繁に発生している。厳密に言えば、不在によって自身の存在感を誇示するのは、父親ではなく母親のほうである。配偶者との死や別れによって誘発されるストレスの度合いは、女性より男性のほうがはるかに高い。２０１６年現在、配偶者と離婚した男性の死亡率は、既婚男性の死亡率より２・７倍、死別した場合は４・２倍高い数字となっている。*24

いずれにせよ、男性生計扶養者―家長への半世紀にわたる妄信には、取り返しのつかない亀裂が生じていた。それによって生まれた新たな問いが、お金を稼いでこられないなら、父親とはいったい何なのか、というものだった。もちろんそれまでも能力のない男がいなかったわけではない。しかし、ＩＭＦは無能な個人の逸脱ではなく、韓国男子という概念的存在の無能ぶりを露骨なまでに浮き彫りにした事件だった。韓国社会で初めて、男という存在そのものに疑問が投げかけられたことになる。

ようするに、男性も変わらなければならないという自覚が芽生えはじめていた。変化の兆しは１９９０年代初頭からあった。韓国発の男性運動の特徴は、「良き父親」にな

24＊　チェ・チャンフン「婚姻状況による増額年金保険導入の検討」、『高齢化レビュー』第4巻第2号、保険研究院（２０１６）、pp. 30–35.

ることに目標を置いていたことだった。１９９２年「良き父親になりたい人の集い」、１９９５年「平等な文化を育む男性の集い」、１９９７年「韓国男性の電話」「韓国父親の集い全国連合」「ＮＧＯ父親財団」といった団体が結成される。１９９４年に乳幼児保育科の教授チョン・チェギが男性学関連の文献を紹介し、その後１９９７年には「男性学研究会」を結成した。*25 １９９８年には男性学関連の書籍が出版市場で注目を集め、それらの本は「女性学でなされる問題提起や挑戦を批判的に受容している男性学の本は、男性が背負わされたものが、女性のそれと同じくらいに手ごわいという素朴な主張*26」が書かれていると評価された。

２００７年に出版された男性学関連の本では「韓国の男性運動は元来、家庭での権威を失墜した父親への対策、つまり家庭内での父親の地位向上と役割の回復を目的として誕生したものである。そして、その具体的な方法としては、『家庭で育児に参加すること』に重点が置かれていた*27」とまとめられている。つまり、韓国における男性学／運動の始まりは、父親が家族の一員としての役割を固めるためのものであって、その中心とされていたのは子どもとの関係構築および育児（家事）への参加だった。そこに、社会で直面する困難への訴えが追加される。西欧のケースで見たように、フェミニズムが提示した家父長制という問題意識をより押し広げて、男性も、恩恵を受けるだけでなく家父長制の被害者なのであり、男性に与えられた社会的役割、中でも特に経済的責任を果たすことへの期待やプレッシャー（いわゆる「稼ぐ機械」）が、男性にとっての大きな抑

25＊　「女性学を批判する視線」、『女性新聞』、2007.7.20.

26＊　「歪んでいる男性らしさの呪縛から抜け出す——男性の目から男性社会の抑圧構造を掘り下げた男性学の関連書籍が増加」、『出版ジャーナル』第２２９号（１９９８）。

27＊　チョン・チェギ他『フェミニズムに対する男性学と男性運動』、図書出版ウォンミ社（２００７）、p. 48. この本の構成は非常に興味深い。前半部はよくある教材用の学術書的な論の展開を見せているが、後半部では著者のうちのひとりが書いた意義を測りかねるコラムが無秩序に並べられている。そこには、前半部で展開されている常

圧になる、とした。

　草創期の韓国の男性学は、家族と社会の双方から脅かされる男性に、それなりにバランスの取れた観点の分析を提示していた。たとえば「男性学は女性学に対抗しながら男性を擁護するものではなく、女性問題とコインの表裏のように不可分な男性のあらゆる問題について研究すること」*28という主張や、「家父長的な社会においても権力は少数の男性だけに与えられるものなのであり、その他大勢の男性は享受することができない。（中略）女性には権力を持つチャンスが与えられなかったために、女性は自らの境遇を家父長的な社会のせいだと言うこともできるが、男性は自らの能力のなさを責めるほかない。そして自分の無能ぶりへの劣等感や挫折感は、弱い立場の人、特に女性への攻撃や抑圧を生みもする」*29というような観点は、現在でも示唆に富んでいる。とはいえ、韓国社会での男性学は当初から、家父長制を厳しく批判するというよりは、その中で主流になれなかった男性たちの味わう困難に重きを置いていた。建国以来、韓国社会で「人間」と言えばただもう男しか意味しなかったのにもかかわらず、「男だって人間だ」と主張するのと変わらなかったのである。結局、韓国での男性学は１９９９年の軍加算点の違憲判決に前後して、アンチフェミニズムと同義にまで転落してしまう。

　男性学ではなく、男性―フェミニストという聞き慣れないアイデンティティを訴える人も出現した。１９９７年に出版された『私は男の体に閉じ込められたレズビアン』は、メディア批評家兼編集者で、パソコン通信などで論客として活動していたピョン・ジョ

識的な内容とは違って、フェミニズムに対立する逆差別な理論が提示されている。実際のところ、韓国で男性学は学問的にも思想的にも発展することができず、ほとんどがこの本の後半部で提示されるような主張が主流となっている。

28＊　前掲書 p. 118.

29＊　前掲書 p. 133.

ンスの人文書である。ピョン・ジョンスは、自身が異性愛者の男性であるにもかかわらず、「私は男性を嫌悪する」と宣言する。なぜなら「女性がただ女性というだけで、これほど恐ろしい現実を経験しなければならないように、男性は男性であるが故に、そうした現実にけっして公正な態度をとることができない」からだ。だから「私がもし女性になれるのなら、女性だけを愛するレズビアンになるだろう。もちろん残念ながら私は女性ではない。したがって『男の体に閉じ込められた』レズビアンなのである」と書く。[*30]

政治学者のクォン・ヒョクボムも、自らのアイデンティティは男性フェミニストであるとした。彼はかつて、韓国社会の男たちを次の4つのタイプに分類している。「第一に、ごく少数の、もしかしたらひと握りにもならないフェミニストがいます。第二に、露骨な性差別マッチョがいます。第三に、何も考えずに家父長的な文化を自分の考えとして受け入れている大多数の人々です。第四に、女性学を学び、男女平等がどんなものかも知っているのに、相変わらず男性優越主義的な男です。この4番目のタイプが最も危険です」[*31]

男性フェミニストたちはごく少数であり、そのほとんどがインテリだった。活動領域はマスコミや出版界における議論の場で、まれに女性団体などで活動家として働く人たちもいた。しかし、男性フェミニストというアイデンティティは広まることも、人気を集めることもなかった。女性のフェミニストたちからは、真意を疑われる、あるいは過剰に発言権を与えられたり関心を集めたりといった曖昧なまなざしが向けられ、男性か

30＊　ピョン・ジョンス『私は男の体に閉じ込められたレズビアン』、サムイン（1997）、pp. 8-9.

31＊　クォン・ヒョクボム『女性主義、男性を生かす』、もう一つの文化（2006）、p. 29.

らは裏切り者や敗北者扱いをされなければならなかった。また、家父長制という磁場で生きてきた男性たちが、女性の問題を完璧に体感できるはずもなかった。

いずれにせよ、経済危機とともに訪れた破局は、それが意図的なものかはさておき、男性性に変化を促した。変化のベクトルは、あるところまでは強制されていたと言えるだろう。ＩＭＦから示された構造改革案には、柔軟な働き方の増大が中核的な課題として含まれていた。これは整理解雇や早期退職といった安易な解雇が可能になることを意味し、派遣、下請け、パートタイムをはじめとする非正規雇用の増加を意味するものでもあった。なかには、一度リストラされてから、同じ会社に非正規職として戻ってくる労働者もいた。かつての同僚が復帰する姿に、不安を抱きつつも見て見ぬふりをするというケースも少なくなかった。

構造改革にともない、人間性への調整も行われた。危機から抜け出してグローバル経済秩序に適応するためには、新たな人間像が必要だというのだ。過労になっても与えられた業務を真面目にこなして、引退まで同じ職場に通いつづけていた父親―生計扶養者たちは、しだいに頭の痛い存在になった。クリエイティビティも、革新性も、チャレンジ精神もなく、年功序列の居心地のよさに胡坐をかいて、こんにちの危機を招いた共犯者とされたのである。

新たな人間は、柔軟で、新しい環境によく適応し、可変的でなければならなかった。労働の面で見れば、不安定な雇用に対して労働組合に加入して抗議をする人間ではなく、自分に高い値がつくよう交渉し、より多くの収入が得られるチャンスを作る（もちろんそういうチャンスは与えてもらえるわけではない）賢い個人にならなければいけない。そこには、かつて男性たちに求められていたのとは異なる、新しい内容が含まれていた。

多くの研究者は、新自由主義的労働の特徴を「女性的」であると説明する。その根拠に挙げられるのは、製造業が下火になって金融とサービス業が経済の中心に急浮上したこと、自動化によって身体的能力が労働に及ぼす影響が大きく減ったこと、コミュニケーション能力が労働者の重要なスキルとして浮上したこと、などだ。アジア諸国は、欧米より一歩遅れてそうした変化を迎えることになった。韓国でも、通貨危機以後の構造改革の過程で、チーム制導入、成果主義賃金制度の強化、年俸交渉制の導入などが行われた。ただし、韓国の大企業は「財閥」や「オーナー経営」といった特殊な形態があるために、完全な改革は叶わなかった。危機の中で韓国の大企業が気にかけていたのはオーナー一家の経営権保持や安泰であり、危機管理を口実にして全方位的なロビー活動を展開したり、秘密資金作りに走ることもあった。もっぱら労働の場でのみ、リストラやアウトソーシングといった大々的な「改革」が断行されたのである。

あげくに、新自由主義がジェンダーニュートラルで、その労働が「女性的」だからといって、新自由主義労働市場において女性にとってのハードルが下がるわけでもなかった。

海妻径子は、従来の日本の企業社会は、女性を「景気の調整弁」にして男性の正規雇用を守る「男同士の絆」によって支えられてきたが、近年では、「男同士の絆」に加えられる者の範疇が変わってきたのではないかと述べている。（……）つまり、新自由主義のもとで再編されつつある今日の企業社会は、再定義された「男らしさ」を達成できる一部の女性を「名誉男性」としてその中心へ引き入れつつも、そうした「男らしさ」を達成できないより多くの人々、すなわちほとんどの女性とますます多くの男性を周辺化しながら、依然として「真の男」による「真の男でない者」の支配を維持し続けている、と理解できるのである。[*32]

実際、韓国の状況は日本で起きたことと酷似していると言えるだろう。すでに説明した通り、構造改革の対象はおもに女性だった。また不適応者の男性も含まれた。通貨危機以後、女性の経済参加率が上昇し、一部は高いポジションに就くこともできたが、性差別が改善されたと判断するには難しい点が多い。性差別を改善する代わりに行われたのは、両極化のもとでの社会的な「再分配」だった。持てる者の物を分けるのではなく、持たざる者からさらに奪い取るという、「再分配」の本意とは真逆の方向で。

新自由主義がポスト家父長制的であったとしても、新自由主義はジェンダーに関わる社会的正義を追い求めるわけではない。新自由主義の政治は、正義にまったくもって

32＊　多賀太、前掲書 p. 38–39.〔原著 pp. 24–25.〕

関心がない（……）新自由主義は労働市場における脱規制を支持し、女性労働者の非正規職化を進めたし、女性がほとんどだった経済領域である公的部門での雇用を縮小させ、女性への所得再配分を行うための主な財源となった個人税を引き下げ、女性が労働市場で出世するうえで核となるルートだった公教育を圧迫した。＊33

1章で引用した『男の終末』の中で、著者のハンナ・ロージンは「こうしたライフスタイルでは、特に若い男性たちが（……）少なくとも社会的有用性という非常に伝統的な物差しに照らし合わせた時、役立たずの存在になる。そして残った女性たちがその残骸を拾うことになる」と主張した。しかし、米国以外の国々では、残骸を拾うことさえ不可能なケースが多かった。韓国での女性の非正規職率は、男性の約2倍にとどまりつづけている。新自由主義以降、女性たちはさらに貧しくなり、いっそう厳しい環境に置かれるようになった。没落するのは中間階級や下層階級の男女であり、「塵も積もれば山となる」を更新しつづけられるのは、自由となった世界を牛耳っている上層階級の男性と、ごくわずかの女性たちなのだ。

1999年109回世界メーデーを記念して全国民主労働組合総連盟（民主労総）が作成したポスターには、「雇用安定」と書かれた赤いベストを着て拳を掲げる男性労働者と、その後ろで子どもを抱く妻の姿が描かれていた。このポスターは、たちまちフェミニストからの大きな批判にさらされた。最終的に民主労総は「女性問題をめぐる、ポ

33＊ コンネル前掲書、p. 364.

スター作成側の不徹底な認識により、結果として女性労働者を差別してしまったことに深くお詫び申し上げる」という謝罪文を発表した。[*34] このポスターは、生計扶養者としての地位を脅かされている男性の境遇を生々しく見せる一方、構造改革の最大の被害者が女性であり、非正規職でも女性の割合がはるかに高いという事実を無視している。

1998年8月、蔚山《ウルサン》現代《ヒョンデ》（ヒュンダイ）自動車工場で、労組は36日間のストライキに入ったが、277人の整理解雇案に合意し、公権力を投入されることなくストライキは終了した。この277人のうちの144人は、工場内の社員食堂で働いている女性「全員」だった。それですら、社員食堂で働いていた女性労働者276人中132人が慰労金を受け取って退職した上での144人であり、労組はもともと、女性労働者276人全員と男性労働者1人を整理解雇者のリストに掲載予定だった。女性労働者たちはその後、労組食堂の下請け労働者として再雇用されたが、むしろこの整理解雇を皮切りに非生産職男性労働者など多くの労働者がリストラの対象になった。経営が正常化した2000年に労組と会社が行った解雇者復職交渉でも対象にされず、「食堂のおばさん」たちは労組を相手に取って断食闘争、剃髪、裸体デモなどの闘争を行った。しかし、結局のところ復職には至らなかった。ドキュメンタリー『ごはん・花・羊』（2001）では当時の状況が記録されている。「『ごはん』を作ってくれるおばさんたちが、闘争の『花』となり、ついに整理解雇の犠牲の『羊』となる」という意味である。[*35]

20世紀末の男性性はよろめき、もたついていたが、男性性の解体を招く危機にはなら

34＊ 「民主労総ポスターの『男性中心性』」、『チャムセサン』、2006.4.27.

35＊ 「『私たちは彼らのごはんじゃない』食堂おばさんたちの絶叫」、『ハンギョレ』、2002.3.25.

なかった。むしろ、環境の変化に合わせてどのような男性性を新たに作り出せるかに苦悩したというのに近かった。あるものは廃棄され、また修正されたが、男性性のヘゲモニー自体は解体されなかった。男性内部の分化が、生き返る者と死する者を新たに審判はしたものの、依然女性への抑圧や差別を変えようという試みは、男性内部からは生まれなかった。家父長制による負担は吐露しながら、家父長制をなくそうともしなかった。誰もが困難で苦しい中で女性を犠牲にし、弱者を保護する代わりに自身の境遇ばかり悲観していた。その結果、迫りくる2000年代の新たな男性―青年たちは、男性性への新派的な哀愁とフェミニズムへの反動で武装するのである。古色蒼然とした21世紀は、そんなふうに近づいていた。

4.5　ピンクの服をまとった男たち
メトロセクシュアルと新たな男性性？

1990年代を経て変化した韓国の男性性は、新しい可能性に出会うことになる。2003年から5年間、アメリカで放映されたリアリティショー「クィアアイ」[*1]は、異性愛者の男性の悩みを解決するためにファッション、ヘアとスキンケア、料理、インテリア、文化などを専門にする5人のゲイ男性の活躍を描いた内容だった。この番組は、韓国で紹介されるや大人気を博し、「メトロセクシュアル metrosexual」という概念を流行らせた。

メトロセクシュアルとは、イギリスの文化批評家マーク・シンプソンが1994年に新聞『インデペンデント』紙に寄稿した「ミラーマンがやってくる（*Here come the mirror man*）」で初めて登場した概念だ。シンプソンによれば、メトロセクシュアルとは「自身の見た目を整え、ライフスタイルにお金と時間をかける、美的感覚が優れた都会の男性」となる。時には、異性愛者の男性でありながらも同性愛者の男性の美的感覚とスタイルを模倣し、自らの内面と外面の両方を磨いている人々と定義されることもあった[*2]。

韓国の場合、外見に対する男性の関心は、すでに1990年代から着実に増大しつつ

1＊　ケーブルチャンネルで韓国に紹介された際のタイトルで、原題は“Queer eye for straight guy.”

2＊　メトロセクシュアルに対比されるものとして、伝統的な男性像のレトロセクシュアル（retrosexual）や、既存の男性の役割と視点を積極的に受け入れた女性であるコントラセクシュアル（contrasexual）があった。（カン・ジュンマン『世界文化辞典――知識のグローバル化のために』、人物と思想社（2005）、p. 201.）

あった。しかし、外見を磨く男たちへの偏見はなかなか消えず、いわゆる「ツバメ族《ジェビ》①」、詐欺師、男性性を持たない男性[*3]と認識された。とはいえ、メトロセクシュアルが流行して以来、若い男性が見た目を整え、ファッションに気遣うことは、一般的な現象となっていった。また、着飾りのほかに、感情表現を豊かにすること、関係を大事にすること、暴力的で高圧的な男性性から脱することが、メトロセクシュアルプロジェクトのひとつの軸となる。他にも、女性的なスタイルを積極的に取り込んで中性的なイメージを際立たせる「クロスセクシュアル cross-sexual」や、既存の男性性が持つ強靭さとメトロセクシュアルの柔らかさを掛け合わせた「ウーバーセクシュアル übersexual」などの概念も韓国へと紹介された。

　起源で見れば、そうしたメトロセクシュアルをめぐる論議には2つの異なる流れが結びついていた。ひとつは、男性性の危機論から姿を現していた、一種の家父長制「セラピー」である。家父長制は女性を抑圧するだけでなく男性をも抑圧しているし、ことに男性は、自分の感情的な面を表に出してはいけないとしつけられて育つ。それは感情を持つ人間としての男性を荒廃させ、不幸に陥れる。したがって、感情や親しみを表現する方法を学んで、より幸せな人生を歩まなければならないというものだ。

　もうひとつは不況である。2000年代の経済的変化は、すでに触れたように新自由主義をその中核に据えていた。そして新自由主義は、少なくとも表向きには極端な実用主義的スタンスを取っていた。男であれ、女であれ、白人であれ、黒人であれ、お金さ

訳①　財産のある女性に依存して生きていく男を指す言葉。社交ダンスを踊る時に着る燕尾服が語源という説と、ソウル・江南地域が開発された70年代以降に集まって来た男を、暖かくなれば戻ってくるツバメにたとえて名付けられたという説がある。

3＊　同性愛者も同様に分類された。

え稼いできてくれるなら何の関係もないというのだ。おまけに、産業構造が再編されて製造業や組織労働が崩壊し、サービス業と感情労働が重要視されるようになった。それまで男らしいとされた無骨さでは、もはや生き残れなくなったのである。したがって、生存のためには変化が必要とされ、その変化の中身には、やさしくなることや美しくなることが含まれていた。

とはいえ、西欧とは異なり、依然として性差別が根深い韓国社会において不況の男性化は起きていない。また、変化のほとんどはファッションやビューティー産業と結びつき、おしゃれな服やスキンケアにばかり集中した。ルックスを整えることは、自分を労わるというよりは異性を誘惑する手段のほうに近かった。同性愛者に対しての認識も、それほど変わっていない。つまり、そうした流れが最も多く作り出した新たな男性性とは、色とりどりの美しい服をまとったホモフォビアであり、女性嫌悪者だったのである。

5　悔しい男たち

軍《グン》オウ《ム》ム《セ》①の歌と悔しい男たちの誕生

2000年代の男性性の最大の特徴を挙げるなら、それは「自己被害者化」であるといえるだろう。1990年代末の外貨危機が男性の危機に置き換えられ、同時に作り出された「かわいそうな男たち」という修辞はその後も消えず、男性たちが自らの立場を説明する上で用いられつづけた。それが危機の真っただ中では「危機を克服する」という名分を持っていたのに対し、2000年代以降は、むしろ「男が被害者である」という図々しい主張の裏づけとして使われはじめた。そうした流れの本格的な幕開けを告げたのが、1990年代末から2000年代初頭にかけて激論が戦わされた「軍加算点論争」である。

1998年10月19日、梨花女子大学の卒業生5人と障がいのある延世大学の男子学生1人が、兵役を終えた者が7級以下の公務員試験を受ける際、5%の加算点を与えられる「軍加算点制」の憲法違反審査を憲法裁判所に求める。憲法裁判所は1999年12月23日、当該の制度が軍に入隊できない女性や障がい者の平等権と公務担任権を侵害しているとして、裁判官全員一致で憲法違反の判決を下した。

この判決は、激しい論争の火ぶたを切ることになる。パソコン通信とインターネット上の一部の男性たちは、憲法違反を訴えた5人の女性（障がいのある男性への糾弾はなか

訳① 군무새。何かと「軍隊」の話を持ち出す男子のことを揶揄する造語。

訳② 韓国で「五賊」といえば、1905年に日本による大韓帝国支配を認めた第二次日韓協定に賛同した5名の官僚を批判する「乙巳五賊」、また70年代に

った）を「梨花五賊②」と名付け、個人情報を探り、電話、Cメール、Eメールを使って罵倒したり、脅迫したり、性的なメッセージを送ったりした。また、憲法裁判所の判断を支持した女性団体も同じような攻撃にさらされた。軍加算点の廃止に賛同した男性は、「兵役義務の不履行者」や「免除者」などのレッテルが張られ、人気者になりたいばかりに女に媚びていると非難された。公務員試験を受けないほとんどの男性にとって軍加算点は意味がない、男性はすでに号俸や昇進などで軍服務による恩恵を受けており、軍加算点制は国家が男性の不満を鎮めるために使っている最も手っ取り早い方法にすぎない、という合理的な批判が軍加算点の廃止論者によって提示されたが、これといった効果はなかった。

　こうした事態の背景は、1997年に行われた大統領選挙にまでさかのぼる。新韓国党③の有力候補だった李会昌《イ・フェチャン》④代表の息子が、釈然としない理由で兵役を免除されたという疑惑が持ち上がったのだ。これが社会的な物議をかもした結果、李会昌は選挙で落選する。この事件は、徴兵制の歴史全般にくすぶっていた兵役をめぐる国民の疑いに火をつけた。悠久の伝統を誇る兵役不正疑惑は、大衆を、中でも兵役をすでに果たしたか、これから果たす予定の若い男子を激怒させた。その怒りを抑え込むため、政府は1998年に、7級以下の公務員試験⑤にしか適用していなかった軍服務加算点を、一般企業やすべての国家機関、さらには国家試験である5級公務員試験⑥にまで拡大すると発表した。

　経済危機のさなかにあった当時の韓国社会において、公務員は最後の砦となる安定し

詩人キム・ジハが韓国社会に蔓延した腐敗を批判した詩「五賊」が有名である。キム・ジハが腐敗の原因として挙げている五賊は、財閥、国家議員、高位公務員、将軍、長・次官だった。このことを考えると、「梨花五賊」という命名は、国家の根幹を揺さぶる存在というニュアンスが込められていることがうかがえる。

訳③　1995年に設立された保守政党。金泳三政権における与党。尹錫悦政権の与党「国民の力」の源流。

訳④　元国会議員。第15回、第16回の大統領選挙に出馬するも、それぞれ金大中、盧武鉉に敗れる。

訳⑤　日本の公務員試験の「国家公務員一般職」「地方中級」に相当する。

訳⑥　日本の公務員試験の「国家公務員総合職」「地方上級」に相当する。

た職種である。大学を卒業して、本来なら企業に入社したであろう人々も、企業の採用者数が減少したことで公務員へと転向した。その結果、競争率が上がり、公務員試験で満点を取る人が続出した。そこで突如ものを言うようになったのが軍加算点なのだ。5%の加算点が、合否のカギを握ることになった。そうした中、政府が今度は軍加算点制をすべての国家試験に適用すると発表したのである。もともと公務員は、差別によって一般企業に職を得て就労することが難しかった女性が選びうる、最良の就職先だった。したがって軍加算点制度の拡大は、すでにリストラの標的にされていた女性たちを労働市場から追い出すことに他ならなかった。

軍加算点の議論が性別間の対立に飛び火したことで論争の場から姿を消したのは、「就職権」や「平等な機会」あるいは「人権侵害」をめぐる問題だった。障がい者の問題から意図的に目を背けたのは、まさにそうした効果を目論んでいたためだ。議論のフィールドを男女間の問題にすり替えるこうした転移は、（経済危機にともなう）逆フェミニズムの波と一体になって*1、現行の徴兵制そのものへの問題提起や実質的な補償請求へと、そのエネルギーが波及するのを容易に妨げることができた。問題の焦点を労働市場ではなく「兵役を果たした者への補償」に集中させた議論の力は、あたかも加算点の存続を訴える勢力だけが軍隊経験への補償策を考えているかのように事態を糊塗し、それによって大多数の男性からの支持を取りつけ、また彼らの徴兵制への

1＊　バックラッシュのこと。本来の意味は、1970年代のアメリカで起こったフェミニズム第二波への反動として、1980年代にアメリカ社会の全域で吹き荒れた反フェミニズム的、反女性的攻撃を指す。詳しくはスーザン・ファルーディ『バックラッシュ』ファン・ソンウォン訳、アルテ（2017）〔邦訳：『バックラッシュ――逆襲される女たち』伊藤由紀子、加藤真樹子訳、新潮社、1994〕を参照されたい。

怒りが女性に向かうよう仕向けたのである。[*2]

これ以降、軍加算点制度の復活は、政治勢力と国防部が度々持ち出すカードとなった。国防部にとっては、これさえ持ち出せば他の実質的な補償措置への要求の声をすべて抑え込んで性別間対立に持ち込むことができる、「論点すり替え」のカードである。他方、政治勢力には、軍服務への補償に努力を傾け、安全保障を重視している政党／政治家という印象を与えられるポピュリズムのカードとなった。しかし、国防部と政党が死に絶えた軍加算点制を懸命に撫でまわし、若い男性たちがそれに同調して社会的な騒ぎを起こしている間に変わったところは何もなく、軍に服務した人々への実質的な補償議論は、依然として進んでいない。[*3]

その上、軍服務経験の有無でその人の道徳性を判断する「兵役制度の聖域化」が自発的に強化された。「良心的兵役拒否」⑦をめぐる議論が進展しなかった大きな理由のひとつは、韓国において「良心」というものは、道徳観念や廉恥と同じく、選択できるものではなく、軍隊に行かないと主張する兵役拒否者が「良心的」というのは、到底受け入れがたいことだったからだ。特に、兵役拒否は上流階級の兵役忌避や不正としばしば結びつけられる。これは、抵抗勢力が一度も兵役拒否を抵抗の手段としなかったこととも関連する。兵役を果たさないことは、すなわち腐敗した既得権層のふるまいなのである。それとは反対に、兵役を果たし、国を守るためあらゆる苦労をすることは、まともな

2＊　ペ・ウンギョン「軍加算点議論の形状と争点」、『女性と社会』第11号、韓国女性研究所（2000）、pp. 111-112.

3＊　韓国政府は一般兵士の月給を継続的に引き上げており、2024年段階で最高額の165万ウォン（兵長基準）まで支給する予定である。しかし、依然として最低賃金には届かず、その金額が18か月に及ぶ強制的な軍服務に対する実質的な補償となりうるかについては、いまだに疑問が残る。

訳⑦　宗教や倫理的な理由などによって兵役を拒否すること。この場合、軍刑法第44条「抗命罪」が適用され、3年以下の懲役に処される。

「国民」としての徳目であった。実際に上流階級の男性やその息子たちが、かなりの確率で兵役を果た「せ」なかったことが、そうした見方をさらに強固なものとしている。全国民が苦痛を平等に負担しなければならないという「苦痛の平等主義」が、兵役制度をめぐる認識において働いているわけだ。

もっとも、道徳的な怒りよりさらに内面的な事情がある。それは、良心的兵役拒否という例外を認めてしまえば、自分が流されるまま「連れて行かれて、戻ってきた」という事実が、余計に際立つことである。軍の改善を最も妨害している勢力は、女子大生でも女性団体でもなく、まさに予備役たちだ。彼らは軍での服務環境の改善や軍人の人権が認められるたびに反対意見を出す。表向きは、そうした措置が軍紀を乱し、軍隊らしからぬ軍隊にしてしまう、という理由になっている。しかし、その背後にあるのは、自分が耐えてきた苦しみがもはや不要なもの、または無価値なものに変わってしまうかもしれないという不安だろう。実際に、軍加算点制の賛否を問うアンケートでは、公務員試験の受験生を除き、軍免除者をはじめとする自営業や一般企業従業員のグループで、いずれも賛成率が低いことがわかった。また、20代前半までは兵役は損という意見が多いが、年齢が上がるにつれ、つまり、すでに就職している確率が高くなるほど、兵役経験は役に立ったという意見が増加した。*4

ようするに、不安が最も高まるのは兵役の前後や就活中といった青年期なのである。軍隊経験が就職後に役立つのは、組織がどう回るかを先行学習できたためだ。韓国の大

4＊　兵役経験が役に立ったかという質問に対し、就労者の場合の41％が役に立ったと答える一方で、未就労者の場合、40・7％が役に立たないと答えた。メリットとして最も多く挙げられたのは、組織適応力（46・9％）と忍耐力（29・5％）で、デメリットとして挙げられたものは、重要な時期に生じる人生の空白（48・2％）と就職遅延による経済的損失（16・0％）だった。アン・サンス「軍加算点の復活論争と男性の意識」、『フェミニズム研究』第7巻第2号、韓国女性研究所（2007）、pp. 321-349.

方の組織は軍隊という近代的な組織を土台にし、それの変形や拡張を重ねてきたものと考えて差し支えない。[*5] したがって、軍隊をモデルに設計された組織内では、徴兵制の下で軍隊経験をした男性たちが、性差別によって女性の管理職や経営者がほぼ不在の組織を率いつつ軍隊式の文化を踏襲していき、軍隊式の文化がそっくりそのまま組織の核になるという循環が持続してきたわけである。

そうはいっても、権力のない組織の末端や、組織に所属する以前の人々にとって、それはメリットとは見なしづらいだろう。もっといえば、結局すべての騒ぎの根幹にあるのは、軍隊での経験そのものなのである。のちにメリットとなるか否かはさておき、軍での経験は、韓国男子が最も大きく、広く共有する一種の集団的トラウマだ。なぜなら、韓国の徴兵制度は、人格をはく奪することを前提に設計されているからである。すべての男性は20歳になると「兵役資源」として分類され、徴兵検査を受ける。だが、検査プロセスへの信頼度は低い。徴兵対象者の多くは、兵役義務を遂行する上での欠格事由がないか必死に探すが、大体は1~2年後に徴集令状を受け取ることになる。入隊後の新兵訓練プログラムには、新兵を着実に一般社会から切り離そうという意図が強い。単に孤立させるのではなく、ある種の人間工学に基づいた「人間改造」に近い。訓練兵たちは、それまでの話し方、歩き方、食べ方といった人間の最も基本的な動作から、ガラリと変えることを求められる。それに早く適応できなければ、処罰と不利益を受けることになるが、それは所属集団全体にまで影響を及ぼす。軍から離脱するという選択肢が制

5＊　これは、男性構成員が少ない、あるいはほとんど不在の集団（女子大、看護師集団など）においても、軍隊式の文化が存在することから類推可能だろう。

限されている中、自らの不適応や無能力が他の構成員にまで悪影響を及ぼすというのは、深刻なストレスを引き起こさざるをえない。逆の立場で考えれば、自分の能力がいくら優れていても、他人のミスによって不利益を被りかねない構造でもある。これは、個人の能力より作戦を正確に遂行できる集団の能力を重要視する、軍という組織の特性が反映されたものだ。しかしこうした環境では、いわゆる「顧問官[⑧]」と呼ばれる集団内の不適応者や無能力者に対して怒りを向けることを学習させられ、助長されることになる。

その上、軍隊は単に身体的な経験だけをする場ではない。定期的に実施される「精神教育」は、特定の観点からの歴史と思想に基づいて行われ、軍隊内で唯一正しいとされる知識が植え込まれる。もちろん、現在の軍は昔より民主化されており、軍で説かれるすべての理念を完璧に信奉しているかどうかを監視してはいない。しかし、信奉した「ふり」すらしない者を放っておくこともない。軍から見て正常でない、危険をはらんだ存在には、いつでも不利益を与えて処罰できる。２０１７年に陸軍本部で行われた「追い込み式」の同性愛者洗い出し作戦を思い出してみよう。陸軍参謀総長の命令で軍内の同性愛者の洗い出しを行った陸軍本部は、素性が明らかになった同性愛者の幹部を尋問して他の同性愛者を告発させ、さらにゲイのデートアプリに偽装潜入してのおとり捜査をした。また、除隊を控えた同性愛者Ａ大尉を強制的に拘束して実刑を下すなど、それこそ恐るべき人権侵害を行った。同性愛者の兵士への差別禁止を明示した部隊管理訓令第７章があるにもかかわらずそうしたことが行われるということは[*6]、思想をはじめ

訳⑧　軍隊内ではアドバイザーという本来の意味とは違って、聞き覚えが悪い人、ミスを犯す人といった意味で使われている。

6＊　２００８年に暴露された国防部の「禁書目録」には、ノーム・チョムスキー、チャン・ハジュン、キム・ジンスクなどの著者による23冊の本が選ばれており、２０１１年空軍所属のある戦闘飛行団長が率いる部隊に発送した禁書目録には、42冊の本が含まれていた。

としたさまざまな要因での洗い出しも可能であることを暗示している。

これに加えて、軍での生活を狂気の経験に塗り替えている重要な要素が、指揮官の決定ひとつで、手のひらを返したようにすべてがひっくり返るという点である。軍について数多くの法律や規則があるものの、それらは現実をまったく反映しておらず、責任の所在を隠し誰かを処罰する時のみ、過剰に適用される。日常において軍は、指揮官の決定によって非体系的に、かつ恣意的に運用されがちだ。特に、社会的に物議を醸す事故が発生すれば、それを防止するという名目で必ずや命令文が下に出されるが、当然ながら解決案ではなく、一から十までその場しのぎの案である。計画には失敗がつきものなのであり、つつがない軍隊生活は、どうやって責任と負担を回避するかにかかっている。「危険」というのは、軍隊生活を印象づける究極の要素だ。2000年以降、韓国の軍隊では、毎年最大182人（2000年）から最低75人（2017年）にのぼる軍人たちが死亡した。[*7] そして軍内死亡要因の第1位は、長年変わらず「自殺」が占めている。自殺についての軍の対策は、自殺をするなと怒鳴りつけたり、自殺のおそれのある人を監視したり、というものである。人権活動家のコ・サンマンの指摘どおり、これは「軍人になってはならない人を誤って徴兵して死なせた」か「徴兵自体は間違いではなかったのに（……）管理を誤った」ため死亡させたかなのであり、当然ながら国家が責任を負わなければならない案件だった。しかし、1948年に軍の創設以来、軍で死亡したにもかかわらず国家から何の礼遇もされていない死亡者の数は、約3万9千人に上る。[*8] 他

7＊　韓国統計庁のホームページ（kostat.go.kr）の「軍死亡事故現況」参照。

8＊　「3万9千人の「無駄死」を確認する」、『プレシアン』、2017.2.25.

にも、病気に罹患しながら軍内の医療システムの不備により適切な治療を受けることができなくて死亡したり、事故で命を落としたり、数は少ないが殺害された人もいる。軍からたびたび聞こえてくる死亡事故のニュースは、ほとんどが軍人たちの暗い真実を物語っている。それは、兵役義務を果たす過程で命を落としても、国家は真相を究明して適切な補償をする代わりに、死亡原因を個人に帰して事件を縮小しようとするのであり、どうにかして責任を取らなくてすむよう努力する、というものである。*9

徴兵制度や軍人の処遇に問題があると、ほとんどの軍人や予備役は認識している。軍加算点制への執着は、実質的な利益というよりは自身の「苦労」に対する補償の体系が、どんなものであれ存在すべきとの執念の産物のほうに近いだろう。だが、なぜ問題の根源に迫る動きは、いつも少数なのか。

現役兵士からの問題提起は、いつも兵士にとって不利益に働く。軍は処遇改善や苦情を匿名で申し立てられる窓口を開設しているが、軍に匿名など存在せず、また改善の措置が全員をさらに苦しめる結果になるのは周知の事実だ。2014年の女性政策研究院の研究によると、兵役中に人権に関する問題提起をした人の割合は10％程度で、その申告がうまく処理されなかったり逆効果になったという回答は45・8％にのぼった。回答者のうち、直接の人権被害を受けた人は11・4％だったが、うち83・0％は何の対応も取らなかったと答えている。理由としては「秘密が保障されない」（61・4％）が最も多く、「問題提起をすれば自分を含めたすべての部隊員の生活がつらいものになる」（26・

9＊　2000年代以降、軍が最も礼を尽くして追悼した事件は、ほとんどが政治的な利害関係が背景にあるものだった。その代表的な事件が、韓国海軍哨戒艦「天安（チョナン）」号沈没事件［2010年3月26日、天安号が白翎（ペンニョン）島の近海で、北朝鮮の魚雷攻撃により沈没した。この事件では、乗組員104名のうち46名（6名の行方不明者含む）が犠牲となった］で、軍は毎年天安号の死傷者たちのために、戦争英雄に準ずる追悼式を挙行している。

0％）と「公正な対処が期待できない」（12・6％）の順だった。[*10]

だとすれば予備役たちの問題提起が重要になってくる。しかし、すでに触れたように、予備役たちは軍の処遇改善に反対する重要勢力だ。そこには「もはや自分とは無関係なのだから、より『厳しく』苦労させなければならない」という「報復心」が、ある程度作用している。しかし、こうしたすべてを予備役の嫌がらせで説明するのは難しいだろう。それより大きいのは、国防の義務という名の下に、個人の身体と人格が拘束されるという経験そのものなのである。

徴兵のプロセスは一連の行政的手続きによって行われる。そして、その手続きは約2年余りの間、極端なまでに基本権を制限する。さらに、その後8年間は予備軍訓練、[⑨]40歳までは民防衛訓練[⑩]が続く。およそ20年の間、韓国人男性の身体は、国家によって動員可能な資源として管理され、それを拒否する権利すら与えられない。しかし違反した際には、罰金や処罰が科せられる。民主化以後、自分が国家に殺されるかもしれないという恐怖は消えたものの、自分が国家によって厄介をかけられるかもしれないという事実は、依然残っている。合理的な代案や討論の可能性が完全に閉ざされた軍での経験は、個人に国家に対する無力さを学習させる。いたずらに物事を複雑にして何かの責任を負うのは、最も避けなければならないことだ。どのようにすれば一番関わりが薄れ、ややこしいことにならないかが重要なわけである。

軍に服務する経験によって引き起こされる問題は、単に軍の内部でとどまらず、男性

10＊　アン・サンス他「男性の人生に関する基礎研究――兵役随行、ジェンダー役割の再社会化及び生平等政策需要を中心に」、韓国女性政策研究院（2014）。

訳⑨　兵役終了後に、有事に備えて受ける再訓練。対象者は、年に一度招集を受けて定められた訓練を果たさなければならない。ただし、訓練期間は除隊後の年数によって異なる。

訳⑩　有事に備えて、国民の命や財産を守るための対処能力を高める目的で行われる訓練。予備役が終了してから40歳まで訓練の対象となる。

の生活全般、また社会全般にまで影響を与えている。反人権的な兵営文化を経験した人々は、比較的良い環境で兵役を果たした人々より人生の満足度や自尊心が低く、性別役割の葛藤を感じやすく、女性嫌悪的な傾向が強く現れる。人権侵害的な軍での経験は、兵役後の人生にも悪影響を及ぼすのだ。[*11]

しかし、現段階では当事者による解決は望めないだろう。当事者が問題の原因について問いかけることを拒んでいるからだ。それは、韓国の建国以来たえず統治勢力を正当化しつづけてきた「現存する北朝鮮の脅威」に起因している。軍は国家と軍が主張する通りの安保イデオロギーを徹底的に学習させられる場でもある。そのせいで多くの予備役は「何のかんの言っても軍隊は軍隊」という有名なフレーズを2通りの意味で使う。ひとつは、いくら改善の努力をしても変わらないという意味、もうひとつは、改善の努力が戦争に備える軍としての本領を侵すことがあってはならないこと、言い換えれば、軍は社会と切り離された別の領域として引き続き存在しなければならないという意味である。ところで、軍は北朝鮮による最大の脅威を核兵器と主張しているが、その核兵器に備えるために必要なものは、本当に「60万の大軍」なのだろうか。実際の軍事行動というのは最終事態でしかなく、平時の軍というのは民主主義の論理で維持されるべきシステムである。2018年に明らかになった韓国軍機務司令部[⑪]による戒厳令宣布計画は、依然として軍が通常の政治勢力とは別個のかたちで民主主義を脅かしうるという可能性があることを警告している。だからこそ、なおさら徴兵制下の軍人は軍服を着た市民と

11＊　前掲書。

訳⑪　韓国軍における犯罪捜査機関。セウォル号の遺族を監視するなど度重なる不祥事を受けて、2018年に解体される。

して扱われるべきであり、国家や軍幹部の奴隷として扱われてはならない。

つまり、この問題の解決法は、結局のところ軍のさらなる民主化であり、人権を付随的で不都合な概念と考える兵営文化を見直すことなのである。極限状況にまで追い込んでストレスを与えてこそ戦闘力が上がるという通念は、信憑性に疑念が持たれるだけでなく、民主主義社会にとっても似つかわしくない。韓国男子が苦しんでいるこの集団的な心的外傷後ストレス障害を解決できなければ、韓国の男性性は今ある「男性問題」を抱え込んだままで固定することになると思われる。軍の改善も社会の進歩も困難になることは言わずもがなである。

女性嫌悪の年代記1——味噌女の誕生

2000年代以降の女性嫌悪は、すでに韓国社会の不可欠な要素であるサイバー空間で猛威を振るった。女性嫌悪を示す言葉として最初に登場したのが「クソ《コル》フェミ⑫」である。クソフェミは、軍加算点論争を繰り広げていた男性たちが、制度廃止に賛成の声を上げていた女性たちを名付けたものだった。自らの男性性を過度に誇示する男性を指す言葉「クソ《コル》マッチョ⑬」にちなんだもので、論争相手の女性たちが信奉しているのは「男女平等」を追求する「真のフェミニズム」ではなく、女性上位を主張する「変質したフェミニズム」なのだとした。兵役と出産をめぐる社会的効用の比較や、「権利だけを主

訳⑫　꼴페미。どうしようもないという意味の接頭語「꼴」とフェミを組み合わせた造語。

訳⑬　꼴마초。同じく、どうしようもないという意味の接頭語「꼴」とマッチョを組み合わせた造語。

張して義務は果たさない」という聞き慣れた主張も、すでに蔓延していた。

しかし、クソフェミと称される存在は、数で言えばそれほど多くはなかった。クソフェミという名称は、その意図だけ考えればある種の「極端」を示すために作られたものであり、オンライン掲示板での論争相手目がけて使われる用語だった。クソフェミとクソフェミ以外という区分が存在し、見分けをつけるためにこの言葉が使われていたのに等しい。

どのみちその区分は恣意的なものだった。軍加算点制度に違憲判決を下した憲法裁判所をクソフェミだと罵る人はいなかった。殺害すると脅迫されたり、個人情報を成人向けサイトに流されてセクハラを受けることになった憲法裁判官もいなかった。軍に入隊できない障がい者をクソフェミと攻撃する人もいなかった。さらには、軍加算点論争で制度の廃止に賛成し、「クソマッチョ」たちと激しい舌戦を繰り広げた一部の男性さえも、クソフェミとは呼ばれなかった。ただの女性だけがクソフェミになりえたのである。

軍加算点論争により、オンラインでは反フェミニズムを標榜する男性集団の登場が本格化しはじめた。彼らは、家父長制への批判を受け入れた上で家父長制のもと男性が経験する苦痛を主張していた１９９０年代男性学の流れにはくみせず、現代社会では男性が被害者であり、かつて女性への配慮で作られた制度は男性を逆差別していると主張した。彼らのコミュニティで、クソフェミは、さらに軽蔑の意味が込もった「フェミアマ《ニョン》⑭」に取って代わった。

訳⑭　페미년。フェミと女性の卑語「년」を組み合わせた造語。

そして、2005年から2006年の間に空前の「ヒット」を記録し、オンラインだけでなく、オフラインやテレビ番組、マスコミを掌握したのが、かの有名な「味噌女」だ。その語源が何に由来するかは諸説ある。一般的なものでは「젠 장《ジェンジャン》（畜生という意）」が味噌《テンジャン》になったという説、「頭に糞が詰まっている」という表現の糞を味噌に変えたという説、価値がわからないくせにブランド品だけを好む女性が「糞か味噌か」の区別もつかないという悪口からつけられたという説、ニューヨーカーふうの人生を夢見たところで、どうせ韓国で生まれた地物の「味噌」だからという意味でつけられたという説、ブランド品とともに味噌女の象徴となっている「スターバックス」のコーヒーの色に譬えられたという説など、さまざまだ。

中には、一般に流布されてはいないが興味深い説明がひとつある。この言葉の由来は、ポータルサイトDaum のコミュニティである「白人女性との出会い cafe.daum.net/meetwhite」[*12]だという主張だ。

白人男性、黒人男性などとワンナイトラブをしつつ自分を安売りしている一部の韓国人女が、Daum のコミュニティ「白人女性との出会い」で、白人の女と出会いたがっている男を見下し、それに男たちが集団で反発して「味噌女」と報復攻撃を繰り広げたことが、「味噌女」という言葉の由来という説だ。白人男性や黒人男性とは割り勘にされても股を広げるくせに、とりわけ韓国人男性には割り勘を拒んで、お高く留

12＊　このコミュニティは現存しない。

まっているダブルスタンダードの一部の韓国の女たちを指して、「味噌女」という別名をつけたのである。その手の女は、まるで自分が白人にでもなったかのように韓国人男性を見下していたそうで、そういうのが韓国の女だと強調するために「味噌」にちなんだ「味噌女」という言葉で対抗したものと推測される。[*13]

実際に「味噌」という言葉は、当時の一部コミュニティで韓国人への自嘲的な卑語として使われていた。この言葉は、人種主義的な秩序をシニカルに受け入れる一方、韓国人の行動への非難にも使われた。すなわち、〝人種秩序の下位にいるアジア人で、その中でも日本や中国に劣る韓国人としての隠しようもない後進性〟あるいは〝クールになりきれないこと〟などを意味する言葉だったのだ。つまり韓国で生まれて、韓国の社会秩序と文化を習得し、身につけて生きてゆくすべての人々は、「味噌」にならざるをえない、たまに味噌としての宿命から抜け出そうと努力する人がいるが、努力したところで「バナナ」にしかなれない、言語と内面をアメリカ化することはできても、最も可視的で明白な外見──身体は、けっして脱ぎ捨てることのできない天罰だから、というのである。

また、先の引用の説明によれば、味噌女とは、そうした宿命を拒もうとする韓国女性への怒り、そしてその女性たちが外国人と自分たちを差別しているという被害意識から生まれた言葉でもある。白人や黒人とは割り勘をしてまで主導的にセックスに臨むのに、

13＊　「味噌女はどんな意味ですか」という匿名ユーザーの質問に対する、ユーザー peacedoll の２００９年９月11日付の返答から。（http://tip.daum.net/question/40199927）〔現在このＵＲＬは無効〕

韓国人男性とは割り勘もしなければセックスも簡単には許さない。だがその女性たちも、結局のところ味噌くさい韓国人に過ぎない、と指摘しようとするのが、この言葉の目的だった。背後には、「虚しい抵抗」はやめて人種秩序を受け入れ、「味噌男」たちとペアを組むべきだという陰鬱な願望が込められていた。

ところで、「白人女性との出会い」というコミュニティ名からもわかるように、彼らは、それが誰を指しているのかは不明だが、自分たちを人種的劣等感から救い出してくれる白人女性を待っている。あたかもフランツ・ファノンが描いていたアルジェリアの黒人青年たちを連想させる*14このとんでもない名称のコミュニティは、自分たちが非難を向ける行為を、誰よりも羨望している。「白人女性」と付き合いたがる背景には「韓国女子」への不満があり、それよりさらに核心をなしているのが「韓国男子」である自らへの劣等感だ。黒人女性でもアジアの他の女性でもなく、白人女性と付き合うこと。彼らの想像の中の「白人女性」は、性的に開放的で、男に頼らず、教養があって、経済力もある。*15明らかに、韓国男子の想像の中に存在する「韓国女子」とは真逆である。何よりも白人女性は、世界的に〝劣等な〟人種であるだけでなく韓国の上流階級に属すこともできない男たちのプライドを一挙に盛り立ててくれる、最も素敵なトロフィーという位置づけなのだから。

当たり前のことだが、そうした白人女性は実在しないし、そういう発想自体がそもそも人種差別的である。もうひとつ、先に引用した説明で注目すべきことは、彼らが韓国

14＊　フランツ・ファノンは、自分の人種的な劣等感を克服するため、アルジェリアを植民地統治していたフランスの白人女性とのセックスに血眼になるアルジェリアの黒人青年たちの姿を描いた（詳しい内容はフランツ・ファノン『黒い皮膚・白い仮面』イ・ソッホ訳、人間サラン、1998を参照されたい）。〔邦訳：『黒い皮膚・白い仮面』海老坂武、加藤晴久訳、みすず書房（新装版2020）〕

15＊　この想像の中の白人女性は、直接的・間接的に接触してきた先進国の白人女性イメージの断片から導き出されたものだろう。しかし彼らは、そうした独立的で主導的な態度の根源にあるのが、他でもない女性の権利伸長と性差別の改善、フェミニズムだという事実を見落としている。

女性に抱いているのが、じつは「嫉妬」に近い感情である点だ。同じように人種差別的なのに加えて性差別的な要素まである中で、東洋人女性が西洋人男性とカップルになる可能性は、東洋人男性が西洋人女性とそうなる可能性よりはるかに高い。新たに開かれたグローバルな世界で、男子が経済力と家父長制的な権力を失いつつあるのにくらべ、女子のほうは、その可能性が開かれた空間へ比較的「容易に」進入できるわけだ。その事実が男子をパニックへ陥れる。自分たちはまだ味噌の匂いが充満する韓国で足止めを食らっているのに、自分が手に入れる対象だと当たり前のように思っていた韓国女子たちを西洋人に「奪われている」という不安が、現実のものとなりつつある状況なのである。だから彼らは、女子たちを取り締まるために足首をつかんで味噌をつけようとしているのであって、白人女性というのは、自らの能力を大きく見せるためのデモンストレーションの一環で、なんとなく召喚されているのだろう。

一方、より大衆化されたバージョンの「味噌女」は、贅沢と虚栄にまみれた女性を意味する。彼女たちはアメリカのドラマ『セックス・アンド・ザ・シティ』[16]、スターバックス、ブランドバッグ、高級化粧品などを追い求めるが、当の本人には（経済的）能力がない。そこで両親（父親）や彼氏などに経済的に寄生し、自分の虚栄心を満たす。ようするに、味噌女という呼称は本物の金持ちではなく、金持ちのフリをした若い女性に向けられたものだ。味噌女に向けられる批判は、西欧の洗練され「ラグジュアリー」な品々に対しては向けられない。なぜなら、そうした品々はもはや韓国固有の文化を害す

16＊ Sex and the City. アメリカのドラマ専門チャンネルであるHBOで、1998年から2003年まで6シーズンにわたって放映されたドラマ。ニューヨークを背景に、4人の主体的な専門職女性が登場する。4人はそれぞれのキャリア、恋愛、セックス、結婚などの問題でさまざまな経験、試行錯誤を重ねる一方、友達とおしゃべりし、友情を深めながら成長していく。

る倭色⑮や退廃文化ではなく、目標であり羨望の対象であるからだ。誰もがブランド品や外車や高級時計を夢見る。裕福は軽蔑ではなく羨望の対象であり、さらには優れた人間の証でさえある。イデオロギーと大義は消え失せ、文化と個性の時代は経済危機で崩壊し、ただ唯一、経済だけが残された。したがって、本当に金持ちで高級品を消費している人間は、それが女性であってもやや非難の矛先から外れていた。

味噌女が登場する物語は、おおまかな筋がどれも似ている。味噌女はおもに学校の後輩で、それなりに、あるいは妙な魅力を感じさせる外見の持ち主だ。彼女は贅沢好きで見栄っ張りな上に、教養がなく、無知である。ブランドバッグなど贅沢品を買うのはもちろんのこと、学業や食事といった日常生活を営むうえでも男に頼ってばかりいて、頼られる対象は主として純粋に彼女のことが好きだったり、好感を抱いたりしている不人気な男ということになる。そういう男たちは、味噌女の心をつかむため、ギリギリの生活を営みながらお金を貯めて、高い食事やプレゼントを提供する。しかし味噌女は、そんな男たちに気を持たせるだけで、絶対に彼らとは恋愛やセックスをしない。そしてついには外車に乗った金持ちの男が登場し、味噌女を横取りして去ってゆく。ここで非難されるのは、外車に乗った金持ちの男やブランドバッグ、何もかもを彼女に差し出した不人気な男ではなく、もっぱら味噌女だけである。

味噌女は長い歴史の中で繰り返し言われてきた妖婦（ファムファタール）や、性を媒介にして金品を狙う犯罪者（美人局）と似ているようでいて微妙な違いもある。味噌女は

訳⑮　日本文化や日本の趣を持っているものを指す言葉。韓国では植民地支配からの解放後、日本文化の輸入が許される90年代まで、「倭色」を帯びるものは排斥すべきものとして考えられてきた。

決定的な魅力の持ち主というよりはどこか中途半端で、いい加減で、笑い者にするために作られた悪役キャラに近い。つまり、怒りの対象というよりは、愚かさを見抜かれ、改善させられるべき存在なのだ。しかし、味噌女が学習すべき教訓が何かは判然としない。単に贅沢と虚栄心から距離をとり、真面目な人間になれということでもないからだ。むしろ味噌女は、男たちが求める特定の女性像を作り出すための鏡像であり、道具になっている。味噌女の対極にあるのは、男に経済的な負担はかけないが見た目はそれなりに整えることができて、あまり高条件すぎない相手と恋愛し、情緒的にも性的にも交際相手をケアする（顔を立たせてくれる！）女性である。そういう基準から逸脱する女性は、「お前味噌女だろ？」と言われ、自らの行動を正し、自己検閲させられる。

だが、味噌女をめぐる話はここで終わらない。なぜなら、そうした理想的な女性像は、結婚のためのものだからだ。家計を上手に切り盛りして、育児や家事をひとりでこなし、義父母には息子に代わって尽くしつつ、財テクをしてマイホームを買えるようにしてくれる女は、「必要」な存在である。とはいえ、「気後れしない程度にはきれいで、それなりに白痴美がある明るい女」には、セックスの相手として憧れる。味噌女への不満のポイントは、味噌女が贅沢好きだったり虚栄心に満ちていたりするからではなく、男子の誠意に応えないところなのである。自分が「これくらい」（もちろん、大抵の場合大したことのないレベルであるが）尽くしてやったら、そろそろ一線を越えてもいいはずなのに、そうはならないことへの怒りなわけだ。異性との関係を、お金さえ入れればセックスが出てくる自動販売機のように認識している。多くの男子にとって味噌女は、言わば故障した自動販売機ということになる。

実のところ、私たちが出会うのは実在する味噌女というより、ネット上を徘徊している男の先輩後輩・男友だちの体験談、またはテレビ番組をはじめとするさまざまなメディアを通して語られる味噌女である。特にテレビ番組とマスコミは、完璧な味噌女を探し求めて、バラエティー、報道番組を問わず最も熱を上げていた集団だ。味噌女は、出所不明のいろいろな細部とでっち上げのイメージをつなぎ合わされて、ようやく実体を与えられる。人々は、相手が味噌女を構成する数多くの細部のうちひとつでも似ているところがあれば、「もしかして味噌女?」という疑いを抱き、問いかけてくる。サングラスを頭の上に乗せている、スターバックスコーヒーを飲んでいる、女子大に通っているというだけでも疑いをかけられるのに充分であり、それに真面目に反応したほうが負けの冗談やゲームのように認識されている。こうした悪ふざけを繰り返しているうちに、人々はこの世の中にかなりの味噌女が実在するという確信を、感覚的に抱くようになる。しかし、そうした感覚的な確信は、真実とはあまり関係がない。

たとえば、味噌女が実在することを証明するためのさまざまな証拠（おもにテレビ番組のキャプチャー画面）の中には、番組製作当初から演出されたものか、前後の文脈をカットして拡散されているものが多い。ある女性が「男性の収入は月2000万ウォン以上」と発言している番組映像は、自分には能力がないのに男性にだけ経済力を求める味噌女の見本として拡散されていたが、じつはその映像の女性は年収2億を稼ぎ出す塾講師であり、映像は自分より年収が低い男性と付き合った場合、男性自身のコンプレックスのせいで関係を続けるのが大変、と話している途中だった。[*17]「デキる男と早く出会って、私の学資ローンも返済してもらって」というテロップとともに番組のキャプチャー画面を拡散された女性も、やはり同様の理由でネット空間での全方位的な非難にさらされたが、その場面のあとに続いていたのは、本当にあり得ることならまだしも、現実的ではないため結婚を考える余裕がないという、生活費がかかりすぎるために結婚、出産、恋愛をあきらめた「3放世代」[⑯]としての発言である。[*18] 数多くの男子の怒りを駆り立てた「身長180センチ以下はルーザー」という発言は、番組収録時に制作側から割り当てられた役割と台本に従ったものだった。[*19] これらの証拠は、当初は文脈を知っている人たちによって捏造され、その後文脈を知らない人たちによって共有され、そのまま味噌女が実在する証拠となった。

しかし問題は、人々が、特に男性が、そうした内容をでっち上げや嘘と疑うより信じようとしたことだ。この現象は単なる怠慢と見ることもできるが、それ以上に、自分が信じたい話は決まっていて、それが事実と異なる場合であっても、現実に即して話を修正したり廃棄したりするより、望み通りのイメージへと歪曲し強化したがったと考えるほうがより妥当のように思われる。すなわち、「味噌女が存在し、その味噌女が男子を搾取しようと暗躍している」と信じたがる人々が、疑いもせず自分の考えを補強するも

17＊ Mnet「彼はあなたに惚れていなかった　シーズン2」、2011.2.

訳⑯　2011年に京郷新聞の特集記事「福祉国家を語る」で登場し、広まった造語。「放」は、放棄という意。その後、マイホーム、対人関係を加えた5放世代、さらに夢と希望を加えた7放世代、その他さまざまなものをあきらめたという意味のN放世代といった言葉が続々と生まれた。

18＊ MBC「MBCスペシャル――私たちが結婚しない本当の理由」、2016.10.

19＊ KBS「美女たちのおしゃべり」、2009.11.

のだけを取捨選択して、受け入れたのだ。

２０１５年に行われた調査には、そうした問題が端的に表れている。[*20] 青少年、大学生、就活生、会社員などを対象に、女性嫌悪の発生理由を尋ねる質問には、最も多くの人が「女性家族部[⑰]」を挙げた。次に多かったのが「男に依存して日ごろから贅沢をしている女たちのせい」という回答だった。味噌女と同じような傾向を示しているこの項目への回答率が特に興味深い。すべての回答のうちこの項目を挙げた割合が最も高かったのは、他でもない青少年男性であり、次に高い回答率を見せたのは比較群として調査に参加した女性たちだった。青少年男性が味噌女との直接の出会いによって女性たちに否定的な認識を持つようになった可能性は低い。同様に、女性が味噌女に否定的な評価を持つようになったのは、実在する味噌女が女性に被害を与えたからというよりは、女性全体を取り締まり、罵倒するのに味噌女が利用されているからである可能性が高い。このことは、味噌女という存在が実際の出会いや経験よりは、拡散された話やそれへの人々の反応によって認知され、規定されることが多いという事実を示している。

味噌女は、嘲笑と嫌悪の対象だ。ところが、この騒然とした「嘲笑まつり」の背後にうかがえるのは、男たちの恐怖である。たとえば味噌女は、「男に経済的に依存」するため非難の対象になる。改過自新の物語において、味噌女は華やかだったこれまでの人生を捨てて地味な人生を選ぶ。ここでいう地味な人生とは、それまで追いかけていた金持ちの男ではなく、そばで自分をじっと見守ってくれていた平凡な男と、平凡な恋愛と

20＊　アン・サンス他「男性の人生に関する基礎研究（Ⅱ）——青年層男性の性平等価値をめぐる葛藤要因を中心に」、韓国女性政策研究院（２０１５）、p. 114. ２０１５年10月に、15歳以上35歳未満の青少年及び青年層の男性１２００人と女性３００人を対象に行われたオンラインアンケートで、「女性嫌悪が生まれた理由は、主としてどこにあると思われるか」という質問に理由を２つずつ挙げさせている。

訳⑰　性平等と家族に関する業務を担当する国家行政機関。部は日本の省に当たる。

結婚をすることである。ところで、なぜ味噌女の改過自新は、他の男と付き合うというストーリーに帰結されなければならないのだろうか。もし味噌女が男という存在に頼ることをそもそも止めてしまったらどうなるのだろうか。ハンナ・ロージンは、味噌女と同じ世代の男性を「コチュジャン男」と名付け、男性らが抱く恐怖を探ろうとする。

近年のコチュジャン男にとって真の脅威となる存在は、味噌女ではなく味噌女と真逆の女性である。自分の勉強に忙しすぎて試験勉強中の男を誘い出さない女性、数年後には自分でランチを食べに行ったり素敵な高級ハンドバッグを買ったりすることができるため、そういうものを買うのに男性のお金を必要としない女性だ。今のアジアで持ち上がっている問題は、誘惑のリスクではなく、むしろ惨憺たる性的無関心という脅威である。韓国をはじめとする多くのアジア諸国で、変化する女性と変化しない男性は、お互いに相手を人生のパートナーとして完全に不適切だと考えるため、アジアは「パートナーのいない孤雁」でいっぱいになった。[*21]

味噌女は女性が無能であることを想定する言葉だが、実際の若い女性たちは、ブランド品を購入し、グローバルなライフスタイルを目指す。無能どころか、韓国社会においてこれまで最も教育され、最も多くチャンスに恵まれている。金持ちの男性と交際して運命を変えるどころか、自分の未来を切り開くほうに没頭しており、かなりの確率で男

21＊　ロージン前掲書、p. 341.

女性嫌悪の発生理由

（%）　（人）

	女性	青少年	大学生	就活生／無職	就労者	回答数
兵役は果たさず，特恵だけを求める女性たちのため	6.3	29.3	21.3	21.2	20.1	284
公共ルールを守らない常識のない女性たちのため	37.3	27.7	25.8	26.0	31.0	450
男性に依存して贅沢ばかりしている女性たちのため	39.7	40.8	33.7	33.6	37.9	556
女性団体，フェミニストたちのため	6.7	24.5	36.7	34.9	36.8	436
女性家族部のため	16.0	53.8	48.4	41.8	38.3	582
男性連帯などのネトウヨのため	30.7	8.2	7.9	11.0	5.6	181
競争に負けた男性ルーザーたちのため	22.0	2.70	2.70	4.8	5.6	115
働き口不足など経済的な苦しみのため	7.0	1.10	4.70	8.9	7.3	89
競争を深化させる社会的環境のため	28.3	9.20	13.2	17.8	15.8	255
その他	6.0	2.70	5.50	0.0	1.5	52

出典：韓国女性政策研究院

性よりはるかに地道な努力を重ねている。もちろん女性たちの前に立ちはだかる社会的差別、たとえば賃金格差、採用での差別、職場での性差別などは存在するが、この新たな時代の女性たちは、あきらめるよりは抵抗し、自分の社会生活を維持して、正当な対価を要求する。したがって本当に起こっているのは、女性の男性への過度の依存ではなく、その反対である。

「身長180センチ以下の男はルーザー」という言葉が、あれほど多くの男子の怒りと悔しさを呼び起こしたのは、単に韓国男子の平均身長が173センチだからという理由だけではないだろう。180センチという基準が新たに示してみせたのは、打つ手もないまま淘汰されかねない、という部分だった。身長が180センチに満たないため、性的に近づくことすら不可能な女子が存在するということ、そして、そうした女子がますます増えるだろうということへの絶望なのである。

自分の嗜好と欲望を持ち、主体的に楽しみ、消費し、セックスする女子は、恐怖の対象となる。家父長制的な権力自体は以前にくらべて減ってはいても、あいかわらず家父長制的な関係のなかでばかり女性と男性の関係を考えてしまう男たちは、自分に主導権を与えるどころか関心さえない女子との関係に、はく奪感や怒り（オレを無視したな！）を抱く。しかし、彼らがはく奪されたものが何かは不明だ。もっと言えば、彼らの親の世代も、家父長／男性としての絶対的な権力を振るっているケースは多くなかった。したがって、彼らが感じたものは想像上のはく奪である。存在しないものを想像し、それを偽りの起源としながら、同時にノスタルジーを感じている。現状への不満を最も手っ取り早く、しかし不適切で公正とも言えないやり方で解決しようとする試みだ。もっとも、そのノスタルジーは最初から不可能なものへ向けられており、当然ながら解決策としても、参照すべきものとしても、何の価値もない無責任な反動にすぎない。

　味噌女という言葉が生まれて以後、韓国社会ではさまざまな女性嫌悪表現が次々と登場した。「ルーザー女」、「軍三女」*22など、各種の○○女が飛び交う中で、男性多数ネットコミュニティの代表格だったDCインサイド www.dcinside.com（以下、DC）のコメディー番組ギャラリー（以下、コギャラ）とアフリカTV www.afreecatv.com の男性ユーザーたちが中心となって、それ以外の新しい言葉も生み出された。「ボスルアチ」⑱は、「性的魅力を自分の階級だと思っている女」という意味、あるいは「性的魅力が階級だ」という意味で使われた言葉である。この言葉が登場したのは、個人放送サイトであるアフリカTVだ。アフリカTVの個人放送はライブで行われ、視聴者はチャットを通じて、リアルタイムで意見をアップしながら参加することが可能になっている。ライブを見て気に入ったり、応援したいと思うBJ*23には「星風船」という一種の電子マネーを送ることができる。アフリカTVは、この星風船の値段から手数料を差し引いた残りをBJに支給するというシステムである。サービスが軌道に乗ると、最初は趣味で行われていた個人放送は、次第に専門化、商業化が進んだ。個人放送を専門に行うユーザーの中には、視聴者に星風船を要求する人もいたし、扇情的な内容を前面に打ち出す番組も多く生ま

22＊　とある番組のインタビューで、男は3年は軍隊に行くべきと冗談めいた発言をし、罵倒と非難を浴びせられた女性につけられた蔑称。

訳⑱　보슬아치。女性器「보지」と朝鮮時代に官職を得ることを意味する「벼슬」とチンピラという意の「양아치」が組み合わさった造語。

23＊　チャットルームの管理者（バンジャヤン）の頭文字を取った名称だが、その後、「Broadcasting Jockey」の頭文字を取った正式名称となった。

れた。そうしたユーザーは「星風船娼婦」（以下、ビョルチャン）という名前で呼ばれはじめた。

ボスルアチという言葉は、この延長線上で流行しはじめた。男性BJがゲーム関連の放送をはじめ、怪力バトルのような奇行をコンテンツとして披露する一方、女性BJの番組はおとなしめのコンテンツを中心に放送していたからだ。男性ユーザーは、女性BJがさして努力もせず楽に星風船を得ていると思い、「ボスルアチ」という言葉を作り出した。だからこの言葉には、女性はただ女であるだけで簡単にお金を稼いでいるという主張が込められているのであり、そのことへの怒りと嫉妬の表現なのである。

ビョルチャンとボスルアチに向けられた攻撃は、悪質な書き込みというレベルで終わらなかった。コギャラやアフリカTVの男性ユーザーたちは、女性BJの身元を割り出し、妊娠中絶手術を受けたことまで突き止めたり、職場や学校、家族や知人などに、女性BJにとって不利益となるような情報をさらしたりなどの攻撃をした。ユーザー同士で攻撃対象や攻撃の戦略を共有し、自分たちの行動を堂々と動画にするといった集団的な行動を見せた。趣味の番組中心だったアフリカTVの商業化や「堕落」を防ぐ、という大義名分を、表向き掲げていたからである。しかし彼らは、多い時には数億のお金を女性BJに渡していた男性ユーザーについては、身元を暴いたり攻撃したりはしなかった。彼らの関心はもっぱら女性BJを攻撃し、彼女たちを苦しめることだった。

味噌女が経済的な面で男に依存し、あらゆる被害を及ぼす女性を表象するものだったとすれば、「ボスルアチ」は存在論的な不平等が存在するという主張とともに、対象への嫌悪がこめられている。じつはこの構図は、最下層の女性は売春をして「楽に」お金を稼げる一方、最下層の男性は肉体労働のように危険で大変な仕事をしなければならない、といった不満の延長線上にある。奇行を披露している男性ＢＪを肉体労働者に、踊ったり愛嬌を振りまいたりして星風船をもらう女性ＢＪを売春している女性に置き換えているのである。

だとすれば男子は、自分は売春ができないから稼げないと、不満を爆発させていたのだろうか。それとも「ビョルチャン、ボスルアチ＝売春」であり、それは汚らわしいことだから道徳的に浄化しようということだったのだろうか。いずれも正解ではない。もちろん、彼らは誰かを断罪することが好きだ。ＤＣでも他のギャラリーと理由もなくケンカを繰り広げ、口実さえあれば面倒もかえりみずサイバーブリング（cyberbullying、ネットいじめ）や部族戦争を引き起こしていた。[*24] そうした戦いはネット上のコミュニティを自分の拠点とする人々にとって、所属意識と権能感を付与する儀式のようなものだったからだ。

しかし、ビョルチャンやボスルアチへの攻撃は本質的に異なる。まず大きな背景としては、これらの言葉が本格的に流行しはじめたのは、いわゆるアメリカ発金融危機の余波で経済が低迷する状況だったということだ。その余波を受けて、韓国社会もやはり若年世代の失業や不況の長期化が始まり、それに基づいた世代論が台頭した。ネットを主

24＊　詳しくは、イ・ギルホ『私たちはＤＣ』、イマジン（２０１２）を参照されたい。

要拠点とする青年の男子たちは、以前から「どん詰まり《マクチャン》」⑲や「余剰」といった言葉で自らの境遇やあり方を自嘲しつづけていた。彼らの行動や表現には時代を貫く省察がうかがえるものもあったが、一方で、女性嫌悪をはじめとするさまざまな嫌悪感情や嫌悪表現を内在してもいた。*25 なかでもボスルアチは単純に女性を嫌悪するだけでなく、女性の社会的現実を恣意的に想定して、発話者である男性を弱者のポジションに置くものである。

もちろん2000年代後半から、若い男性たちが前の世代の男性にくらべて経済的に劣悪な状況にあるのはそのとおりだ。だが、若年世代の男性よりいっそう劣悪な環境に若年女性が置かれていることも、やはり社会的事実である。前に触れた通り、数多くの統計や指標が雇用、賃金、労働過程の全般で女性が差別を受けていることを示している。韓国の性別雇用率で女性が男性をリードしているのは20代だけであり、30代になった瞬間、男性の雇用率が急上昇するのに対して、女性の雇用率は急落しはじめる。そういう話題になると男性たちはよく「女は嫁に行けばいい」と主張するが、そんな言いぐさが（本人たちの不本意ながらも）男性生計扶養者神話が打ち砕かれて以降の若い世代の口から出るというのは逆説的である。加えて婚姻率そのものが下がっていることを考えれば、この社会における経済的な弱者が男性ではなくて女性であることは明白だ。

しかし、男性たちが自分を弱者と規定しているとしても、なぜ奴隷として仕えるつもりもないのに、気の毒な女性たちを主人扱いして責めるのだろうか。それと結びついて

訳⑲ 막장。とんでもない、行き過ぎたという意として使われる。

25＊ 詳しくはチェ・テソプ『余剰社会』、ウンジン知識ハウス（2013）参照。

2018 年 2 月年齢階層別，男性に対する女性の賃金比率

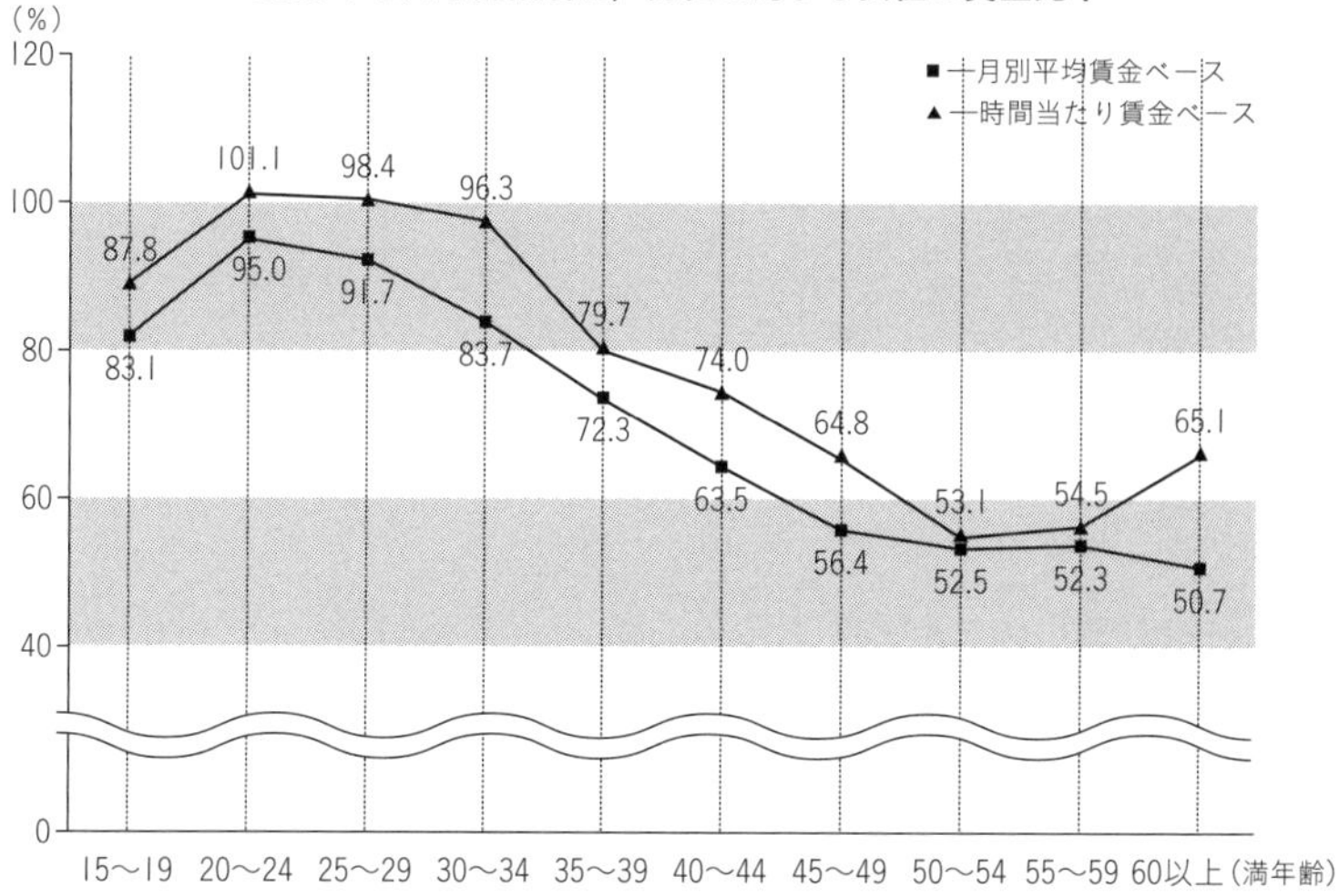

性別賃金勤労者の年齢階層別非正規雇用比率

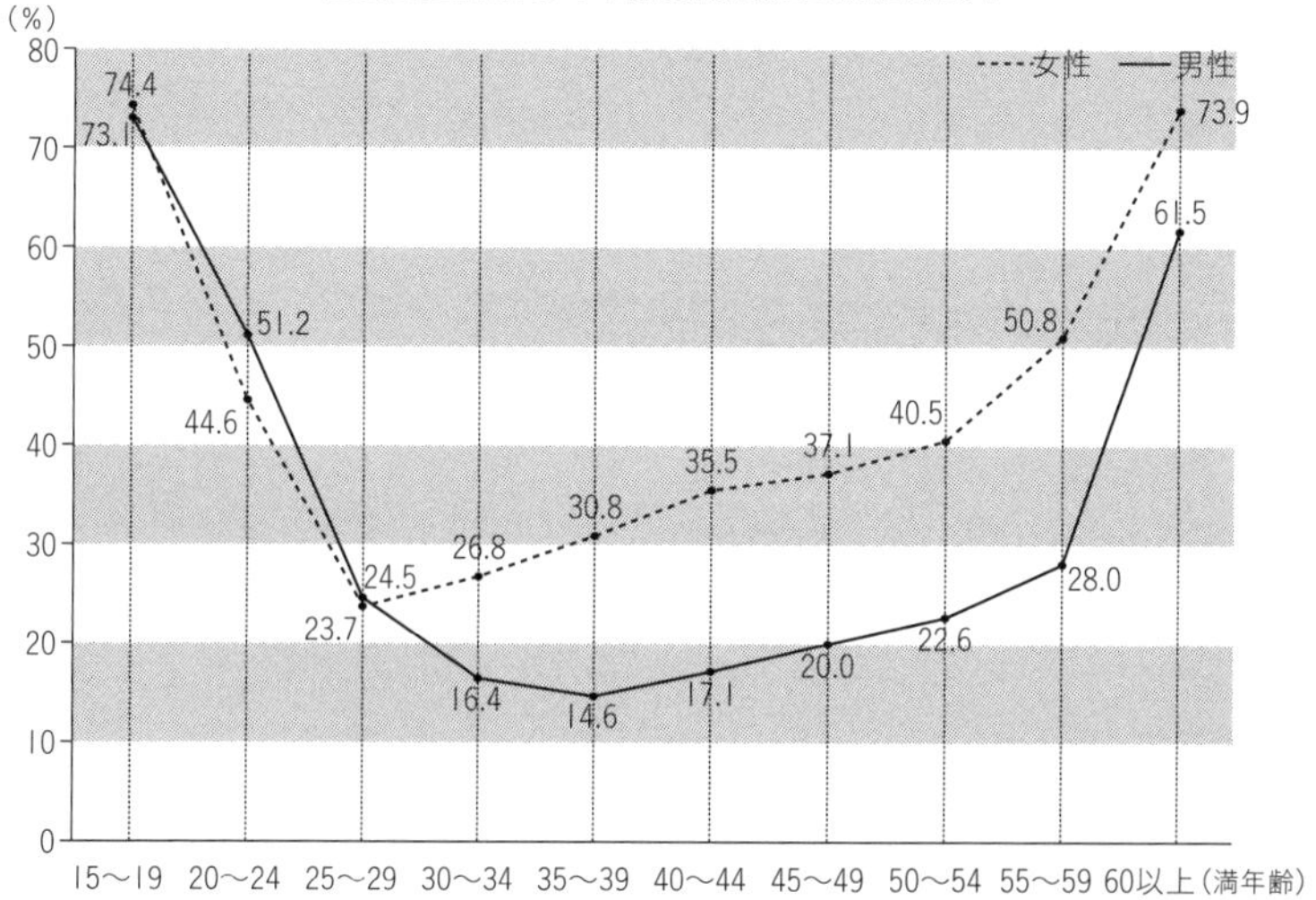

出典：クォン・ヘジャ，「雇用動向ブリーフィング」3 月号，雇用情報院，2018

いるのが、女性が楽に暮らせる大きな根拠と彼らが見なすところの「性」の部分だ。自分を含むすべての男は女性の性を求めているのだから、女性はそれを取引材料にして楽に暮らせる、ということなのである。こうなると「女性が社会経済的に優位なポジションにいるので嫉妬している」という単純な話では済まなくなる。むしろこの「抗議」が意味するところは、女性の性があまりに「高価」すぎるという意味に近い。これには、二つの意味があるだろう。「どん詰まり」で「余剰」である自分たち（男）よりも高値がつく、という意味と、自分がそれを手に入れようとするにはあまりに高価、という意味である。

そうした不満は、女性をひたすらセックスで置き換えてしまう非人間化の論理によるものだ。そして、そのような女性嫌悪的な言説は、自己卑下によって正当性を得る。自分たちはとっくに「どん詰まり」で「余剰」なのだから、他人を見下すぐらいいいだろう、と。ベースにあるのは、どうせ人間は「肉の塊」でしかなく、最も原始的で本能的なものに左右される存在だという冷笑主義的な認識である。そうした偽悪の流行は、社会の変化に影響されていると同時に、オンライン文化が持つ独特の文法にも影響を受けている。若い世代の社会経済的な生活レベルの悪化とともに、オンライン上の部族戦争や注目集め競争は激しさを増し、省察的で礼儀正しい言葉よりは刺激的で侮辱的な言葉がしだいにオンライン空間を掌握してきた。

ところで、男子による自己卑下は、自分自身にも非人間化の論理を適用しているように見えるが、実際は非常に防御的である。たとえば、「余剰」を自分が自嘲的な意味合いで使うのは問題ないが、他人が本気で自分を「余剰」と呼ぶのは許されない。卑下を盾にして他人を嘲弄し、蔑みはしても、いざその矢が自分に向けられるとすぐに「お遊び」は終了する。したがって、この偽悪は倫理的にも、美学的にも、失敗に終わる。傷つかないために自らを見下すフリをする、戦々恐々とした自我だけが存在するためである。

さらに、この蔑称や、冷笑主義の文法で伝えようとしている「お前もどうせ同じ」というメッセージは、人間性の限界や根底に向かっているというよりは、自らの知識、現状、欲望という限界の中で意味づけられている。たとえば「男はセックスを望み、女はカネを望む」と言いきる者たちの冷笑的な世界観は、動物的な次元ではなく社会的な関係から導き出されたものであり、その世界観で説明がつかない問題が多々あるにもかかわらず、さして頭をひねることもなしに人間の本能やデフォルト値として設定される。それは世の中を理解するための試みであろうが、と同時に、世の中の複雑な様相を自分にとって周知のものに作り変える歪曲でもある。この歪曲は深刻なまでに自己―偏向的で、他者への理解や深慮などは含まれていない。

以上が、女性たちが体験する数多くの困難を後回しにして、「女だから楽に暮らせる」と言える理由である。偏狭で、自己中心的で、何よりも男性の観点だけで作られた世界観の中で、女性嫌悪は何度も繰り返され、その毒性を強めることになる。

女性嫌悪の年代記2——キムチ女からメガルまで

「キムチ女《ニョ》」はもともとイルベとDCから生まれたもので、ネット文化の文脈においては「一部の韓国女子」を指すものだったが、まもなくすべての韓国女性を罵倒する蔑称として機能しはじめた。興味深いのは、味噌女の場合と同じく、韓国を代表する土着的な料理のキムチが蔑視の意味で使われていることである。つまり、この蔑称の語源には、味噌女と同じく人種主義的な意味合いが含まれている。非難の対象を韓国女性全般に広げるのと同時に、他の国には「そうでない女性」が存在するという幻想／希望／主張が盛りこまれているのである。

味噌女のキャラクターはもう少し明確だったのに対して、キムチ女のほうは韓国女性を多面的に蔑視するために使用されており、非難を避けるためにつけられていた「一部の」という言葉も、しだいに省略されるようになった。この表現の流行当初は、反社会的だと最も問題視されていた男性多数コミュニティ、イルベとそれ以外には、多少くっきりとした線引きがあった。にもかかわらず、イルベや、イルベの前身DCのコギャラから生まれて拡散していったこの言葉を拒む男性多数コミュニティは、どこを探しても見当らなかった。当時、イルベ以外の男性多数コミュニティは、イルベのユーザーをイルベ虫《チュン》と呼んで、自分たちのコミュニティから排除しようと努力していた。他方イルべは、自らを秘密結社のような存在と捉え、よく他のコミュニティに影響力を行使するための「陰謀」を企んでおり、それはたとえば、さまざまな画像にイルベのロゴや（嘲笑目的で）故・盧武鉉《ノムヒョン》元大統領の画像を目立たないように合成して配布することや、イルベのロゴを指でかたどって撮影し、その画像を上げることだった。

非－イルベコミュニティでは、イルベがまき散らすそうした画像を取り除くためにかなりの努力をしていた。時には放送局の不注意によって、イルベが編集した画像が放送されてしまうというケースもあったが、それに気づいて放送局などに抗議を入れるのも、非－イルベコミュニティのユーザーの役割だった。そのため、さらに巧妙に合成しようとするイルベと、ますます精を出して見つけ出そうとする非－イルベユーザーの間で対決の構図が生まれることもあった。そんなふうに、自分たちをイルベと区分することに強迫的なまでに執着していた人は多かったのである。にもかかわらず、女性嫌悪はイルベと非－イルベの区別なしに横行し、キムチ女のようなイルベ発の造語も、やはりあっさりと広まっていった。

キムチ女は「お前も余剰、俺も余剰」のような互いに自嘲しあうたぐいのものではなく、それ単体で非道徳的な断罪対象と想定された。キムチ女を批判するのは道徳的な振る舞いだから、批判することは自分の何の恥にもならなかった。自分たちはイルベではない、平凡で後ろめたいことのない男だからである。イルベの登場と台頭は、少なくともオンラインコミュニティの世界では、人間という存在のレベルを下げ、イルベにアクセスしていないというただそれだけの理由で、あっさり人間の資格を獲得することができたのである。

キムチ女に対する非難はオンライン上での一種のお遊びとなり、多くのコミュニティで日常的に行われていた。すでに長きにわたって蓄積されてきた出所不明の話、でっち上げの資料、話の趣旨からズレた議論が絶えず循環し、骨組みをつくり、肉づけされていった。それなりの義憤にかられて、厳しくキムチ女を批判する者もいたが、キムチ女をめぐる非難のほとんどは「wwww」がついた笑い交じりのものだった。

そんなふうに女性嫌悪が日常化している中、嫌悪に対して初めて集団的な反撃が起きた。2015年の中東呼吸器症候群（MERS）事態のさなかに開設された、DCのマーズギャラリーに登場した通称「メガリア」[*26]である。MERSの韓国発の感染者と判明した60代男性に対しては「苦労の多い家長の人生」に対する想像力豊かで積極的な理解や同情が集まったのに対して、香港で高熱の症状があったために空港で足止めになった20代女性2人には、キムチ女が国に恥をかかせたというような罵倒や侮辱の言葉があふれ、それに憤ったDC内の女性ユーザーが、マーズギャラリーに集まりはじめたのがきっかけだった。彼女たちは、男性中心の既存のオンライン文化にあふれかえる女性嫌悪的なテキスト、表現、論理をそのまま反転させて見せるいわゆるミラーリングを、非常に巧みに披露した。

その後、DC側の敵対的な運営方針に直面したマーズギャラリーの女性ユーザーたち

26＊　「メガリア」はマーズを意味する韓国語「メルス」と「イガリア」を組み合わせた造語。「イガリア」はノルウェーの作家ガード・ブランテンバーグが1977年に発表した小説『イガリアの娘たち』に登場する仮想の国だ。この小説は現在の男性と女性の性役割と立場を逆転させており、逆の立場から現在の差別を振り返させる「ミラーリング」手法を採用している。

は、メガリア www.megalian.com という別のコミュニティサイトを立ち上げ、ミラーリングと女性嫌悪への批判を継続した。このサイトは2017年に閉鎖され、メガリア内の性的少数者嫌悪をめぐる論争ののちに分離したウォーマド womad.life を除き、ほとんどの派生サイトも閉鎖となった。しかし、「メガル」という言葉は、その後も男性多数コミュニティのユーザーにより、メガリアのユーザー、フェミニストだったりフェミニストの傾向があったりする女性、女性嫌悪に不快感を表明したり批判的な意見をあげたりする女性など、非常に広い範囲の女性を指す蔑称として使われはじめた。

　メガルは、1990年代末から2000年代はじめにかけての軍加算点論争で活躍した「クソフェミ」と似ている。しかし、ほとんどのクソフェミが女性主義によって学習された言葉を使って論争を繰り広げたのに対し、メガルはオンラインの文法により精通していた。オンラインで使われる新造語や罵倒語をうまく操り、既存の女性嫌悪の言葉に対抗可能な新たな言葉をも作り出した。キムチ女に対応するのは「キムチ男《ナム》／クソキムチ男《シブチナム》」⑳、男性ユーザーが理想のタイプとして挙げていた「寿司女《スシニョ》㉑（日本女性）」の対義語は「神洋男《ガッヤンナム》㉒（西洋男性）」だった。他にも、男たちのダブルスタンダードを非難する言葉として「二重《イジュン》ジョッテ㉓」を作り、男たちが悪口を言われて悔しさに打ち震える姿には「ジャドルジャドル㉔」という擬態語を作り出した。しかし、その中で最も破壊力があったのは「6・9センチ」である。これは韓国男性の性器が勃起する前の平均的サイズとして知られている数値で、性器のサイズを指で示したメガリアのロゴはそれを意

訳⑳　씹치남。キムチ男と悪態の「씹」を組み合わせた造語。

訳㉑　스시녀。

訳㉒　갓양남。

訳㉓　이중 좆대。ジョッテは物差しという意味の「잣대」と男性器を意味する「좆」を組み合わせた造語。

訳㉔　자들자들。ぶるぶるという意味の言葉「부들부들」と男性器を意味する言葉「자지」を組み合わせた造語。

味するものでもあった。他のどんなに工夫を凝らした悪態に対してより、性器が小さいという話を繰り返されるだけで鬱憤を爆発させ、暴れ回る男たちの姿を見ることができた。

小さな性器への嘲弄は、これまでの女性嫌悪で背景にありつづけた人種主義的鬱憤(?)を刺激するとともに、大方が「性行為をする(貞操を奪う)」で終了していた男性の性的想像力に、そのつづきがあったことを伝える不吉なシグナルとなった。すなわち、男性はどんなに高嶺の花の女性でもセックスをすれば性的/人間的に屈服させられるし、それこそが女性を征服することだという幻想を抱いているが、じつは女性のほうは、征服されたり屈服したり恥じらったりするどころか、「あなたの性器は小さくて、私を満足させられない」と冷静な評価を下していた、と。ようするに、性的に女性を満足させられないという男性の根源的恐怖をストレートに刺激する表現だった。

確かに彼女たちの言葉や表現は、オンライン上で広く拡散している嫌悪文化から自由ではなかった。しかし、すでに数多くの男性多数コミュニティで許容されているものにくらべれば、やりすぎではなかった。しかし、史上初めて自分たちの性別を対象にした真っ向からの悪態を経験して、男性たちは非常に激烈な反応を示した。

対応方法は大きく2通りに分かれた。1つは、「メガル=イルベ」という公式を作り出すことで、その目標を達成するにはそれほど時間がかからなかった。メガルは女性に向けられた蔑称では初めて、その字面自体にはどんな下等さの意味も含まないものだったが、にもかかわらず、これまでのどの蔑称より高い地位を獲得した。一部の男性は、メガルを親日派㉕やナチスより悪質な集団と主張したし、メガリアとその派生サイトが閉鎖されて以降も、悪名は消えるどころかますます猛威を振るった。2つ目の対応は、現実での位階をジェンダー暴力的なやり方で確認させようとする試みだった。個人情報の特定、ネットいじめ、レイプするという脅迫などがメガルとの戦いのために動員された。

　この戦いによって多くの女性たちは、それまで我慢してきたことがじつは我慢しなくていいことだったという事実に気づかされ、さらに自分たちが過去にどれほど多くの女性嫌悪的認識に押さえ込まれていたか（いわゆる「コルセット」）に対する覚醒と怒りを表現しうる言葉を手に入れた。一方男たちは、女性に自分たちが傷つけられる可能性があるという事実に気づき、そのため、これまで以上に激しく押さえつけなければならないとの強迫観念に囚われるようになった。しかし、女性たちが戦いの名分に加えて、努力、激しい内部での論争[*27]、募金、学習といった進取の気性を見せたのに対し、男性たちは既存の女性嫌悪的な世界観を保ったまま陰謀と欺瞞を通じて戦いに臨んだ。

　たとえば、「イクォーリズム」という思想。フェミニズムへの対抗や、フェミニズムにとってかわる思想として、一時多くの男性に引用された、男女間の機械的平等を唱えるこの思想は、ナムウィキ㉖ namuwiki のユーザーがいいかげんに作り出したものだったが、それを訝しんだフェミウィキ㉗ femiwiki.com および女性ユーザーたちが関連する論文や国内外の文献を調べ、ありもしない思想であることを明らかにした。思想としての

訳㉕　20世紀前半の植民地時代に、日本帝国に加担・協力したとされる人々を指す。

27＊　たとえば、メガリアではミラーリングという手法の限界と、越えてはいけない境界についての議論が続いた。メガリアとウォーマドが分離されるきっかけとなった、「肛門虫」（男性同性愛者を卑しめる言葉）問題が勃発した時も、激しい議論が交わされた。〔「肛門虫」の原語は똥꼬충（トンコチュン）。肛門を卑しめる言葉「똥꼬」に、人間ではないという意味で「虫」を組み合わせた造語。オンラインでは、「ママ虫」「真面目虫」など、虫を付けたさまざまな蔑称が流行っている〕

訳㉖　韓国のオンライン百科事典サイト。

訳㉗　オンライン上の情報が男性中心に構成されているという問題意識から作られたオンライン百科事典サイト。

体をなしていない粗末な内容だったにもかかわらず、多くの男性たちがフェミニズムをめぐる議論の際に意気揚々とナムウィキのリンクを提示した。でっちあげであることが明らかになってからも「イクォーリズムが正しい」という主張が絶えなかった。

メガルに対しては、男性多数のコミュニティを中心にそれぞれ散発的な対応が取られていたが、それが組織的な動きへと転換したのは2017年である。当時、韓国のゲーム製作／配給会社「ネクソン」がサービスを提供するゲーム〈クローザーズ〉に参加していた女性声優が、メガリア関連の募金プロジェクトの一環として製作された「Girls do not need a Prince（女の子には王子さまなんていらない）」というプリント入りのTシャツを着た画像を自身のSNSにアップしたところ、男性ユーザーたちがネクソンに抗議をした。結局、その声優はそれまでの作業分をカットされた上に契約を解除されることになり、以降、そうした流れは、ゲーム、ウェブトゥーンをはじめとするカルチャー産業を中心に激しさを増していった。

皮肉なのは、これまで女性嫌悪の重要な根拠とされていた「男に依存する女」のイメージとは明らかに真逆のメッセージの「Girls do not need a Prince」に対して、男たちが怒りを募らせたことだ。このことについては、2通りの解釈ができる。ひとつは、例の「味噌女」で確認したように、男たちが望むのは、自分に依存しない女子ではない、ということである。彼らが求める依存は「自分の重荷にはならないが、自分の存在感を認めてくれるもの」という複雑なスタイルを呈している。たとえば、外食は割り勘にするが、相手の顔を立てるために会計は彼氏に任せるとか、または彼氏が買ってくれたなんてことのないプレゼントにも、心から感動の意を示してやらなければならない。つまり、より正確に言えば、本当に経済的／社会的依存をしてほしいということではなくて、わずかな努力と投資で、依存につきものの信頼と尊敬だけを手にしたいと願う、幼稚で利己的なスタイルを望んでいると言える。もうひとつは、彼女が依存していようがいまいが、王子さまを望もうが望むまいが、とにかくメガル、あるいは女性のすべての行動や言葉を非難したいから、という解釈である。そして真実は、この2つが混ざり合ったどこかにあるはずだ。

メガリアは、イルベを見つけ出そうとした時よりもさらに大きな強迫観念をオンライン上の男たちに植えつけた。彼らが何かをメガルと決めつける範囲は、しだいに広がっていった。例のTシャツを着た人、性暴力や女性嫌悪に反対意見を表明した人、SNSでそのような書き込みを共有した人、その共有した人の知り合い、メガルと疑われた人、疑われた人がメガルではないと書いた釈明文を共有した人、などなど。男性ユーザーはおもに大衆文化やサブカルチャーで活動する女性のSNSを訪問するなどして証拠を収集し、関連会社や機関に苦情を入れた。女性の芸能人、特にアイドルに監視の目が集中した。「Girls Can Do Anything」と書かれたスマホケースを使っているという理由でメガルだと言われたり、女性関連の統計をもとに女性の人生を描いた小説『82年生まれ、キム・ジヨン』㉘を読んだという理由でフェミ／メガルとされ、男性多数コミュニケーシ

訳㉘　チョ・ナムジュ著。同タイトルの邦訳書は斎藤真理子訳、ちくま文庫（２０２３）。

ヨンから「スルーする」という評価をつけられる人たちが出た。[*28] 2018年5月の、あるYouTuberの写真撮影会を口実に行われた性暴行暴露事件の捜査を求めて、大統領府の「国民請願」㉙掲示板に掲載された書き込みへの同意を示した芸能人に対しては、当の芸能人への「死刑」を宣告してほしいという書き込みを投稿する男子たちもいた。㉚ 彼らの行動はますます理性を欠いていった。それは、性犯罪とジェンダー暴力への危機意識を呼び覚まして、さらに多くの女性をフェミニズムの側に送り込むことになった以外に、何の意味も持ちえなかった。

こうした男たちの激しい抗議は、ゲーム業界をはじめとしたいくつかの分野で実質的な脅威となり、しだいに無視できないレベルの世論として扱われるようになった。世論化の過程で大きな役割を担っていたのは、マスコミによる選別的な報道である。もちろん既得権益のある男たちは、フェミニズムに友好的な態度を取るか、あるいはフェミニズム自体を無視するような態度を取ることが多い。その上、社会統計でわかるように、さまざまな階層で見られる性差別と、それによって社会に課されているコストの問題は、もはや放置できない状況になっている。だからこそ、国連など世界的に権威ある機構は、どこも性平等とフェミニズムに友好的な立場を取っているのだ。こうした流れに反しているのは、宗教的な原理主義や深刻な人権蹂躙が横行する国々と、近年世界的に勃興している新たな極右勢力だけである。

加えて、彼らはフェミニズムに対抗するいかなる価値体系も作り出すことができなか

28* 当然ながら、これがどれほど実質的な意味があるかはわからない。芸能／公演産業を支えている主な消費者は女性だからである。

訳㉙ 韓国国民がオンライン上で韓国政府に希望を申し出ることができる制度。30日で20万人の署名が集まれば、政府関係者からの回答が得られる。2022年に廃止。

訳㉚ 元アイドルで俳優のスジは、自分のSNSで被害者からの被害事実公表に共感を示した。しかし、その後、彼女を批判する声が上がり、「国民請願」掲示板には「芸能人、スジの死刑を求めます」などの請願が掲載された。

った。特に、反イルベと反メガルを同時に掲げる、いわゆる「善良な」男子の場合はなおさらそうだった。イルベの場合は、一部に保守主義と反フェミニズムを結合させようとする動きがあった。たとえば、「愛国ペンスルール集会」や「フェミニズムはマルクス主義をちぐはぐにつなぎ合わせた変種ナチズム」といった造語に、その動きの一端がうかがえる。しかし、イルベではないと主張しながらも、女性嫌悪を正当化する男たちには、さらに頭を悩ませなければならない問題が待っている。自分たちは進歩的で正義の立場だがフェミニズムはそうではないと立証しなければならないからである。したがって彼らは「イルベもメガルも同じ」「今のフェミニズムは変質したものである」、「フェミニズムは男女対立を助長し……」といった言葉を、壊れた録音機のように繰り返すことを選んだ。だが、女性嫌悪的な態度を維持すればするほど、「イルベとは違う」という主張は滑稽なものになりつつある。

いずれにせよ、この年代記を通じて確認できることは、インターネットの誕生以降に男性たちが主としてやってきたことは、女性への非難だったという事実である。メガルの登場前までのオンライン空間の「男性超過化」について、女性主義の研究活動家であるクォンキム・ヒョンヨンは、インターネットの草創期だった2000年代はじめから「女性は、インターネットユーザーを集めるコンテンツとして位置づけられた」[*29]としている。すなわち、インターネット上では、女性はユーザーとしてではなく、コンテンツ（おもに性的な意味での）として、また消費者（飾りつけ、家事をし、子育てをする女性）とし

29＊　クォンキム・ヒョンヨン他『大韓民国ネットフェミ史』、ナムヨンピル（2017）、p. 55.

てのみ存在させられたという意味である。そしてその最大の理由として、クォンキムはフレーミング（flaming）、つまり悪質なコメントやサイバー攻撃が男性ユーザーによって繰り返されることで、女性が離れていった事例を挙げている。フレーミングを通じて「オンラインで性別が逆転したのではなく、女性ユーザーが自分が女性であることを明かさなかったり、あるいはその空間が居心地悪くなって離脱したり」[30]したために、オンライン空間で男性が過剰に代表される事態が起きたというのだ。

実際、オンラインは女性不在の空間と簡単に想定され、女性がいてもいないことにしなくてはならない空間になっている。そうした同性性をベースにしてさまざまな行為、たとえばポルノの共有や乱暴な言葉遣いや悪態に暫定的に了解が得られ、内側の人間としての意識を持つようになるからだ。[31]女がいないから日常ではすることのない過激なふるまいが可能で、だからこそ女はいてはならない。このような同性性の問題は、特に男性青（少）年の遊び文化において極端になる。

出口のない循環——遊び文化と女性嫌悪[32]

パソコン通信に続いて登場したインターネットは、青年たちの主な生息地となった。オンラインはオフラインとくらべてアクセスが簡単で、お金もあまりかからず、自分の求めるものを探すのも手間がかからない。特に韓国社会では、２０００年代に入ってＩ

30＊　前掲書 p. 60.

31＊　これについては、イ・ギルホ前掲書、およびチェ・テソプ「性機能障がい者でありゲイとして語る——関係不可能への自嘲と恐怖」、『余剰社会』、ウンジン知識ハウス（２０１３）を参照されたい。

32＊　この一節は、延世大学ジェンダー研究所『そんな男はいない』、五月の春（オウォレポム）（２０１７）に掲載されたチェ・テソプ「Digital Masculinity——韓国男性青（少）年とデジタル余暇」に書いた内容を要約し、新たな議論を追加したものである。

Tインフラやデバイスの発展は目を見張るばかりだった。1990年代末から2000年代はじめにかけて、金大中《キム・デジュン》政権が推進した「情報化」政策により、全国に高速ブロードバンドが敷かれ、コンピュータを活用した教育が広く行われ、最小限の機能を搭載した低価格パソコンが各家庭に普及した。デジタルデバイスのトレンドがモバイルに移行してからもそうした傾向は続き、2017年には韓国でのスマートフォン普及率が全世界第6位の77・7％を記録している。*33

仮想空間への最初の期待は、出身、階級、性別、人種、国境を越えて平等なコミュニケーションを可能にする仮想の公論の場としての機能だったが、考えた通りにはならなかった。匿名性は、顔のない人々が身元を特定された人々を過酷なまでに攻撃しうる条件となり、既存の社会で存在していた差別と偏見が、オンライン空間でいっそう激しく増幅することになった。そしてすでに見てきたように、女性に対する見境のない性的対象化や性被害が起きている上に、世の中の軋みはすべて女性のせいという主張もあとを絶たなかった。

ジェンダーのない空間になると思われていた仮想空間では、ますます男性の超過が進んだ。インターネット利用率の男女差では、それほど有意な差は見られないが、大勢のユーザーが集まって意見を交換する場で目立つのは男性の声だった。韓国の某オンラインメディアの調査によると、『ネイバーニュース』につけられたコメントの性比は男性77％、女性23％とかなりの性比不均衡を見せている。*34 また、国別の人気ウェブサイト順

33＊「地球村で10人中4人がスマホを使っている……韓国は77・7％で6位」、『聯合ニュース』、2017.7.1.

34＊「ネイバーニュース「男性」多く、「10代・女性」少ない」、『bloter』、2016.7.25.

位を発表しているシミラーウェブ www.similarweb.com の韓国ランキング（２０１８年9月25日現在）によると、上位50位にランキングしたコミュニティサイトのほとんどが、ユーザーが圧倒的に男性であることで有名なサイトだった。*35*36

文化体育観光部が発表した「２０２２国民余暇活動調査」によれば、韓国人の余暇の過ごし方で多いのは（1〜5位の合計）、テレビ視聴（66・8%）、散歩およびウォーキング（43・8%）、モバイルコンテンツ／ＶＯＤの視聴（41・4%）などである。性別によって大きな開きを見せるものを整理すると、散歩およびウォーキング（女性51・4%、男性36・1%）、ゲーム（女性8・1%、男性22・8%）、飲酒（女性4・1%、男性21・9%）といった項目だった。

最も満足度の高い余暇活動を問う質問項目（1〜3位の合計）で性別による開きが大きかった項目は、散歩およびウォーキング（女性28・3%、男性21・3%）、おしゃべり／通話／メッセージ（女性41・6%、男性28・8%）、買い物／外食（女性25・1%、男性14・3%）、ゲーム（女性3・3%、男性13・1%）、飲酒（女性2・6%、男性13・5%）などである。また同調査を年齢別に整理してみると、30代を境に異なる様相が現れる。10代と20代がもっとも多く参加した余暇活動は、モバイルコンテンツ視聴、ゲーム、インターネットで、平均値を大きく上回る。一方、テレビ視聴や散歩は平均値を大きく下回っている。満足度調査でも、10代と20代のゲームやモバイルコンテンツへの満足度が平均値をはるかに上回った。

35＊ ＤＣインサイド（7位）、ナムウィキ（9位）、ルリウェブ（ruliweb.com、12位）、インベン（inven.co.kr、21位）、イルベ（26位）、エフエムコリア（fm korea.com、28位）、ポンプ（ppomppu.co.kr、29位）、笑える大学〔ウッキンデハク〕（humoruniv.com、39位）、本日の〔オヌル〕ユーモア（todayhumor.co.kr、46位）など。比較的女性ユーザーが多いサイトはドク（theqoo.net、30位）が唯一だった。ポルノサイトが上位に多数ランクインしている。

36＊ 『ウォール・ストリート・ジャーナル』によると、ピンタレスト（71%）、インスタグラム（56%）、Twitter（53%）、Facebook（52%）をはじめとするSNSは、一般的に女性ユーザーが多い。"Pinterest's Problem: Getting Men to Commit," *The Wall Street Journal*, 2015.1.22.

過去1年間最も多く参加があった余暇活動ランキング（複数回答　1＋2＋3＋4＋5位）

（%）

区分		テレビ視聴	散歩およびウォーキング	コンテンツ／VOD視聴	おしゃべり／通話／メッセージ	ネット検索／1人メディア制作／SNS	買い物／外食	友達とのお出かけ／デート／合コン	ゲーム	音楽鑑賞	飲酒
全体		66.8	43.8	41.4	35.2	27.4	25.4	23.0	15.4	14.2	13.0
性別	男性	64.0	36.1	43.3	28.8	27.8	20.8	24.4	22.8	12.9	21.9
	女性	69.6	51.4	39.5	41.6	27.1	29.9	21.6	8.1	15.6	4.1
年齢	15～19歳	41.1	13.0	64.2	44.3	42.8	12.5	33.5	50.2	36.9	1.0
	20代	36.0	18.5	61.5	33.5	38.9	23.0	34.9	36.4	26.0	13.4
	30代	53.2	31.2	54.2	34.5	35.8	29.3	21.2	25.6	15.4	14.5
	40代	69.4	37.6	50.0	35.9	33.2	32.7	15.2	12.7	12.7	12.9
	50代	76.2	50.0	38.8	33.3	27.1	26.4	19.6	5.4	10.3	16.0
	60代	83.0	61.8	23.5	34.3	17.0	22.2	20.4	2.6	8.5	14.7
	70代以上	90.7	76.3	9.0	37.5	4.5	20.8	26.4	0.5	5.7	9.2

最も満足度の高い余暇活動（1＋2＋3位）

（%）

区分		散歩およびウォーキング	テレビ視聴	買い物／外食	友達とのお出かけ／デート／合コン	コンテンツ／VOD視聴	自然風景観覧	映画観覧	ゲーム	登山	飲酒
全体		24.8	23.0	19.7	18.8	15.0	12.9	10.3	8.2	8.2	8.0
性別	男性	21.3	21.6	14.3	19.7	16.8	11.5	8.7	13.1	11.2	13.5
	女性	28.3	24.3	25.1	17.8	13.1	14.3	11.9	3.3	5.1	2.6
年齢	15～19歳	5.0	8.3	11.8	26.1	35.3	2.3	20.4	35.3	0.5	0.3
	20代	6.6	8.4	18.3	28.8	25.5	5.8	19.4	19.4	1.8	7.6
	30代	14.7	11.0	25.5	17.4	20.8	11.7	14.0	13.7	2.5	8.5
	40代	20.0	17.5	24.4	14.4	15.0	16.0	11.3	5.3	8.3	7.9
	50代	28.7	25.9	18.7	16.0	11.9	17.3	8.0	2.0	14.3	10.3
	60代	37.8	32.6	16.6	16.9	6.9	16.1	4.4	1.2	17.2	9.1
	70代以上	50.0	50.6	16.6	18.2	2.9	12.1	1.2	0.2	4.7	6.4

出典：2022国民余暇活動調査，韓国文化体育観光部，2022

以上の調査結果から、男性で、かつ年齢が低いほど、ゲームやインターネットの趣味活動により熱心に参加し、加えて満足度も高いことがわかる。ゲームの場合は特に、関心の高さや満足度において、性別による格差が大きく見られるといえるだろう。

中でもゲームは、現在でもフェミニズムに対する魔女狩りが業界レベルで行われている、ほぼ唯一の分野である。2016年から本格化した「メガル狩り」は現在にいたるまで続いている。オンライン上では「メガルゲームリスト」と題された文書が出回っている。そこには「1.メガルが確実にいて、それについてゲーム開発会社の立場表明がなかったり、縁を切ったりしていないゲーム　2.ユーザーが重いゲーム[*37]　3.確実に縁切りができているゲーム　4.その他」というように、炎上したことのあるゲームが分類され、2018年3月26日現在、32ほどのゲームがリストアップされている。このうち、ゲーム会社がユーザーからの求めに従って確実な「措置」を取ったゲームと分類されているのは8つ。それはすなわち、フェミニズムについての「思想調査や検閲」の過程で、こなした作業がカットされたり、契約を解除されたりしたケースが、少なくとも8件あるということを意味している。[*38]

そもそも会社が、直接「思想調査や検閲」的な行為に乗り出すケースもある。ゲーム〈ツリーオブセイヴァー〉を開発していたIMCゲームズの代表キム・ハクギュ氏は社員がメガルだというユーザーからの情報提供を受けると、その社員に「私はメガルではないが、お騒がせして申しわけない」という謝罪文をアップさせ、それでも騒ぎが収ま

37＊　女性が多いという意味。「メガル」を男性からの好感が得られない女性として想定していることからつくられた表現。

38＊　このリストが作成されたあとも、〈アズールレーン〉と〈DJMAX RESPECT〉でも同じような議論が持ち上がり、イラストレーター2人の作品が削除された。

らないと、今度は自ら「取り調べ」を行った。彼は声明で「本当に反社会的な思想を追い求める人物と、同僚として一緒に働きたくありません」と前置きをしつつ、その社員が「『韓男《ハンナム》』という単語を含むツイートを1件リツイートし、変質する以前の意味でのフェミニズムとメガルを区別できずに、関連団体や個人をフォローしていたことなどは過ちだったかもしれませんが、職を失わざるをえないほどの犯罪行為とは考えられません」と「庇って」みせた。一方で彼は「以前、メガルに関わりのある人物が、問題になるや否や謝罪文を発表して責任逃れをし、その後また本性を現す二枚舌の態度を見せたことがあるため*39」みんなの継続的な監視と関心が必要であると力説した。フェミニズムに対するキム氏の話が、かつて反共主義者によって行われた「左傾化思想検閲」と驚くほど似ていることには失笑を禁じえないが、同時にこの発言は、ゲーム業界におけるフェミニズムへの態度を端的に示した部分でもある。

スマホゲーム〈アズールレーン〉の運営会社は、業務提携をしていたベテランのイラストレーターに「『自分はメガリアと関わっていない、フェミニズムを支持しない』とツイートしてもらえますか」と質問し、イラストレーターが難色を示すと「メガル側ではないという意見の表明がない場合、今後○○様との持続的な業務提携は困難というのが弊社としての立場です」と契約解除を通知した。一方、PC向けのオンラインゲーム〈ソウルワーカー〉の運営会社はメガル問題が勃発すると、一両日中に名前が挙がったイラストレーターのイラストを削除し、同様の問題が発生しないよう「内部の事前チェ

39＊「TOS原画家のツイッターでのメガル論争に関するお知らせ」、2018. 3.26. (http://tos.nexon.com/news/tosnotice/view.aspx?n4ArticleSN=1025)（現在このURLは無効）。キム・ハクギュ氏はこの声明で、韓国女性民友会、フェミディア（フェミウィキ）、そしてフェミニズムを反社会的な思想と主張、その後謝罪した。民主労働総会はこの出来事を労働者への思想調査であり弾圧であるとして声明を発表した。

ック」を行うと明らかにした。この発表が男性ユーザーから好評を得て、150位圏にとどまっていたゲームが20位圏に「急浮上」するという現象が起こった。

これらのケースがゲーム業界で集中的に起きるのは、ひとまず産業構造の問題がある。2021年現在、マーケットが20兆9913ウォンにのぼる韓国ゲーム産業は、文化産業の中で男性消費者の割合が女性消費者を上回っている、ほぼ唯一の市場である。もちろん女性のゲーム利用率も徐々に高まり、2022年現在のゲームの利用率では男性75・3%、女性73・4%、とそれほどの差が見られていない。[*40] しかし、他の調査からすでに確認したように、ゲームにより情熱的にお金や時間をつぎ込むのは男性のほうであり、韓国ゲーム業界のほとんどもまた、いまだ男性だけを顧客として考慮している。

ひとまず、お金の側面から考えてみよう。韓国のゲーム産業において、モバイルゲームとPCゲームは産業全体の84・7%（モバイル57・9%、PC26・8%）を占めている。PCゲームの全体利用率は、2022年現在40・3%であり、性別による利用率は、男性62・6%、女性37・4%だった。このうち、二重課金や有料購入を行っている利用者の割合は、男性65・2%、女性61・6%で、月平均支出額は、4万2417ウォンである。有料利用の割合や平均支出額にはさほど差が見られないものの、利用者数の差を考慮すれば、支出総額の差は広がるものと考えられる。同様に、モバイルゲームにおいても、全体の利用率は62・6%で、性別による利用率は、男性48・8%、女性51・2%と、女性のほうがより多い。うち、有料購入をしている利用者の割合は、男性44・8%、女

40＊ 韓国コンテンツ振興院「ゲーム白書」（2022）。

性34・5%で、平均支出総額は、男性４万８８０９ウォン、女性３万５２６ウォンと差が見られた。結論でいうと、全体利用率そのものは同じレベルに達しているとはいえ、支出の側面では依然として男性が女性より優位に立っている。加えて、韓国ゲーム業界の特性に、確立型アイテムやPay to Win《ペイトゥウィン》*41ゲームを中心とした成長があるため、売り上げの多くが、少数の高額課金者*42により左右される傾向があり、そうした高額課金者のほとんどが男性であることがわかっている。

しかし、今後女性のゲーム利用率が増加し、その分、市場が成長するだろうということは疑う余地のない事実である。すでに蔑ろにはできない割合を占めているにもかかわらず、ゲーム業界がいまだに女性を客扱いしないのは、ゲーム業界の構成比率と大きな関係がある。韓国のゲーム業界での男女性比は、７対３と男性が圧倒的に多く、意思決定を行う管理職や役員における女性の割合は20%にも満たない。さらに、女性従業者たちの職群は、グラフィック(25・7%)やQA(17・7%)、企画(15・0%)に集中している*43。加えて、これまで問題になってきた事例からわかるように、女性従業者の場合は、労働法によって保護される正規雇用者ではなく、フリーランスが多かった。

つまり、女性のゲーム利用率は右肩上がりを見せているにもかかわらず、ゲーム市場はいまだに男が、男を対象にして企画し、制作し、販売し、購入するという性別化された市場の枠組みから抜け出せずにいるのである。

ゲームはこんにち、青年男性が同年代の集団で行う核心的な遊び文化であると位置づ

41＊　課金すれば有利になるゲーム。ＮＣソフトのリネージュがその代表。

42＊　２０１５年Google Playでのゲームアイテムの売上を分析した結果、ユーザー全体の95・3%は何も購入しておらず、少額課金３・７%、中額課金０・９%、高額課金(１００万ウォン以上)０・１%となった。一方、売上率は高額課金者が全体売上の53・4%、中額課金者が37・7%を占めていた。「〈2015Google Playゲーム総決算報告書〉モバイルゲーム、１%の利用者が売上の90%以上を占める」、igaworks, 2016.2.18.

43＊　韓国コンテンツ振興院「２０２２ゲーム産業における従業者実態調査」(２０２２)。

けられている。プロゲーマーに熱狂し、ゲーム放送を視聴し、友達と実力を競い、コツを知ろうとコミュニティを探す。そうした光景はもはや見慣れたものとなっている。ゲームは新しい時代の男性にとって一種の技芸となった。サッカーやビリヤードが得意なこととゲームが得意なことの間には、もはやたいした違いがない。

ゲームが脚光を浴びるようになった最大の理由は、楽しいからである。しかし、さまざまある楽しいものの中でゲームが選ばれるようになったのには条件がある。こんにちの青（少）年の余暇時間が十分にはなく、忙しい日課の合間に楽しさを見つけなければならず、友達同士で集まって身体活動をできるスペースもない。ゲームはわずかな動作と空間、それにお金さえあれば解決する最善策、あるいは次善の策だ。別の面ではお金の価値ということもある。同じお金をゲームに使うのと現実の中で使うのとは、価値においてかなりの開きがある。いわゆる「コスパ」の問題である。特に、続く不況の中で趣味に大金を使えるほど余裕のある男性の数が減りつづけていることは、好んでゲームを選ぶ蓋然性を高めるはずだ。言い換えれば、青年男性たちにとってゲームとは、かなりの部分経路依存的な選択であり、と同時に、彼らの置かれている文化的な苦境の発露でもある。

したがって、ゲームにおける「外部」とされていた人たち、特に女性の意見や批判は、領域侵犯の問題としてみなされる。ゲーム文化の中に女性が入ってくることは、男たちにはさまざまな困難をもたらす。なぜかというと、ゲーム文化は内部的にも外部的にも、女性の他者化を不文律として続けられてきたからだ。

セックスがテーマの成人向けゲームでない場合でも、ゲームに登場する女性キャラクターは、役割に関係なく露出が過多で、若くて美しい姿で描写されるのがほとんどである。これは、主な顧客層が抱いていると推測されるニーズをもとに、さしたる問題意識なく繰り返されてきた慣行といえる。特に、日本のサブカルチャーにおける主要なコードの「萌え」*44が韓国、中国、台湾などのアジアはもちろん、アメリカやヨーロッパなどにも広く影響を及ぼすようになって以来、そうした表現形式はサブカルチャー全般にしっかりと根づいた。現在は北米を中心に、女性に対する不適切描写に疑義が持ち上がり、性、人種、体型、年齢、役割などを多様に描かなければならないという動きが出ている。しかし、そうした動きにも、西洋、東洋を問わず、数多くの男性ゲーマーから、政治的正しさを強要しすぎという非難が集まっている。多様性の表現が不適切だったり、あまりにも拙速だったりというケースが一部あることはあったが、とはいえ、そうした流れに対する抵抗が意味するところは明らかだろう。彼らにとっては、異性愛者の男性だけがゲーム利用者の唯一にして正当な性アイデンティティである。ゲームは男だけのものであり、男のニーズと欲求に応えなければならず、それが邪魔されてはいけない。もちろん、そうした抵抗は不可能といえる。世の中のすべてのメディアは、社会的な関係の中で存在しており、つねに時代と社会の基準によって評価され、変化を求められる。ゲームは、すでに産業的にも社会的にも重要な位置を占めているため、そうした社会的要

44＊　萌えは日本語の「萌える」に由来する言葉で、複雑な意味を含んでいる。架空のキャラクターに対する愛情、架空のキャラクターを構成する特定の方式や要素を総合したもの、くらいの理解になるだろう。日本の哲学者、東浩紀は、日本のサブカルチャーが「萌え」を中心に再構築されるのは１９９０年代以降だとしている。それ以前のサブカルチャーは、過去の敗戦の傷を忘れるために、戦後の代案となる物語（最も代表的なものが『機動戦士ガンダム』）を中心に構成されたが、１９９０年代以降のサブカルチャーは、もはや歴史的な問題や物語にこだわらず、「萌え」要素のデータベース（たとえば、大きな目、メイド服、猫耳、ポニーテール、ツンデレなど）を配置することで特定の組み合わせを生産し、それを消費するかたちへと取って代わったとする。詳しくは東浩紀『動物化するポストモダン』イ・ウンミ訳、文学トンネ（２０１７）参照。〔原著：講談社現代新書（２００１）〕

求から逃れることはできない。

一方、ゲーム文化の中では、実在する女性はゲームを妨害する存在である。母、先生、社会、妻（彼女）は、ゲームをしようとする男の欲望を無駄なものだと無視し、積極的に妨害しようとする。ゲームの代わりに勉強や運動、自己啓発をすべきだと主張し、ゲームをする男を情けないと思う。青年男性は、どんな業務をしているかよくわかりもしない女性家族部を主敵とみなしているが、その最大の理由は、女性家族部が未成年者のゲームプレイ時間を規制する「シャットダウン制度」の所管省庁だからにほかならない。

とはいえ、ゲーム文化に好意的だったり、ゲームを楽しんだりしている女性も確実に存在するし、その数は徐々に増えつつある。そして彼女たちもまた、他者化される。ゲームの開発に関わる女性たちに降りかかる問題は、これまで確認した事例で十分に推測可能なはずだ。それだけではなく、ゲーム好きの女性たちは、多くの男性ゲーマーたちからゲームが好きという理由だけで「君はオレを理解してくれそうだ、だからオレと付き合おう」と言われる羽目になる。特に、最近のゲームはオンラインで複数のユーザーが同時に参加するマルチプレイを楽しむスタイルが多く、コミュニケーションが必要になるケースが増えているが、女性ゲーマーたちはここでもやはり、望んでいない、そして実のところあまり意味のない誘い掛け（flirting）やセクハラに苦しめられる。加えて、女性ゲーマーに敵対的な行動を取ることで、自分の威信を上げようとする男性ゲーマーたちもいる。彼らは「自分は女を石ころ程度にしか見ていない。それに女はゲームができない。あの女はきっと他の男の実力にただ乗りして今のランキングになったはずだ」といった一般化を、すべての女性ゲーマーにあてはめ、無駄に嫌がらせをしたり悪態を吐いたりする。

ゲームの最中に女性ユーザーの声を耳にした男たちの反応は、ほとんど領土を侵犯されたかのようだ。そして近頃の男たちは資本主義を介して抵抗する。すでに述べたように、ゲーム産業を率いているのは男である。したがって、自分たちの一連の行為は消費者としての権利を取り戻すための正当な活動だと主張する。ある男性ゲーマーは、自分の行為について「私たちとイルベの違いは、フェミニズムだからといって無条件にすべてを排除するわけではないところだ。(……)せめてゲームではストレスを受けたくない。自分が払ったお金で回っているゲームなのに、その程度の要求すら思想調査と言われるのは心外である」*45と主張していた。ここでのポイントは「自分が払ったお金で回っているゲームで、ストレスを受けたくない」という言葉だろう。もちろん、これは現代資本主義的な観点からすれば、論理としてはかなり有効である。だが、消費者が行使できる権利とは果たしてどこまでかを考えた時、彼らの設定範囲があまりに広すぎることは確かである。

たとえば、かつて複数のゲームでイルベに関する騒動が起きた時、男性ゲーマーたちは同様に不買運動や抗議を繰り広げ、それに対してゲーム会社は素早く対応した。男性ゲーマーたちは、今のメガル騒動もその延長線上にあるものだと主張する。しかし、ほ

45＊「ゲームの中の「メガル探し」は、正当な消費者運動か」、『京郷新聞』、2018.4.7.

とんどの男性はフェミニズムについての明確な理解がなく、メガルを反社会的思想だと主張しているのも、非常に恣意的な基準によるものだ。正確に言えば、男性ゲーマーがとあるフェミニズムをめぐり、それが行き過ぎか否かを判断する基準は、もっぱら自分が批判されているか、または自分の気分を害しているか、だけである。

彼らはフェミニズムに関連したものから、関連がほとんどないと言っていいものまで、あらゆる意見や些細な行動にみな同じくメガルというレッテルを張り、魔女狩りをする。その様子を見ていると、彼らの弁解の正当性に疑義を持たざるをえない。男たちはゲーム開発に参加した人たちの身元を暴き、オンラインで拡散しながら冒瀆の度を強めている。しかし、彼らがいかにゲームにお金を使っているかにかかわらず、それはただの質の低い人身攻撃に過ぎない。何よりゲームは、誰かの領土ではない。ゲームが社会の中にあるかぎり、社会的な責任を負わなければならない。また、ゲームが現存するものを模写するために、ゲームが描写する行為は現実に明らかな影響を及ぼす。したがって、ゲームの消費者でない人でも、ゲームの中の差別的な要素や描写について問題提起することはできるのだ。

2020年、韓国の国家人権委員会は、ゲーム業界において思想調査により不当な処分を受けた6人の女性労働者の訴えについて調査し、決定文を発表した。*46 しかし、6人中5人は、外注業者として契約した立場であり、さらに正規職だったひとりの女性は、人権委が介入可能な1年という時効を過ぎていたため、結果的に女性労働者が被った不

46＊　国家人権委員会差別是正委員会決定文「思想および政治的意見を理由とした女性作家の排除慣行改善のための意見表明」、2020.05.26.

利益への是正は実現しなかった。調査の過程でゲーム業界は、結果物を排除したり契約を解除したりなどの対応が、アンチフェミニズムによるものではなく、品質にかかわる問題もしくは開発のプロセス上の判断にすぎないと主張し、一部は、消費者からの抗議があったため、やむをえない決定だったと言いわけをしたのである。しかし人権委は、弁明をしていた他の事業者の当時の公開資料などから判断すると、それは思想調査によるクレームへの責任を負わせる措置に他ならず、たとえ営利企業であっても、消費者が人権や正義といった基本的な価値に反するような要求を行った場合には応じてはならないと釘を刺した。

ところが、その後も状況は好転していない。2023年には、ネクソン社が運営する〈メイプルストーリ〉の広報用のアニメーションの中で、「メガリアの指」をかたどった手つきをしているキャラクターが登場するという疑惑が持ち上がった。男性ユーザーは、そのキャラクターをフェミニストの女性クリエイターがこっそり埋め込んだ男性嫌悪のマークだと主張、大騒ぎになる。このことで、ネクソンはその映像を外注制作した会社に、ほとんど脅迫的に謝罪を促した。しかし、その後の取材によると、問題になった映像はすべて、男性クリエイターの手によるもので、ネクソンのチェックも受けていた。[*47]そうした事実が明らかになった以降も、ネクソンは行った発表を撤回しようとせず、問題提起した男性ユーザーも引き続き新たな憶測を広げ、「つまみ指狩り」をやめようとしていない。

47＊　「［ファクトチェック］メイプル「男性嫌悪のつまみ指」をめぐる絶えない陰謀論」、『京郷新聞』、2023.12.05.

ゲームが若い男性の遊び文化のすべてではない。女性嫌悪的な情緒が育まれ、増幅された中心的な場所は、イルベと、イルベに対抗するとしていた他の男性多数コミュニティだ。彼らは韓国の民主化や与党／野党などの政治体制レベルでは違いを見せるが、女性嫌悪においてはたいした差を見せない。これを裏づける最もいい例が、〈クローザーズ〉事件の時に結成された反メガル同盟である。この事件はまた、バックラッシュの本格的な始まりを告げるものでもあった。この同盟には、ゲーム界にいるメガルを追い出さなければならないと主張していた人たち、「メガル傾向」の作家たちが連載するウェブトゥーンを締め出そうと主張した「YES CUT!」運動の支持者、〈クローザーズ〉事件に関して革新系野党「正義党」の文芸委員会が論評を出したことをめぐって、正義党はメガル政党であると主張した党内外の男性[*48]、時事週刊誌『時事IN』の特集記事「怒る男たち」に憤りながら雑誌不買運動を行った男性たち、ほとんどすべての男性超過コミュニティ、そして驚くべきことにそうした団体が反対の立場をとっていた「イルベ」がメンバーとして参加していた。政治傾向でいうと左から右まで、年齢でいうと10代から40代前半までを網羅する広範囲な連帯が反メガルの旗の下に集まったのだ。

以後も続いて使われている、「反社会的思想としてのメガリアとフェミニズム」というバイアスは、この時期に確立されたものなのである。このような手法は、メガリアが使っていたミラーリングの正当性に傷をつけ、使用された言葉を額面通り受け取ることだった。女性嫌悪を実践した確信犯グループは、事実の捏造と歪曲を行うだけでなく、

48＊ 正義党の文芸委員会は〈クローザーズ〉事件について、女性差別であり、労働権の侵害とする非難声明を発表した。しかしそのことが党内外で大きな論争を引き起こし、ついには党指導部の決定によって声明が撤回される事態となった。この騒動により、正義党は党内のフェミニストと反フェミニストの両方から反発を買うことになった。さらに、声明に対して、もしくは声明撤回に対する抗議の意味で離党する党員も続出した。

メガリアの原型が男性多数コミュニティの女性嫌悪的な表現だった事実を隠蔽した。そのような事情に疎かった他の男性たちは、突然あふれ出したメガリアの過激な表現をそっくりそのまま真に受けた。もちろん他の男性たちの場合は、メガリアがそのような表現を使うようになった事情や背景に関心がなく、関心があるのは、不特定多数目がけて飛んできたミラーリングの破片に当たった自分の傷だけだった。その時期からメガリアは、本来の文脈を断ち切られたまま突然「原本なきパロディ」となってしまった。

コミュニティが女性嫌悪の温床になったのは、その内部の論理に起因するところも大きい。「女のいないコミュニティ」という同質性に基づく信頼の他にも、嫌悪や暴力を遊びと捉える根底の雰囲気が憎悪をさらに後押しした。すでに触れた通り、ほとんどのコミュニティ、ニュースコメント欄などは男性が主導的な空間である。また、ほとんどのコミュニティは立ち上がって以降、一貫して同じ方向に動く。それはつまり、「悪貨は良貨を駆逐する（Bad money drives out good）」という方向である。真面目で思慮深い意見は、あとからあとからあふれ出す嘲弄や暴力の洗礼を受け、そのことによって、常識的な利用者の離脱を招くことになる。

フレーミング、またはトローリングと言われるオンライン上での攻撃的行為は、世界中どこにでもある。このような行為は、大きくグリーフィング（griefing）、フレーミング、レイディング（raiding）という3つの形態に区分することができる。グリーフィングは相手に意図的に精神的な苦痛を加えること、フレーミングは悪口、誹謗中傷を活用したことを指す。

否定的なコミュニケーションを取ること、レイディングは不特定多数と集団行動をすることを指す。

何より重要なのは、なぜこのような振る舞いをするのかだろう。複数の研究によれば、パソコンを介したコミュニケーション（Computer mediated communication、ＣＭＣ）が持つ匿名性から来る、公的自己意識の低下と脱社会性の増大、個人の多様な心理的／社会的特性による攻撃性の表れなどが原因とされる。また、他人や周りの人々（準拠集団）がそのような行為をどのように評価するかが影響を及ぼすという主張もあり、女性よりは男性が、言語暴力に対する容認度の高い集団／個人、礼儀に従順でなく心理的な緊張状態が長く続く人ほど、より攻撃的な行為をする可能性が高いという研究結果もある。さらに、匿名性による個人化ではなく、匿名性と集団性が結びついた場合（「親睦行為」を禁じ、没個性的な話し方でコミュニケーションを取ること）にこのような行動がより誘発されやすいという研究もある。

それらの研究結果をまとめると、テクノロジー、社会、個人のすべての側面に攻撃的な行為を誘発する要因があるといえる。仮想空間が現実より攻撃性を表しやすい空間であることは間違いないだろうが、かといって誰もが攻撃的になるわけではない。攻撃行為にさらされ、それを容認する文化の中にいたり、被害を受けていたりする場合に、トローリングに囚われる可能性がより高くなる。また、攻撃性と暴力性が高い、自己統制力が弱い、ストレスを感じやすいなどの傾向があるほど、またその可能性は高くなると考えられている。[49]

男性多数コミュニティでは、トローリングは一種の隠語や遊び文化、ユーモアの一種として受け入れられる傾向がある。もちろん、度を超えたトローリングについては制裁ややり返しも行われるが、互いを蔑称で呼んだり自嘲し合うのはよくあることだ。時々、一部のコミュニティではトローリングを禁ずるために俗語の使用を禁止し、敬語を使うよう要求する。だが、そうしたコミュニティだからトローリングが行われないわけではない。

他方、トローリングの原動力としてもうひとつ重要なのが「注目競争」である。注目競争は、一時、社会不適合者の奇行程度にしか思われていなかった。しかし注目／関心は、こんにちのオンラインでは最も重要性を持った要素で、ほぼ唯一の原動力となっている。注目され、関心を得るために、個人はもちろん、企業と政府機関まで注目競争に身を投じている。経済的な理由であれ、単なる個人の満足のためであれ、注目競争は相乗効果を生む。他者よりさらに注目されるために、いっそうインパクトが強く、斬新で、しっくりくる表現を使いこなす競争に飛び込むようになるのだ。そして、その競争は明るいほうではなく、暗いほうへと発展してきた。特に男性超過コミュニティでは、注目競争であり、かつ内部的結束を固めるための重要な手段として、管理が緩い深夜に、盗撮物を含むポルノが頻繁に共有されている。[50] それぞれの時代を代表する女性嫌悪表現も、やはり注目競争によって発展（？）してきたものと見ていいだろう。

49＊　この内容は、以下の論文を総合的に整理したものである。シム・ジェウン、キム・ジンヒ『フレーミング（Flaming）に影響を及ぼす変因に関する研究――社会的影響モデルを中心に」、『情報化政策』第20巻第4号、韓国情報化振興院（２０１３）。チュ・ギョンヒ、チェ・ジウン、イ・ソンギュ「インターネットコメント文化におけるフレーミング行動に影響を与える要因に関する研究」、『文化産業研究』第13巻第2号、韓国文化産業学会（２０１３）。ソ・アヨン「仮想コミュニティのフレーミング（Flaming）に対する理論的探求と実証分析」、『eービジネス研究』第13巻第1号、国際eービジネス学会（２０１２）。

50＊　ソラネットはこの最も極端な事例である。盗撮物やポルノを共有するために存在する地下産業だったのだ。ソラネットの他にも外国にサーバーを置いて韓国向けのサービスを行っている違法サイトが多く、経済的利益を求める事業となっている。

注目競争を繰り広げる最大の理由は、注目を集めることでもたらされる影響力、そしてその力を行使する楽しさのためである。現実世界では重要視されていない自分が、突如としてコミュニティ内の大勢から関心を寄せられることになるのだ。そのこと自体、興奮する出来事だろう。おまけにオンラインでの影響力は、時として現実にまで影響を及ぼしかねない。２０００年代以降、韓国政治の中心にあったのは、つねにオンラインがきっかけのろうそくデモだった。だが、誰もがろうそくデモを先導した「アンマ」*51になれるわけではない。単に表現力の問題ではなく、どの分野に目をつけるかも重要といえる。たとえば、イルベは当初、それほど多くの関心を集めていなかったが、光州事件を冒瀆する態度をとって以後、マスコミの関心はもちろん、政府の支援まで取りつける暗黒のスターとなった。そのようにして手に入れた影響力の楽しさはすさまじく、トロールたちはそれこそ聖域を造らずに日常的に嘲弄や侮辱を行い、捏造や歪曲も辞さない。自尊感が低く、実生活が苦しいものであるほど、こうした影響力の誘惑はいっそう強くなる。だが誘惑の強さにくらべると、それによって引き起こされる問題への警戒心は低い。多くの人がトローリングをしたせいで犯罪者となり、訴訟を起こされ、さまざまな非難に直面しているにもかかわらず、多くの人は不運だったせいだとか、自分とは無関係と考える。

　最近盛況の「１人放送」は、注目競争を真の産業レベルに格上げしたものである。韓国における近頃の１人メディア産業は２０２１年現在、２・５兆ウォン規模にのぼると

51＊　２００２年、米軍の装甲車によって圧死した10代の女性２人を追悼しつつ、韓米駐留軍地位協定（ＳＯＦＡ）改正のためのろうそくデモを提唱したネットユーザー「アンマ」の話題が、新しいネットニュースサイト『オーマイニュース』の市民記者によって記事になった。この記事は、数万人の市民を光化門に引き寄せる起爆剤となった。しかし、のちにアンマが市民記者と同一人物であることと、自分の話を第三者の話のように装っていたことが明らかになり、物議を醸した。『オーマイニュース』は「『アンマ』のろうそくデモ記事をめぐるお詫び――『市民記者』の役割向上にさらに努力」(2003. 1.9) とした記事で、この問題について謝罪した。

推算される。[52] 1人放送のテーマは、ゲーム、美容、料理、グルメ番組《モッパン》、ユーモア、スポーツ、生活、レビュー、教育などバラエティーに富んでいる。時間を合わせなければならず、見たくない内容も視聴しなければならないテレビにくらべて、1人放送はリアルタイムで放送に参加できるし、[53] 見たい内容をすぐ見つけやすい上に、スマートフォンで視聴できるメリットがある。一方で、実際の放送内容はそれほど新しくはない。ウェブに出回っているニュース、デマ、知識を再加工して伝えるレベルが最も多く、あとは動員できる資源や、単純な話題を面白くするクリエイターの能力にかかっている。

　1人放送では、出演者と視聴者が互いに影響力を与え合う。視聴者は、自分のコメントに既存のメディアよりはるかに敏感に、かつ素早く反応してくれるクリエイターを見ながら自己効力感を覚え、夢中になる。そうした視聴者が増えると、クリエイターもまた自分の影響力を高めていくことができ、収入も上がる。だからファンダムとの関係も従来の放送より緊密になりがちである。

　最近、そうした注目競争と1人放送が、驚くべきかたちで組み合わされた事例がある。1人放送をしている何人かの少年が行った「ママドッキリ」事件である。少年たちは、母親の着替えや寝相を撮影し、放送することで人々の注目を集めようとした。[54] 視聴者たちはそんな小学生たちを煽り、盗撮を続けるように仕向けた。また、あまりにも猟奇的な行為と悪態で人気を得たクリエイターの存在も、引き続き問題になっている。彼らの放送は、特にティーン男性から熱い支持を受けているが、このファンたちは放送で使わ

52＊　韓国電波振興協会「2022年1人メディア実態調査」（2022）。

53＊　YouTubeの場合、録画と編集を経た映像がアップロードされ、その映像に紐づけられた広告で視聴回数当たりの収益が決まる構造で、アフリカTV、Twitchをはじめとするライブストリーミングチャンネルではチャットと寄付ができる。

54＊　「ママ盗撮・先生盗撮――ハラハラする小学生の「覗き見ごっこ」」、『京郷新聞』、2018.5.16.

れる隠語と悪態を他のオンラインコミュニティやオフラインで使用し、それを嫌う人たちを嘲弄する。そうした1人放送を隈なくモニタリングすることは不可能であり、制裁することもまた容易ではない。誰もが簡単に1人放送が作れる時代になったが、テクノロジーにくらべ制度の進化は必然的に遅く、追いつくのが難しいからだ。

遊び文化、趣味の領域は、部外者からは内容や文脈を完全に把握することが困難で、したがって適切な介入も困難である。同時に、教育など他の公的な分野にくらべると当事者の参加への姿勢は積極的で、習得も早い。ところで、韓国のティーン男性がおもに利用する遊び文化の中で、女性嫌悪は主要な情緒のひとつとして共有されている。その理由は、これまで述べてきたように、その領域に実在の女性が少ないこと、同性性を維持することが彼らにとっての重要原理と認識されていること、その空間では女性を性的対象、非難できる他者としてみなければならないこと、などが挙げられる。このようにして完成した男だけの領土で、女性嫌悪は絶えず循環し、同時に強化される。女性嫌悪は、もはや若い男性の遊び文化の一部となった。メガリアが登場し、そうした遊びで傷つけられる一人間としての女性がいると知らされるまで、女性嫌悪の温室は平和そのものだった。今は、温室に入ったヒビを否定するため、より組織的に、熱心に、女性嫌悪を行っている状況なのである。だが真実を言えば、何もかもを昔のようには戻すことができないはずで、そう認識できない時間が長くなればなるほど、より醜悪な結末が待っているだけだ。

でっち上げられた嫌悪

2000年代以後、韓国男子が言わんとしていることをあらためて整理すると、「男こそ被害者だ」となるだろう。男は男らしくなければならなくて、軍隊にも行かなければならなくて、デート費用も払わなければならず、結婚後にはお金を稼ぐ機械として生きなければならない存在だからだ。一方、女は良い世の中で義務を果たさずに（軍隊に行かずに）権利だけを求め、男の経済力に依存して楽に暮らしている。それなのにフェミニズムやメガリアが登場して、性差別と女性嫌悪を指摘し、こっちの気分を害してくる。オレが望んでいるのは、女がオレを尊重し、慰めてくれることだ。そして、それは男としてのオレの「権利」なのだ。

こうした言い分は、ほとんどの社会指標と統計を無視してこそ可能になる。韓国のネガティブな社会指標の中で男子がリードしているのは自殺率と死亡率くらいのものである。ここ15年間、韓国における死亡率の性比は、1・20〜1・23と比較的安定した様相を見せている。2015年の統計によると、全死亡率は人口10万人当たり541・5人で、女性では492・1人、男性では591・0人と1・20の性比を示した。最も多い死亡原因は癌（150・8人）であり、心臓病（55・6人）、脳血管疾患（48・0人）、肺炎（28・9人）、自殺（26・5人）、糖尿病（20・7人）の順に続く。死亡原因を男性の比率が高い順に並べると、肝臓疾患（3・14）、運輸事故（2・74）、自殺（2・42）、慢性下気道疾患（1・67）、癌（1・64）となる。期待寿命は2015年に生まれた0歳の男子を基準にした場合79・0年で、女子（85・2年）にくらべて6・2年短い。[55]

この死亡率はより長時間働き、より多くの酒とタバコを摂取し、より荒い運転をし、よりストレスに弱い男性たちの現状を示している。実のところ性別間の寿命差は人間だけでなく、自然界においても広く観察される現象であり、これをめぐってはさまざまな学説が存在している。男性のほうが危険な行動をし、危険な職業に就くという危険行動説、文化的圧迫のせいで男性のほうが社会性の発達が鈍く、悩みをひとりで解決しようとするためストレスを受けやすいという社会性理論、染色体（XX）の違いによる遺伝的欠陥のため、さらに病気に対して脆弱であるという染色体説、男性ホルモンが心臓病発生のリスクを高め、免疫機能を低下させるというホルモン仮説などである。最近では、オスが繁殖を目的に、生存には危害を与えうる進化や行動をすることになる一方で、メスのほうは交尾にかけるエネルギーが少ないからという繁殖戦略説も登場している。[56] しかし、同じ環境にある男性と女性の間の差は、異なる環境に置かれた男性と男性の差にくらべれば非常に小さい。2015年に最長寿国だった日本の平均寿命は83・7歳だったのに対し、一番寿命が短い国だったシエラレオネは50・1歳に過ぎなかった。[57] 男女間の寿命の差を社会問題に帰するには、そのための推定要因がやや貧弱というわけだ。

しかしながら、死亡率を除いたほとんどの社会指標は、韓国社会で女性が差別されて

55＊　韓国統計庁、「死亡原因統計年報」（2015）。

56＊　「男性の期待寿命が短い理由」、『サイエンス・タイム』、2017.4.17.

57＊　WHO、2015年現在。

いることを証明している。たとえば、結婚関連の指標を見てみよう。男性たちにとって、結婚すれば家事とケア労働、さらには自分の両親に対する親孝行を提供してもらえる、という期待は、かつてにくらべれば弱くなったとはいえ、依然としてある。実際、韓国男性の家事分担率はOECD加盟国の中で最下位を記録している。2014年実施の調査によると、韓国男性の家事分担率は16・5％で、韓国社会より性差別が厳しいと言われる日本（17・1％）より低かった。最も高い国は北欧諸国で、いずれも40％を上回った（デンマーク43・4％、ノルウェー43・4％、スウェーデン42・7％）。OECD平均は33・6％である。

このような家事分担率は既婚女性の経済活動にも悪影響を及ぼす。0～14歳の子どもを持つ夫婦の共働き率はOECD平均が58・5％、夫婦がともにフルタイムで働く割合も41・9％に達している。韓国の場合、フルタイムの共働き率は20・6％にとどまり、パートタイムを含めても29・4％に過ぎなかった。[*58] さらに、共働き夫婦の家事分担率でも、女性が男性にくらべて平日で6倍、週末で4倍に達する差を見せている。韓国労働研究院の調査によると、男性は平日に1日平均18分、週末は36分家事をし、女性のほうは平日が112分、週末に145分家事をしていた。一方で交際および余暇活動に使う時間は、男性の場合は平日207分、週末349分なのに対し、女性の場合は平日176分、週末277分という結果だった。[*59] 加えて世代別の統計では、30代夫婦の家事分担率が中高年層を含む平均と比較すると高くなく、洗濯などの一部の部門では、むしろ平

58＊　「男性家事分担率OECD最下位——子育て夫婦の29％だけが共働き」、韓国日報、2017.7.3.

59＊　「共働き妻、週末にも夫より4倍家事をする」、韓国日報、2017.5.8.

均以下を示すこともある。[*60]

近年のアンチフェミニズム陣営では、男女の格差を示すこうした社会統計は捏造されたもの、という主張が人気を集めている。中でも標的になっているのは、男女賃金格差と女性の犯罪被害率だ。２０１７年に韓国統計庁が行った「第２回統計を正しく使う公募展」で1位になったのは「大韓民国性別賃金格差に隠された真実」というタイトルの応募作だった。これが主張するところは、韓国の性別賃金格差が誇張されているということだ。しかし、その主張を詳しく見てみると、性別賃金格差を平均所得や所得の中位数で比較するのは適切ではない、その理由は、男女間の労働時間、勤続年数、年齢といった変数が含まれていないから、というものである。すなわち、賃金差が単純に男女間の格差で生じるとするべきではなく、他の変数も包括的に考慮されなければならないという主張だった。

では、適切でないと指摘されたその平均所得の格差を見てみよう。２００２年ＯＥＣＤが男女賃金格差の調査を始めて以来、韓国は1位をキープしつづけている。２０１６年現在、韓国の賃金格差は36・3％で、2位の日本（26・5％）とは10ポイント近く開きがある。3位は19・5％のカナダ、一番低いのはニュージーランドで6・2％となっている。[*61] 男性が1時間に平均1万９４７６ウォンを稼ぐとするなら、女性は1万２５７3ウォンである。これを今度は正規職と非正規職に分けると、正規職の女性は正規職の男性の65・9％、非正規職の女性は非正規職の男性の70・5％分の賃金しか受け取って

60＊ 「[ファクトチェック]「韓国男性の家事分担率最下位レベル」……本当？」」、ＪＴＢＣ〈ニュースルーム〉、2015.1.8.

61＊ ＯＥＣＤ「Genderwage Gap」２０１６年現在。

いない。雇用形態別で最も男女賃金格差が大きかったのは、1時間当たり7306ウォンを記録した日雇い労働者であり、次が1時間当たり7095ウォンの差となった正規職だった。最も不安定な雇用形態で働く女性たちと、最も強固な基盤を持つ女性たちがともに、最も大きな賃金格差を経験しているのだ。

　次に、賃金格差の一番の原因と指摘される女性のキャリア断絶問題を見てみよう。男性の平均勤続年数は7・2年であるのに対し、女性は4・7年にとどまっている。[*62] M字カーブといわれる韓国女性の年齢別雇用率を見ると、25〜29歳区間で最も高い雇用率を見せるものの、30〜34歳と35〜39歳区間で急落し、40〜44歳区間で再び上昇することが確認できる。[*63] 男性はキャリアを維持しつつ、年齢を重ねることでより多くの賃金を受け取ることになるが、女性は20代後半から30代前半までの間に出産、育児、家事で仕事を辞めたり、非正規

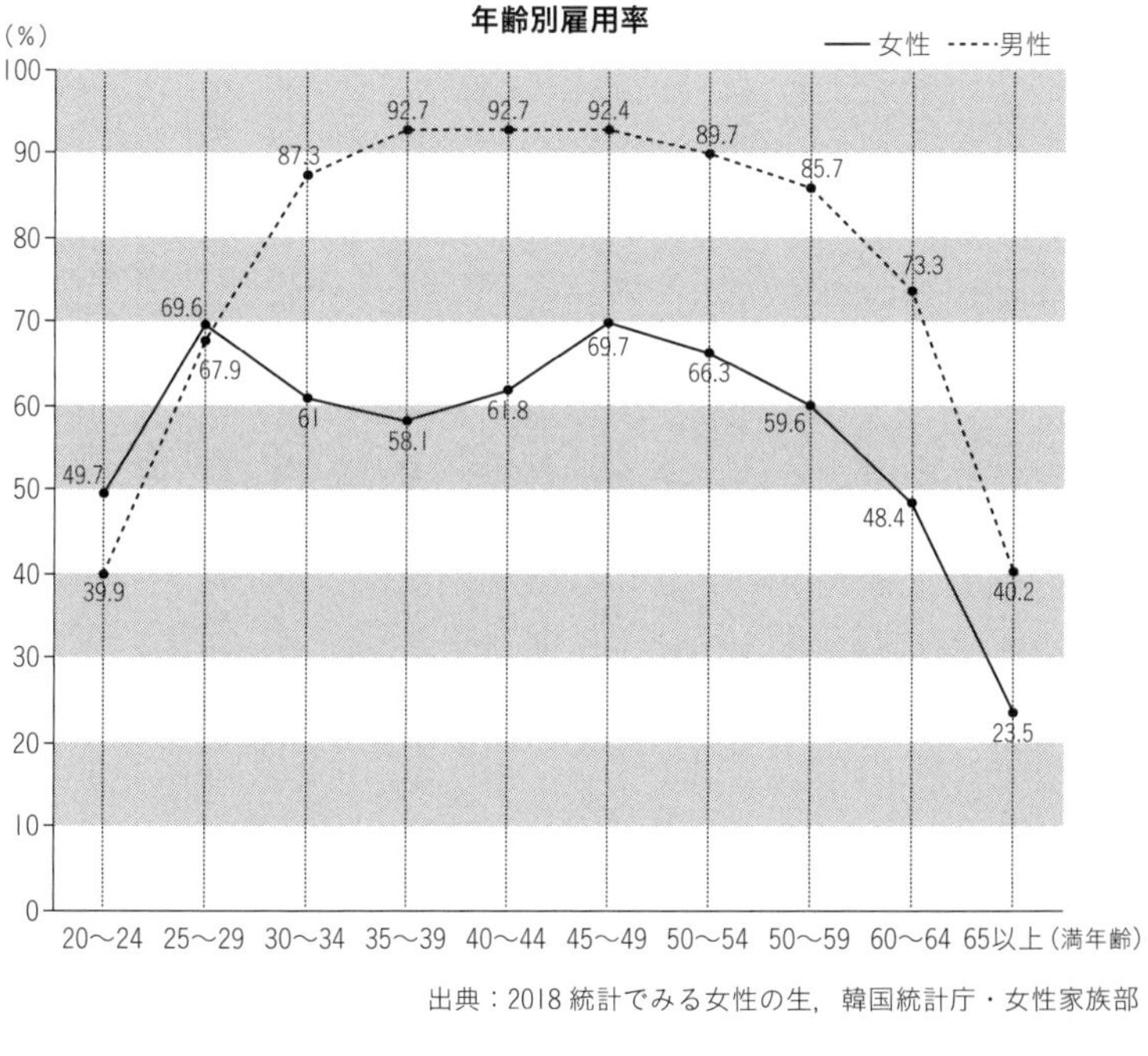

出典：2018 統計でみる女性の生，韓国統計庁・女性家族部

職の契約が終了したり、性差別的な職場文化の中でビジョンを見いだすことや将来像を描くことができずに退職したりすることになる。その後40代になると、おもに経済的な理由から経済活動に復帰することになるが、得られる仕事口は限定的で、低賃金だ。実際、ほとんどの職種で男性の人数が多いが（全職種平均は男性62・8％、女性37・2％）、それに対して、相対的に賃金も評価も低いサービス業では、女性が男性を71・5％対28・5％と圧倒的に上回っている。加えて職場の従業員数を見ても、女性は5～9人（42・9％）、10～29人（38・8％）など比較的小規模の職場で高い割合を示した。[*64] つまり、女性たちはより小規模で、低賃金の職場や職種に集中していることになる。また、生涯で最も低賃金の時期は男性と似たような額だが、賃金が上昇する中高年期になればなるほど、ますます格差は大きくなる。それから、非正規職の割合も高く、男性の1・5倍である。

これまで確認してきた内容は平均賃金だ。平均賃金が性別賃金格差を判断するのに適切でなければ、人々が実際にどれほど稼いでいるかがわかる、賃金の分布を見てみよう。

韓国統計庁が雇用行政統計から仕事別の所得分布を分析し、試験的に作成した資料[*65]によれば、2015年の男性の平均所得は390万ウォン、所得の中位数[*66]は300万ウォンだった。他方、女性の平均所得は236万ウォン、所得の中位値は179万ウォンとなった。同一の性別における平均と中位値の差が女性でより小さくなったのは、女性の間では所得格差がさらに小さいこと、つまり女性が全般的に低賃金状態に置かれている

62＊ 韓国雇用労働部「2017雇用形態別勤労実体調査報告書」（2017）。

63＊ 韓国統計庁・女性家族部「2018統計でみる女性の生」。

64＊ 韓国雇用労働部「2016雇用形態別勤労実体調査報告書」（2016）。

65＊ 韓国統計庁「雇用行政統計でみた賃金労働の仕事別所得（報酬）分布分析」（2017）。この資料は、国民年金、地域年金に加入している賃金労働者の仕事1500万個を対象に分析したもので、4大保険〔雇用保険、労災保険、国民年金、健康保険のこと〕に加入していない労働者と自営業者など非賃金労働者を除いた結果である。

66＊ 全世帯を所得順に並べた時、中央を占めている世帯の所得。OECD基準では、中位所得の50％未満を貧困、50～150％を中産階級、150％以上を上流階級と分類する。

ことを示している。また、男性同士の差より男女間の差が大きいことも注目に値する。なぜなら、経済的不平等を生む条件がさまざまある中で、性別それ自体が非常に大きな条件として作用していることを示す、また別の証拠だからである。所得額別の割合をみると、男女ともに150万～250万ウォン区間が最も高く、男性は続いて250万～350万ウォン、350万～450万ウォンの順だった。一方女性の場合は85万～150万ウォン、250万～350万ウォンの順となった。低所得になるほど女性の割合が高くなるが、高所得区間では男性が女性の4倍も多かった。

　ある研究によれば、賃金格差の要因を調べるために、性別とともに年齢、勤続年数、正規（非正規）か否か、最終学歴、産業群、企業規模などを分析した結果、性別賃金格差の44・9％は差別などの説明しえない理由によるものとわかり、それはそれぞれ、正規職で47・1％、非正規職の場合で55・6％となった*67。すなわち、すべての変数を考慮したとしても、韓国社会で発生する賃金格差の半分程度は、賃金を受け取る人の性別によって左右されているという話になる。また、2018年の韓国職業能力開発院の報告書によると、性別賃金格差はキャリアが長くなったり、昇進をし

性別所得区間分布

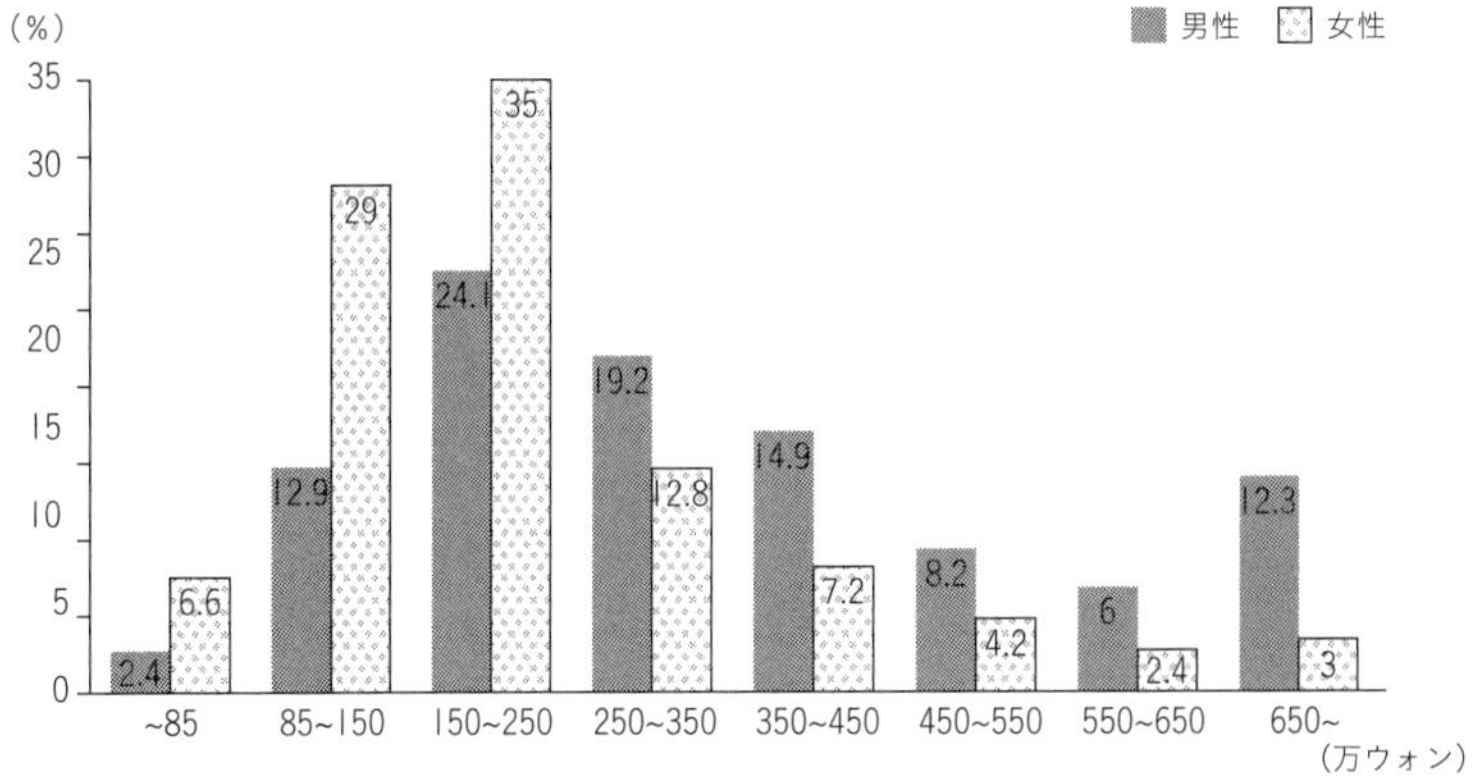

出典：「働き口行政統計からみた賃金勤労の働き口別所得（報酬）分布分析」，韓国統計庁，2017

たりしても解消されないことが明らかになった。報告書によれば、差別と規定しうる賃金格差は、社員レベルで1時間当たり３１００ウォンだったのが、主任／代理級になると６６０ウォン、課長級からは0ウォンと減り、その後再び次長級では１８８０ウォン、部長級では２９６０ウォンと増えるU字型になることが明らかになった。*68 それに、ジェンダーとは独立した変数と主張されていた勤続年数、労働時間、年齢も、結局は韓国社会のジェンダー的状況の影響下にある。したがって、統計が捏造されているという主張は、それ自体が捏造に近い主張ということになる。

女性の犯罪被害率も同様である。最高検察庁が毎年発表している「犯罪分析」によると、２０１４年現在、重大犯罪を暴力犯罪と凶悪犯罪（殺人、強盗、強姦、放火）に分けた場合、凶悪犯罪の被害者の84％以上が女性であることがわかった。一方、男性が問題視しているのは凶悪犯罪と一般暴力を合わせた犯罪被害率である。一般暴力の場合、男性の被害者が60％、女性が28・9％のため、それを含めて統計を出せば、女性の犯罪被害率は下がるというわけだ。しかし、一般暴力の場合は飲酒中の喧嘩など男性による男性被害が多く、相互暴行として双方が加害者になるケースも多い。加えて、犯罪はその種類と様相により、社会や被害者が受ける影響に著しい差が生まれる。そうしたすべてを無視するのであれば、犯罪に関するこの長く詳細な統計をあえて作成する必要はないと思われる。

女性を対象とした凶悪犯罪のうち、最も頻発しているのは圧倒的に性暴力であり、

67＊　キム・テホン「男女別雇用形態別賃金格差の現況と要因分析」、『女性研究』第84巻第１号、韓国女性政策研究院（２０１３）。

68＊　韓国職業能力開発院「職級情報を活用して「差異」と「差別」に区分してみた男女別賃金格差」、2018.6.30.

93・5％を占めている。それだけでなく、２０１４年に殺人事件で死亡した３５７人中、女性が１８７人、男性が１７０人と女性のほうが多かった。また凶悪犯罪に巻き込まれた女性被害者の数は年々増加しており、２０００年に６２４５人だった被害者数は２０１４年に３万４１２６人に上っている。同じ時期の男性被害者数を見ると、２０００年の２５２０人が２００９年に５６４９人まで増加したが、２０１４年には３５５２人となっている。

国連薬物犯罪事務所（ＵＮＯＤＣ）の統計によると、２０１４年の韓国の性犯罪発生率は人口10万人当たり42人であり、77か国中25位だった。韓国における性犯罪の被害申告率は10％前後とみられるため、実際の被害はさらに多いだろうと予測されている。*69

性犯罪が話題に上がると、必ずと言っていいほど「美人局」の話がついてまわる。つまり、虚偽の性被害の訴えである。韓国女性政策研究院によると、２０１７年から２０１８年までに検察が性暴力犯罪として受理した人数が８万６７７人だったのに対し、同時期に性犯罪の虚偽告訴で被疑者となった人の数は１１９０人にすぎなかった。すなわち、虚偽告訴が認められた人の数は、性犯罪が認められた人の１・４７％でしかないのである。加えて、そのうちの８２４人は、加害者とみられる相手から告発されたケースであり、検察や警察の捜査の過程で認知され立件されたケースは、それぞれ検察で３３０人、警察で30人にとどまっている。

また、この１１９０人のうちの60・３％である７１８人は、検察の不起訴処分を受け

69＊「理由がある女性たちの怒り…統計で確認しました」、『ハンギョレ』、2016.5.24.

ており、さらに告訴事件に限定すれば、起訴されたのは7・6％だけだった。起訴され、裁判まで進んだ場合も、6・1％は無罪判決を受けている。告訴事件のケースでは、起訴された15・5％にあたる9人が無罪を言い渡されている。[*70] この程度の数値ですら安心して生業に勤しむことができないとしたら、より頻繁に生じている性犯罪の脅威を軽視できる理由は、当然ないはずだ。

何より、大部分の犯罪の加害者は圧倒的に男性である。最高検察庁によると、２０１7年現在、犯罪者の81・8％が男性であり、女性は18・2％に過ぎなかった。[*71] そうした中で、「女性の犯罪による被害は誇張されている」という主張がもたらしうる効果とは、果たして何だろうか。おそらく、女性は安全であるにもかかわらず被害妄想に浸っていると主張したいのだろう。しかし、犯罪被害への恐怖を訴える人々に「おまえたちは安全だから黙ってろ」と声を荒らげることは、その人々の恐怖を深める以外に何に役立つだろうか。

しかし、男性が持っている被害意識は単なる嘘ではない。むしろこれは積極的な自己欺瞞の産物といわざるをえないだろう。近年ジャーナリズムや学界を中心に台頭している「ポスト・トゥルース（Post-truth）」あるいは「代替現実」の問題と明らかに地続きの部分である。ここ数年、世界各国の政治勢力は、いわゆるフェイクニュースによる混乱を経験した。米国の大統領選、英国の「ＥＵからの離脱（Brexit）」国民投票、韓国の大統領選、いずれも同様だった。フェイクニュースによって浮上した疑惑は何の検証も

70＊　韓国女性政策研究院、「性暴力における虚偽告訴のジェンダー分析と性暴力犯罪分類の新たな範疇化」（２０１９）。

71＊　最高検察庁「２０１7犯罪分析」（２０１８）。

なされていないものだが、そのニュースは特定の人たちに、明らかに彼らが望んでいる知らせを届ける。だからこそ、すでに特定の意見の持ち主にアピールし、安易に受け入れられるのである。これは制度政治だけでなく、日常での政治、特に自分のアイデンティティや社会的地位と関連したところでも頻繁に生じている現象だ。自分が思う自分の姿をより確かなものにしてくれる情報だけを選択的に受け入れ、それによってひとつの世界を「創造」する人々の数は、しだいに増えつつある。

「代替現実」としての女

「それでは、世界はどうして今脱真実の時代に突入したのでしょうか（……）まず、グローバル化とテクノロジーの急激な変化は、かつてないほど高い不確実性をもたらし、経済的不平等および労働市場の流動化も、これまで以上に生活への深刻な不安を生んでいるからです。不確実性と不安定性が高い社会では、心配や懸念、後悔、認知不調和を経験する可能性がますます高くなります。二つ目は、似たような傾向の人々だけで集まり、情報をやり取りすることが可能なプラットフォームが登場したためです。保守とリベラルのスペクトラムの中に多様なマスコミが共存し、ＳＮＳ上では１人メディアの時代が幕を開けましたが、自分が望む情報ばかりを選別できる環境に生きているのです」*72

世の中の不確実性が増大し生活条件が悪化する中で、権威を持っていた既存の体制は崩れつつある。同時に、メディアは自分が同意できる意見ばかりに選別的に接することができるようなかたちで発展している。私という存在が置かれた状況や理念に反する「反対意見」に触れる機会はさらに減少し、そうしたものに触れようという動機や意志も失われ続けている。人々は、現実ではありえない「自分だけの花畑」を、頭の中でだけでも実現させようとする。他方、社会的マイノリティの存在やそうした人々が味わっている苦痛、そしてそれは自分にも関わりのあることという感覚は、平穏を脅かす。そういうときに卑怯者のとる行動といえば、無視をするか、むしろ攻撃を仕掛けるかだろう。

男子が自らの境遇をすべて女子のせいにしている状況は、そうした図式とぴったり一致するといえる。彼らは「メガルの背後にはサムスンがついている」「ＯＥＣＤや国連の統計も捏造されているから信じられない」といった荒唐無稽な陰謀論を作り出しながら、自分たちの考えに固執しようとする。自らをフェミニストだと宣言した大統領の支持者を自任する男たちが、自らをフェミニストだと宣言する女性たちを探し出して暴れることに血道を上げ、男子大学生たちは女子大学生たちが問題提起をした壁新聞をひそかに破る。地下鉄の妊婦優待席にバツを書き、フェミニズム関連のイベントを妨害しよ

72＊　キム・ジェス「脱真実の時代、真実は沈没するのか」、『ハンギョレ』、2017.3.19.

う と行政にクレームをつけ、嘘の参加申し込みをする。オンラインでは性暴力の被害者を誹謗中傷し、盗撮映像を見つけてシェアしながら「連帯意識」を育ててゆく。そして、性暴力事件の早期捜査を求める声に同調した女性芸能人を死刑にしてほしいという請願をする。このふがいなさに、いかなる説明が可能だろうか。そして、そうしたふがいない行動が誰かに傷を与え、誰かを脅かしている事実に、どうして暗澹たる思いを抱かずにいられるのだろうか。

しかし、怪物のような男は、ある日忽然とこの土地に現れたわけではない。背景には、まずこの10年間韓国社会の「問題」として指摘されつづけていた、若者の状況がある。簡単に言えば、21世紀の若者には希望を抱けるだけの客観的な拠りどころがひとつもないことである。まともな職業に就くことが難しく、だから稼ぎを手に入れるのも難しい。時代が変わって人生への期待値が上がるような教育を受けているのに、学んだこととは違って、現実はもどかしくて鬱陶しい。生き残るために競争せざるをえないのは当たり前のことではあるのだが、すでに戦う前から敗北している。若者に過大な努力と情熱、そして覇気を要求する大人たちは、若者の若さを搾取して自らの利益を得ようとする。信じられるものはなく、もはや未来という言葉そのものに居心地の悪さが生じている。朝起きれば成長を更新していた経済は停滞不況から抜け出せず、持てる財産は親のそれに比例するとしても、親よりは確実に少ない額のはずだ。10年以上、若者の問題が騒がれてきたにもかかわらず、最初に後回しにされるのも、つねに若者の問題だった。しっかり生きろと説教をしていた大人たちは、若い商売人が店を繁盛させれば賃料を2倍に引き上げ、大学の学生寮や若者向け賃貸住宅の建設が持ち上がれば反対する。国会は、若者支援のために確保されていた予算を削減して、それをそっくりそのまま議員たちの選挙区に橋や道路を造るための予算に付け替える。そんなふうであれば、当然言い返したくもなるだろう。どうして自分たちが、社会を支える大人にならなければならないんだ？　なぜ他人に配慮しなければならないんだ？　なぜ社会ルールを守り、歴史を肯定しなければばならないんだ？

しかし、こうした条件は男性にだけ突きつけられているものではない。若い女性たちはこれと同じ、実際はむしろより厳しい条件の中で、学んだことと現実の間の乖離を思わざるをえなかった。その上、青年をめぐる議論さえも公正ではなかった。議論の中の青年は、あまりにも当たり前に男の想定だった。青年男子が就職できず、恋愛もできず、結婚もできず、家も買えず、子どももうけられないので心配、というものである。就職できないのは若い女性も同じであるにもかかわらず、女性は青年男性の問題が解決されれば、自然と結婚して家庭に消えていく存在のように見なされていた。とはいえ、若い女性たちは競争の狭き門をくぐりぬけるためにいっそう努力し、青年男性のほうは、世代論を免罪符に自己憐憫へとはまりこんだ。どちらも必然的に失敗が予想される（前者は構造によって、後者は何らかの試みを行わなかったために）対応法であることは明らかだが、それでもまだ救われる対応がどちらかは明白だろう。

男たちの自己憐憫は、かつて存在しなかったものへの郷愁になだれ込んだ。気がつけば、男としての権威を存分に享受し、女性から尊敬され、ケアされて生きることができた時代を懐かしむようになったのである。確かに、韓国の家父長制は時とともに力を失っている。だが、ただの一度も男が完全なる家父長であったことはない。彼らは暴力を振るう暴君だったり、金を稼ぐために遠くに旅立った家長だったり、命を落としていなくなった存在だった。父親はいないか、いないほうがマシの存在であって、尊敬され、愛される家族の一員ではなかった。韓国の男たちは長い間そうなる必要がなく、そうなってはいけないと教え込まれてきたからである。その上、「パパの青春㉛」のたぐいの家父長新派も、やはり一種の自己美化に近かった。家族を食わせなければ、という責任感がなかったとは言えないものの、本当に食べさせる能力があった者は思いのほか少数で、他の家族構成員の犠牲を、自己憐憫に役に立つコップ一杯の焼酎と一緒に飲み干してしまっていたからである。

存在しなかったものへの郷愁と合わせ、青年男子たちはまだ到来していないものへの怒りと悔しさを一緒に募らせていった。女は男のお金だけを求めている、女は潜在的な美人局であって、結婚すれば男はお金を稼ぐ機械になるだけ、という不満が、結婚も就職もしていない若い男たちから噴出した。だが、美人局はお金のない男にはさして関心がないし、お金を稼ぐ機械というのはせいぜい稼げるようになった時、もっと正確に言えば、稼いだそのお金を渡す相手がいる時の話である。男に経済的に依存する女を懸念

訳㉛　1964年に発表された歌謡曲。「この世の親心はみんな同じ／子どもたちの成功と幸せを心から願っているパクじいじだが／老いぼれとあざ笑って咎めたてるなよ／俺にもまだ青春はある／ワンダフルワンダフルパパの青春／ブラボーブラボーパパの人生」という歌詞で、中高年男性から多大なる人気を博した。

していたティーンのように、これらすべての郷愁や不満や怒りは、歴史的かつ社会的な現実性を欠いている。さらに何より、それほどまで女に不満なら、女との関係を断絶すればすむことだ。しかし彼らはけっしてそのような主張をせず、不可能な不満を吐露しつづけるのである。

このような奇妙な話法が気づかせてくれるのは、男たちが自分の存在を女に「依存」しているという事実だろう。難解な精神分析学まで持ち出すまでもなく、男は自身の存在を、究極的に女に委ねている。彼らにとって女性とは、仕事にミスがあった時に責めを負わせられる対象であり、性的欲求を解消するための道具で、のちに自分の人生が軌道に乗った時には妻となって世話をしてくれ、家事や自分に代わる親孝行や育児を担当する、どこかにいるはずの自分のための「概念女《ケニョムニョ》」[32]だ。実在する女性というよりはある種の幻想の中に、より厳密には集団的かつ社会的幻想の中に存在する女性である。その幻想を承認したのが、家族と社会だった。男たちを動員するため、現在の人生は棚上げにして未来に夢中になるよう導くため、不満を鎮めて飼いならすため、存在しない女性の幻想を男たちに提供し、教育し、放置した。同等の主体であり、人間である、同僚の女性ではなくて、性別化され、肉化され、理念化され、蔑みの対象となる何かを男たちに教えつづけた。男たちは、真の男になるためには自分に依存する女を見つけなければならないという奇妙な成人式を行ってきたのであり、一己の独立した主体として立つことを学べなかったのは、女ではなくむしろ男のほうだった。

訳㉜ 개념녀。キムチ女や味噌女の対義語として生まれた言葉。「いい子」という言葉が、ときに子どもの行動を制限してしまうように、この言葉もまたキムチ女や味噌女などと同じく、女性の振る舞いや考え方を拘束する力を持っていた。

ところで、その幻想が自分の思い通りに作動しないときや、現実の生きた女が話し、行動し、競い、目を合わせてくるときに、男たちははく奪感や怒り、そして恐怖に包まれる。ひょっとすると彼らは、それが単なる幻想であることをなんとなく感じ取り、盗み見しているその肉体が実際は顔や人格を持っていることもわかっていたはずだ。しかし、彼らは自分たちの幻想を壊さないため、何より女性の目を直視する恐怖から逃れるために、大義も理性もない案山子《かかし》との戦争を繰り広げる。私はこの、男たちを支配している最大の悪徳は、卑怯さにあると考えている。この卑怯さとは、過ちを覆い隠すためにさらに大きな過ちを犯し、謝罪を避けようとしてさらなる悪事を犯し、自分を直視することから逃れようとして他人を苦しめる、そうした卑怯さである。

だが私たちは21世紀に生きている。そして、全世界的に沸き起こる女性たちの怒りや抵抗に直面している。変化を模索するか、あるいは、幻想にとりまかれたままゆっくりと窒息していくかの道だけが、われわれ男には残されている。

抗議的男性性のプロジェクトは、周辺的な階級状況においても展開される。そこでは、ヘゲモニックな男性性の中心にある権力への要請は、男たちが経済的、文化的に脆弱であるがゆえに、否定され続ける。(……) 彼らが直接的な行動によって状況を改善しようとするなら、彼らの前に国家権力が立ちふさがるだろう (……) この矛盾を解決するひとつの方法は、周辺性とスティグマを活用してスペクタクルに展示することである。個人のレベルにおけるスペクタクルな展示は、自分のメンツや威信にたえず気を使うという形で現れる（……）集団レベルでの男性性の集合的な実践は、遂行（パフォーマンス）にもなる（……）問題はその遂行が、彼らをどこにも連れて行ってくれないことだ。*73

これが究極の問題である。マスクをして女性たちのデモに出向き妨害することも、塩酸を撒くと脅迫文をネットにアップすることも、「イクォーリズム」を主張したり、大学の総女子学生会をなくそうと扇動したりすることも㉝、この男たちをどこへも導いて行きはしない。だから、そろそろ決定しなければならないのだ。どこへ行くつもりなのか、兄弟たちよ。

73＊ コンネル前掲書、pp. 176-177.

訳㉝ 総女子学生会とは、女子学生による学生自治会のこと。大学内で女性はもはや差別される側ではないという認識が広まり、総女子学生会の存続への疑問が浮上、各大学から総女子学生会の廃止が相次いだ。「学生多数の意見を尊重しなければならない」ということで、投票により、総女子学生会の廃止が決議されると、廃止賛成派からは「民主主義の勝利」との声が上がった。この一連の流れについて、著者は「廃止賛成派からの『総女子学生会は学生会費によって運営されているにもかかわらず、女子学生だけがその恩恵を受ける』といった主張が最も盛んで、力もある」とし、その核心にあるのは「アンチフェミニズム」だが、そうした「性差別的な主張を別の大義で正当化している」（「総女子学生会の廃止、バックラッシュか新たな始まりか」、『ハンギョレ』、2019. 01.12）と述べている。

結び　韓国男子に未来はあるか

人工知能をとりあげたドキュメンタリー[*1]で面白い実験をしていた。相手の顔を見ないままチャットだけで合コンをするというもので、女性たちに3人の生身の男性、1台の人工知能チャットボットと会話をしてもらい、その後、最も好感を持った相手を選ばせた。チャットボットは、20代女性1800人から収集したデータをもとに機械学習を通じて製作されたものであり、実験の結果、8人の女性参加者のうち4人がチャットボットに最も好感を持ったと答えた。

もちろんこれは、実験用に設定された条件下での選択である。だが、近年他者との対面そのものに苦痛を訴える人々が増え、恋愛や結婚といった関係を結ぶことについての根本的な疑義も増加している。誰かと深い関係を結ぶことは人間の本能の領域に属し、人類を存続させてきた重要な要素であるにもかかわらず、その本能を打ち負かす現実の条件が、さまざまに持ち上がってしまうのである。もし実在のパートナーから身体的、情緒的満足を得られる可能性が低いとすれば、数々のリスクや困難を冒してまでわざわざそうした関係を結ばなければならないものだろうか。もし人工知能がさらに高度に発達しロボット技術も進化して、自分と完璧に感じ合えるセックスロボットが登場したら、その需要は、むしろ女性たちにおいて爆発するかもしれない。現実に存在する「人間男性のキャラクター」のほうは、日ごと魅力的な選択肢であることから遠ざかっている。

1＊　EBS「ビヨンドスペシャル——人工知能　第2部——イミテーションゲーム」、2017.12.7.

私たちは、異性愛が人類史上最も人気のない時代を生きている。保守的なキリスト教信者が主張するように性的マイノリティが同性愛を広めているわけではない。生存のためであれ、楽しみのためであれ、特に女性にとって、もはや異性愛は唯一の選択肢ではなくなった。数多くの代替物があるにもかかわらず、結局はセックスという行為なしに自らの性的緊張を解消できない男性にくらべると、女性の性欲は、より多様な形式の行為に開かれ、流動的である。

「韓男《ハンナム》叩き」の盛り上がりに対抗して、ミラーリングのミラーリングを試みようとした数人の男性たちは、「韓国女子とセックスするのをやめよう！」という勇ましい主張をした。そして、韓国男子たちのすべての主張の中で、これほど女性たちから大歓迎されたものもなかった。厚かましい男子たちは、相変わらず家政婦、妖婦、我が子の母、嫁になってくれる自分だけの「概念女」に夢を抱く。そんなわけで、暴力性やさまざまな社会的制度によって優位を占めているにもかかわらず、相互関係だけにしぼると、相手にしがみついているのは男子のほうである。よく奴隷と主人の逆説と言われる、まさにそういう問題だ。

とはいえ、問題は男子の低俗でありきたりなセクシュアリティ、という話で終わるものではない。未来が、さらに大きな問題なのだ。こんにち、韓国男子というアイデンティティが、未来に何らかの役割を果たすだろうと期待されている分野は、ひとつでもあるだろうか。韓国男子にもかかわらず何かをやり遂げたという人物はいるにしても、その人が韓国男子だから何かになれるだろうと見られる人物はいるだろうか。断言するが、ない。自国の観点から見ても、グローバルな観点でも、そうしたアイデンティティは見当たらない。

韓国男子が「韓男」に留まろうとするかぎり、状況は悪化の一途をたどるだろう。だが問題は、そうはいってもまさに参考とすべきロールモデルがいるわけでもないという点である。かつて理想として提示されていた男性像は、東洋、西洋を問わず、すべてその不可能性を露呈して限界にぶち当たった。それを克服しようと登場した新たな男性性への試みもまた、これといった進展を得られずに、むしろ逆行する流れが主となった。特に最近、英語圏の男性超過コミュニティサイトを中心に浮上しているインセル（incel）現象を見ればなおさらである。インセルは「非自発的純潔主義者（involuntary celibate）」の略で、セックスができない若い男性たちが自嘲して作り出した言葉だ。しかし、韓国のウェブコミュニティ文化がそうであったように彼らも過激化を繰り返し、北米だけですでに何件もの嫌悪犯罪が引き起こされ、数十人の人命が殺傷されるところまできている。彼らが銃を乱射し、通行人に向かって車を突進させた理由として掲げていたのは、女性たちが自分を好いてくれず、セックスもできなかったから、というものだった。*2

どうすればいいのだろうか。「良き男」になるのは、それこそ難しいことであるが、もはや解決策ではない。かといって、今日を限りに男であることをやめるというのも難しい。社会は男が男として認識されるかぎり彼を男として扱い、男としての役割を期待

2＊ 「カナダでの車突進事件の容疑者は『インセル』だった」、『京郷新聞』、2018.4.26.

するのである。男と認識されない男は「女のような男」「変態」「ボパルロー」[①]「インポ」「ゲイ」「トランスジェンダー」と再分類されるだろうし、その基準は必要に応じてコロコロ変わるはずだ。異性愛に基づく「正常家族」を基本モデルとする社会システムが作動し、女性への男性の支配が維持される中では、「男」から自由になれる人間はいない。

だとすれば、未来のための新たな試みは、そのシステムと支配を解体する方法についての苦悩であるべきだ。そのためには、こんにちの社会が男、そして女をどんなものと提示しているかについて、より詳しく探ってみなければならない。抑圧者であり特権を手にする者としての自身を軽蔑して自虐したり、贖罪意識の一環として女性学の理論を追いかけたりしているだけでは（もちろん、そういうことをする人すらあまりに少数であり、何もしないでいるよりは百倍マシなのだが）、その苦悩を終わらせることはできない。じつはすべての支配体制がそうであるように、この問題には抑圧者だけでなく被抑圧者も関わっている。多くの男性だけでなく女性、時には性的マイノリティも、このシステムと支配の維持に利用され、参加させられる。したがって、自分ひとりが善良な男になるのではなくて、自分という存在の不都合さや限界を受け入れつつ、それを越えるため、たえず悩みつづける人間にならなくてはいけない。

最終的には、既存のジェンダー秩序を脱した性的主体を打ち出す方法に悩まなければならない。私たちは真の男、真の女、真の性的マイノリティになるのではなくて、そうしたものが意味を失い、何の区分点にもならない状態を目指すべきだろう。それは、み

訳① 보빨러。女性を味方する男性たちを意味する造語。

んな一律に無性的な存在になろうという意味ではなく、それぞれが各人の性的指向や性的実践を尊重し、なんでもないこととして受け入れるべきという意味であり、また、暴力や強制でない限りは各人の指向や実践を裁断したり、非難したりしてはならないという意味である。

念のため言っておくが、このすべてのことは慎重でなければならず、「そう決めた以上、今日からはもう抑圧の問題なんてない」というふうに意志の問題にしてしまってはいけない。しかし、私たちは傷つくこと（ここまで読めばわかるだろう、誰がより傷つくことにナーバスかを）にもう少し勇敢になる必要があるし、お互いを変形させ合い、新しいかたちへと変わっていくことを受け入れなければならない。新たな主体は天から降ってきたりしない。それが形成される社会のプロセスに介入し、そのプロセスを変えることで、見いだされるものなのである。

もちろん、このような話はまだ遠い未来の話だ。まずは目に見える問題から見つけ出し、問題提起し、できるかぎりの行動をすることも、今のところとてつもなく大切なことだ。本書を書きながら、私は新しい問いを抱くことができた。ひとつは、あらゆる問題の根源となっている男の性欲とセクシュアリティがどのように生まれ、どのように作動し、どのような変遷を遂げてきたかを調べたいというもの。もうひとつは、家族という初めての準拠集団において男が作られていく過程を、社会の変遷とともに追ってみたい。それらの問いは未来の自分に、もしくは他の研究者に、課題として託したい。

本書は、避けがたいいくつかの限界を抱えている。まず、この論には女性たちやフェミニズムの話が抜けており、したがって不完全なものであることを認めざるをえない。また、韓国社会がつくり上げようとしていた男性性と向き合いながらもそれを拒否し、攪乱し、抵抗しようとした「ヘンテコな」男たちの話を盛り込むことができなかった。取り上げた事件や時代についての説明が不十分と感じられる部分もあるかもしれない。それらはすべて私の未熟さであり限界である。だが、私の他のすべての仕事と同様に、そのような問題を抱えながらも、限りなく悩んだ末に生まれた最善の結果であることは間違いない。したがって謙虚に、しかし確固たる思いで、本書を世の中に送り出したい。

この本を締めくくる私の最後の言葉は、本書の始まりと同じものである。私たちはどのようにして「誰かを抑圧することなしにひとりの主体として、また、他人と連帯しケアを行う者として生きていけるのか?」。まだ答えは見つからないが、ひとつ確かなことがある。けっして、ひとりではなしえないということだ。私たちには互いの知恵や卓越さだけでなく、愚かさや鈍さまで、まぎれもなく必要なのだから。

謝辞

私に愛と友情と義理を教えてくれた女性たち、
世の中を見るための、より優れた観点と識見を知らせてくれたフェミニストたち、
より良い人になりたいという熱望と焦りを吹き込んでくれたあなた、
この本が出るまで苦労してくださったすべての方々と
私の苛立ちに耐えてくれた友達たちへ。

２０１８年10月　水色洞《スセク》にて

日本語版へのあとがき――2023、依然として、〝韓国、男子〟たち

日本の読者のみなさんに、ご挨拶を。

この本は、主として2017年から2018年のあいだに執筆した。それは、2015年から始まったフェミニズム大衆化の波が、さまざまなイシューと結びつきつつ継続していた時期である。[*1] 女性たちが抱いた当然の怒りは、#MeToo運動や盗撮（デジタル性暴力）の糾弾、男性政治家や芸能人の相次ぐ性暴力事件、女性のみを標的にした無差別的な暴行あるいは殺人、社会の至る所に依然存在している性差別などの間を駆け巡りながら、安全や平等という正当な権利を要求した。当たり前のものを要求しなければならないことそれ自体が、韓国社会が依然、それらを補償できていないという苦々しい現実を暴露することになった。

けれども私が知るかぎり、ジェンダー・イシューが社会の中心的な課題として、これほど長い期間注目を浴びていたことはなく、盗撮への処罰が法制化されたことをはじめとして、さまざまな方面での成果もあった。書店ではフェミニズム関連の書籍が人気を集め、憲法裁判所での史上初の大統領弾劾を経て[①]2017年の大統領選挙に当選した文

1＊　詳しくは本文5章を参照。

訳①　2017年3月、韓国の憲法裁判所は、国会が可決した朴槿恵大統領の弾劾訴追を妥当と判断、大統領は即時失職した。

在寅が、「フェミニスト大統領」になると自ら言っていたことも（その後展開した状況は別として）、そうした流れへの応答といえる。

他方、本文でもゲーム業界とその下位文化を中心に表出したフェミニズムへの攻撃には触れているが、これぞバックラッシュと言える動きは本書刊行後に起きた。文在寅政権2年目の2018年12月、韓国の世論調査機関であるリアルメーターが発表した20代男性の政権支持率は29・4%だった。前年の同じ時期の80%とくらべると、著しく大きな下落幅である。リアルメーターは、自社が行った別の世論調査で、20代の56・5%が、「性別間の葛藤」をさまざまな社会的な葛藤の中で最も深刻なものと答えているという事実をもとに、20代男性の支持率が下落した原因は、ジェンダー葛藤と無関係ではないと分析した。*2

そのあたりから、20代の男性は「二代男《イデナム》（20代男の略）」と呼ばれ、あたかも政治的な集団のようにメディアに取り上げられるようになった。当時劣勢にあった保守政治勢力*3と保守の論壇は、彼らを自分たちの新たな支持勢力として取り込むため、反フェミニズム的な路線を拡大しはじめた。対して、当時政権与党だった中道政治勢力*4の対応は分裂気味だった。かれらもまた20代男性という有権者集団を諦めきれずにいたが、だからといって本格的に反フェミニズム的な路線に舵を切ると、若い女性有権者たちの支持離れが懸念された。こうした流れは、以降続いた選挙で、20代男性と20代女性の支持率がほぼ同じ割合で反転するという結果になって現れた。*5

2＊　〈リアルメーター〉、「リアルメーター　12月第2週週間動向」、週後半回復傾向、文大統領支持率48・5%——20代男性29・4%と最低、2018.12.17.

3＊　自由韓国党（現「国民の力」）。

4＊　共に民主党。

5＊　22年の大統領選と統一地方選挙での場合、出口調査の結果はそれぞれ、20代男性の58・

バックラッシュの中心にいたのは、若い男性たちの不満を政治イシュー化したメディアと政治家である。彼らは、男性多数コミュニティで提起される反フェミニズム的な世論をいち早く公論の場へ引き上げ、その声に公的な地位を与えた。一連の流れが頂点を迎えたのは、大統領選の選挙運動の渦中だった2022年1月、国民の力の大統領候補、尹錫悦《ユン・ソンニョル》が、インスタグラムに「女性家族部廃止」という7文字を、他に何の説明もなくアップした時だ。やがて彼は大統領に当選し、女性家族部はいまだ廃止されてはいないものの、事実上の機能不全状態にある。性平等のための政策や支援策は、やはり静かに廃止されたり、縮小されたりしている。

社会的には、フェミニズム狩りが猛威を振るっているさなかである。なかでも最も荒唐無稽なものを選ぶとしたら、それは指狩りだろう。フェミニズム志向のコミュニティサイトだったメガリアは、2015年の開設から1年も経たずに閉鎖したが、そのサイトのロゴは、親指と人差し指で「小ささ」を示す手つきをデザインしたものだった。この仕草には、「韓国人男性の性器は小さい」というネット上の通説に基づいて、嘲弄する意味合いが含まれていた。*6 ところが、メガリアが姿を消してかなりの時間が経った現在でも、多くの男性多数コミュニティのユーザーが、メガリア（＝フェミニスト）メンバーが社会のあちらこちらで暗躍し、あちらこちらにあのロゴを埋め込んでいると主張している。目を疑うようなその主張は、2021年に本格的な社会問題となった。あるコンビニ企業の広報ポスターで、ソーセージを取ろうとする手つきがメガリアのロゴと同

7％と65・1％が国民の力を、20代女性の58％と66・8％が共に民主党を支持していた。

6＊　詳しくは本文第5章を参照。

じであると、集団的な抗議が起きたのである。該当の企業は抗議に押されて、さしたる理由もないまま、そのポスターを製作した担当者を事実上問責した。それでもこの狂気に満ちた狩りは終わらず、別の企業や政府機関、公共施設にも押し寄せた。最も信じがたかったのは、戦争記念館が2013年（その段階でメガリアは誕生してもいない）に設置した絵に、その手つきが見つかったと抗議が起き、記念館側がその絵を撤去したことである。

そのやり方でいけば、人類の歴史と宗教と理念と芸術は、数千年にわたって韓国人男性の小さな性器を嘲弄してきたという主張も可能になるだろう。すべての三角形に影の政府の手を感じる陰謀論者と変わらない主張だが、そちらに関してはどの機関も三角形を撤去してはいないことを考えると、ますます心配になる。これといった理由もなしに始まって、しばらく小康状態を続けていた指狩りは、2023年、すべての震源地ともいえるゲーム業界に舞い戻って再び繰り返された。最も残忍だと感じるのは、そうしたゴリ押しのせいで多くの女性の職場や仕事口が実際に脅威にさらされ、社会は彼女たちを保護するどころか、騒ぎを鎮静化するためのスケープゴートに仕立てるという点だ。

やりきれない話はこの辺にするとして、本書を日本の読者のみなさんに紹介することになっての感想を、少しお伝えしようと思う。もっとも、それでやりきれなさが減るわけではない。少なくとも韓国社会の歴史的な文脈の中では、日本を植民地支配と切り離して考えることは相変わらず難しい。特に、韓国社会の男性性に歴史的にスポットを当てようとした部分では、韓国社会の近代的男性性のかなりの部分が、西洋の近代的男性性の原型を模倣した日本の近代的男性性を再度模倣した、複製の複製であることに改めて気づかされた。[*7] 歴史という側面から韓国と日本の間の複雑な物語を取り上げるのには数百冊の本でも足りないため、これ以上細かい話はしないでおこう。ただ、関連してひとつだけ思ったことは、韓国の近代的男性性の原型のひとつである日本の近代的男性性の受容と変形がどう行われたかを追跡し、比較すれば、さらに面白い点が見つかるのではないかという点である。

この本が日本で翻訳されると知ってから、友人たちと、この本が日本の書店の社会学やジェンダーの棚ではなく、嫌韓本のコーナーに置かれるのではないかという冗談を飛ばしていた。最近、K－POPを筆頭にしたK－カルチャーの人気によって韓国社会がかつてない注目を浴び、プラスイメージで認識されているなかで、あまりにも赤裸々なK－マスキュリニティをさらすのではないだろうか。しかし、私がこの本を書いたのは、韓国社会の男性性を嘲笑うためではなく、私自身に関わる問題を深く探究したいという理由からだった。そして本を書きながら、また昨今の状況を眺めながら、こんな確信を抱いている。日本の男性性をはじめとして、男性性はそれ自体、似通ったかたちでの失敗と卑屈さに陥っていること。「近代的な男性性」はそれ自体、最終的に成功することのできない、矛盾に満ちたプロジェクトであった、と。

私は今、異性愛男性のセクシュアリティについての博士論文を書いている。書いてい

7＊　詳しくは本文第3章を参照。

て感じるのは、その問題について非常に多くの言葉と事例に取り囲まれながら、逆にまったく研究されてこなかったという矛盾だ。同様に、男という存在は、人間と同義語に使われるくらいごく自然な存在だと認識されてきたがゆえに、まだ認識の影に隠れている部分が多い。願っているのはもちろん、真正な男性性と男性問題を分離することよりも、性別を2つに分けて互いの違いを真面目に論じるには私たちはあまりに似すぎているし、と同時にあまりに多面的な存在であるというその事実から、新たな人間性を構築していくことである。

本書が韓国で刊行されてすでに6年ほどが経過したため、その間に起きた変化すべてをここで取り上げることはできなかった。特に、本書では非常に多くの統計やデータを引用しているが、それをすべて最新のものに置き換えるには改訂に近い力業が必要だった。したがって、これだけは、と思ったいくつかを除き、新たなデータには更新していない。もちろん、この間に急に激しく傾向が変化したということはないが、その点を読者のみなさんにはご了承いただきたい。

本書の日本での出版を決定されたみすず書房と、訳者の二人に感謝する。韓国でこの本を刊行してくれたウネンナム出版社にも、あらためて感謝の意を表したい。また、私を支えてくれる人々、私の両親と恋人、友人、知人に、いま一度感謝を伝える。生きているとこんな日も来るのだ。これからもさらによりよく生きるよう、努力しなければ。

（2024年1月）

解説――フェミニズムへの応答としての韓国男子論

趙慶喜（韓国・聖公会大学）

韓国男子の自画像

『韓国、男子』。一見すると平凡に見えるが、韓国社会を刺激する絶妙なタイトルである。間にある読点は、「略すと大変なことになる」というメタメッセージを込めた仕掛けのように見える。実際、韓国での発売当初、「韓男（ハンナム）」という言葉に過敏な韓国男子たちは、本書の宣伝を行ったオンライン書店の会員を脱退するなどのキャンペーンを行った。しかしこの本が「ハンナム」の生態を扇動的に書き立てる類の本でないことは、少しページをめくっただけでも明らかである。本書は男性性の形成という切り口から見た韓国近現代史であり、またフェミニズムの時代精神を反映した誠実なジェンダー社会文化論である。

著者があとがきで書いているように、本書は韓国でジェンダー暴力への告発が相次いでなされた時期（2017〜2018年頃）に執筆されており、文面からはその当時韓国社会を覆っていた女性たちの怒りや葛藤への思いがひしひしと伝わってくる。こうした時代背景への理解は、本書を読むうえで重要である。保守政権が没落し、社会変革を求める動きが一気に拡散した時期である。なかでも #MeToo 運動をはじめとするフェミニズムの活性化は、韓国社会が積み重ねてきた内なる民主化の最もラディカルな成果であった。この過程で女性嫌悪やジェンダー暴力を問う報道や運動、論文や書籍がたくさん生まれた。女性たちの同時多発的な異議申し立ては、大きなうねりとなって韓国社会を揺るがした。

その一方で、「男は意外と自分たち男のことを知らない」(p. 11)。それは積極的無関心であるといっていい。ジェンダーを女の問題と考える風潮のなかで、男たちが自らの男性性と向き合うような成果はこれまでほとんど蓄積されてこなかった。新進気鋭の社会学者であり文化評論家の著者チェ・テソプは、フェミニズムの動きにただ自らを重ね合わせるのではなく、それと共鳴しつつも、男性である自分の足元を見つめる作業を続けた。本書の端々には韓国男子である著者自身の苦悩——「誰かを抑圧することなしにひとりの主体として、また、他人と連帯しケアを行う者として生きていけるのか」——が練り込まれている。まさに、時代状況と当事者性が結びついて生まれた稀な成果である。その成果が目配りのきいた翻訳を通して日本に紹介されることにまずは拍手を送りたい。

本書が出されてから6～7年が経った現在、韓国社会は明らかな揺り戻しの時代を迎えている。特に既得権に近づけない若い世代の男性たちの間では、自らを被害者と見立てる言説がますます票を集めている。性暴力はよりデジタル化し、巧妙化している。今日、ディープフェイクなどの被害がより広範囲に告発されていくなかで、男性性をめぐる議論はより重層化し、もはや避けては通れないテーマとなっている。その意味でも、本書は韓国であらためてより広範囲に読まれるべきであるし、同時代を生きる日本の公論の場にも開かれていく必要がある。韓国男子がこれまで目を伏せてきた男性性の捩《ねじ》れやこじれに気づき、自己解放や共存に向けたジェンダーのあり方へと変換していくための必読の書である。

ポストコロニアルな男性性

本書は、韓国社会が経験した植民地支配、内戦、産業化、民主化、新自由主義化の過程における男性性のあり方を詳らかに追跡している。現代の韓国男子に関心をもつ日本の読者のなかには、その歴史的起源や変遷過程に忠実な本書の内容に、少し距離を感じる人がいるかもしれない。第1章で見た、いわゆる「貴男《グィナム》」を授かるための産み分けや中絶などは、日本ではさすがに見られなかった大変な人権侵害であり差別である。そして何よりも韓国の兵営国家化とその根幹となる軍隊の存在は、韓国独自のヘゲモニックな男性性を絶えず正当化し、再生産してきた。韓国男子たちにとっても軍隊での経験は、「最も大きく、広く共有する一種の集団的トラウマ」（p. 179）である。儒教や男性中心の家族主義の根強さ、そして今なお強力な軍隊制度などは、日本にはない異質な文化や制度と映るかもしれない。

しかし、日本はまだましだと安堵する前に、韓国という国家の歴史的規定性を考えてみる必要がある。2008年にようやく廃止された戸主制が、もとは植民地期に日本のイエ制度と戸籍制度を移植し新たに創出されたものであること、また長期にわたって独裁政権を率いた朴正熙（元大統領）が日本陸軍から軍事文化や規律を学んだことなどを考えると、韓国の男性性の形成を考えるうえで日本の影響を排除するのは難しい。韓国の男性性とは、近代初期の植民地権力を模倣したり、それに抵抗したりする過程で鋳造され、さらに独立後も国家暴力や戦争に巻き込まれるなかで強化されていったポストコロニアルな男性性である。つまり被支配の経験とそれによる近代国家の挫折こそが、韓国男子の困難さの起源にある。

著者が第3章で論じているように、植民地支配を受けた男たちは、女性化され、非主体化された男性性の捩れを、より弱い者たちを抑圧することで解消していく。不完全な男性性を持て余した男たちは、その後の冷戦と分断のなかで好戦的な「反共戦士」となり、自国である朝鮮半島やベトナムの戦場に駆り出されていった。さらに著者は、多くの市民が虐殺された1980年の光州事件を「三度目の『戦争』」と呼び、これこそが韓国の男性性のある種の完成なのだと書いている。韓国男子たちは国家暴力や恐怖政治にただ従ったのではなく、富国強兵の大義のために軍事主義的な男性性を内面化していった。こうした過程は、戦後平和憲法のもとで表向きには不戦を貫き、民主主義や経済発展を享受できた日本とは真逆ではあるが、これを他人事のように眺めることはできるだろうか。日本の支配を受けた朝鮮半島が分断国家となり戦争と独裁を続けたこと、そして近代国家の完成に向けて不条理な大義を担ったことこそが、植民地主義の効果であり帰結なのではないだろうか。

そして、ポストコロニアルな男性性を実践した男たちは、その大義をつき通すために女を犠牲にすることを厭わなかった。女性学者のチョン・ヒジンは、弱小国としての韓国の男性性が、経済協力（日本）や軍事援助（米国）のために自国女性を差し出すほど強者依存のものであったと批判している。[1] たとえば韓国政府は、韓米同盟の円満な維持のために米軍基地での性売買を容認し、70〜

80年代には日本からの訪問客を対象としたセックス観光を容認した（それは事実上の奨励であった）。日本の公娼制や軍慰安婦制度の影響は、解放後の韓国社会にも影を落とした。特に悪名高いキーセン観光は、女性を資源とした植民地主義の継続であり、男たちの海を越えたホモソーシャルな結託である。その後日本の男たちにならって、韓国の男たちもまた中国や東南アジア各地で買春ツアーを行うようになった。日韓の男性たちがあらためて向き合うべき罪深い歴史であり、また今日まで続く現実である。こうしてみると、韓国と日本は、男性性の形成において、隠されたものを互いに映し出す合わせ鏡のような関係にあったと見るべきであろう。

日韓のタイムラグと日本の応答可能性

韓国社会に関心のある熱心の読者たちは、逆に次のようにも考えるかもしれない。男性たちの間にも反省の動きがあるなんて、韓国のフェミニズムはやはり進んでいる、と。もちろん、繰り返すように、ここ10年間の韓国におけるフェミニズムの盛り上がりは目を見張るものがある。ジェンダーを考えるうえでは外せない男性性の議論も活発になってきている。しかし、もう少し長いスパンで見ると、韓国の女性たちは、1970年代日本のウーマンリブ運動やその後のフェミニズム研究から多くを学んできたはずであるし、また1990年代には日本軍慰安婦問題に取り組む過程で連帯や対立を経験したりもした。そうした境界を超えたフェミニズムの蓄積を、日本の若い世代が実感しにくくなってしまったのは、2000年以後の保守政治家たちによるバックラッシュ、そしてネオリベラルな自己責任論などの影響であろう。斎藤美奈子は、『82年生まれ、キム・ジヨン』のような「Kフェミ」の本が日本で売れているのは、「Jフェミの『三〇年の空白』を埋める役目を果たしているからではないか」と指摘している。[2]

こうした日韓の間にあるタイムラグは、男性性研究においても緩やかに見出すことができる。日本では1990年代からメンズリブや男性学の文献が少しずつ現れはじめ、[3]「男の子育てを考える会」や「アジアの売買春を考える男たちの会」など、1970〜1980年に始まった男性運動の動きが紹介された。男性同士の語り合いや研究会、ネットワークや相談事業がその後大きな流れを形成するに至らなかった理由としては、バックラッシュのほかに男性内部の差異や男性運動の浸透による存在価値の低下などが指摘されている。[4] 男女共同参画が法制化されるなかで、フェミニズムもメンズリブも内部に取り込まれ、若い世代に拡散する生命力の芽を摘み取られたといえるかもしれない。

韓国でも父親の育児参加などを中心に、男性学関連の運動や研究が1990年代に小規模に現れたが、伊藤公雄の本がほぼ間を置かずに翻訳されていることからも、日本での動きをかなり参照していたものと思われる。たとえば、第4章で言及されている2007年に出た『フェミニズムに対する男性学と男性運動』(p. 160) という文献も、当時ソウル大学で日韓の男性学研究を行っていた教育学者の佐々木正徳の論文をメインに据えている。佐々木については、「我々より先に男性運動が根付いた日本の学者として……韓国人にはない客観的な見識をもって非常に精巧に本質に接近する男性運動研究者」であると紹介している。[5]

つまり、日本でも韓国でも、男性学やメンズリブがけっして大衆的な影響力をもつことはなかったが、当事者による男性性研究はやはり日本が一歩先を行っていた。にもかかわらず、女性たちが日本は遅れていると感じるならば、それは韓国のフェミニズムの大衆化が、時期が遅かった分より爆発的に表れたからであろう。内容においても、日本での男性性議論が男らしさの見直しや弱者男性論など幅広くオルタナティブな性格をもっているのに対し、近年の韓国では強力な女性嫌悪やジェンダー規範に対する男性自身によるラディカルな自己反省という傾向がみられる。すべてにおいて「圧縮的」な韓国社会の特徴の表れであるといえよう。

ほんのひと握りではあるが、著者チェ・テソプのような若い世代の研究者によって、歴史と現実を行き来しつつ男性のあり方を自省する試みがなされている。著者が「ヘンテコな男たち」と表現した、既存の男性性を拒否し撹乱する人々は今後もっと増えていくだろう。こうした韓国男子の身振りに対し、日本の男性性研究はどのような応答の方向性を見出せるだろうか。本書でなされた韓国男子をめぐる歴史的・系譜的なアプローチに対し、精神史や感情史から近代日本の男性性の形成を抉《えぐ》っていくような試みはどれだけされてきただろうか。

たとえば批評家の杉田俊介は、野田正彰の『戦争と罪責』を引きながら、兵士の加害者感覚の麻痺が、戦後日本の未成熟な男性性を規定してきたのではないかと指摘している[6]。つまり加害者としての罪責の念やトラウマへの無感覚が、80年近く過ぎた今も性暴力やセクハラへの責任感の欠如につながっていると。単に歴史に対して正しい態度で自己反省をするべきだと言っているのではない。ここで問題としているのは、より複雑で身体的な葛藤であり、そうした葛藤に基づいた文化の不在である。平和主義の旗のもとで、植民地主義や戦争の経験が刻んだはずの傷が隠されてきたのではないか。近年に入り元兵士のＰＴＳＤと家庭暴力との関連など、戦争とトラウマについて研究や報道がみられるが[7]、歴史的に形成された男性性のメンタリティが、現代の暴力的なジェンダー文化にもたらした影響についてもっと論じられてよいはずである。ポストコロニアルな男性性に対する、いわばポスト帝国あるいは加害者国側の男性性についての系譜的なアプローチこそ必要ではないだろうか。

遍在する「韓国男子たち」、その克服に向けて

歴史的な関係性の違いにもかかわらず、韓国と日本はアジアの資本主義国家として似通ったジェンダー規範を共有し、またその変遷を経験している。韓国で民主化の時代を迎えた１９９０年代は、日本では政治社会的な動揺と「失われた30年」の始まりであった。それぞれの社会のステージは違ったが、どちらもグローバル経済と労働環境の変化のなかで、旧来の支配的な男性性が崩れていく過程を経た。本書が述べるように、韓国でも日本でもネオリベラルな構造改革のなかで、女性たちは新たに労働市場に編入され、同時に分断された。そして、時代が求める柔軟で可変的な人間像に適応できない男たちは、家父長制への未練と相対的剝奪感を強めていった。

日本が男女共同参画を謳いはじめた時期に、韓国でも女性たちの民主化の時代が到来していた。１９９０年代末の軍加算点制度の廃止や２００１年には女性部（現・女性家族部）の創設は、男性たちの剝奪感に火をつけた。20世紀末に展開されたジェンダー平等に向けた動きは、今日まで韓国社会の女性嫌悪やバックラッシュの代表的なネタになっている。現大統領の尹錫悦もまた「女性家族

部廃止」を公約として掲げ、強い軍隊のみが平和を保障すると扇動する。軍隊の権威とアンチフェミニズムは、セットとして、保守政治家とそれに呼応する男性たちの聖域となっている。

その後、オンライン空間に現れた奇妙な言葉たち——味噌女、キムチ女、イルベ、メガルなど——と、そうした烙印による女性嫌悪の爆発については、本書の第5章で詳しく論じられている。目を覆いたくなるような女性嫌悪言説は、自然に可視化されたわけではない。それをいちいち見つけ出し、告発していったのは女性たちであった。そしてまた彼女たちは、これまで男たちから受けてきた不快で侮辱的な扱いをそのままやり返すという正当な反撃を行った。[8] こうしたミラーリングの手法が生んだ最も効果的で端的な言葉が、まさに「韓男（ハンナム）」なのであった。

つまりこの言葉には、「女性嫌悪をする韓国男子は嫌悪するに値する」という重層的な抵抗と反撃の文脈が込められている。もちろん公然と使ってはならない危険な言葉である。すでに侮辱罪の判例が出ているほど男性たちにネガティブに認知されているからであり、「メガル」あるいはフェミニストであると判明した場合に攻撃される危険性が高まるからでもある。ただ、この言葉を男性ヘイトだと片付ける前に、このような言葉を編み出すしかなかった韓国女性たちの切実な事情、そして彼女たちのフェミニズムの胆力を正当に評価する必要がある。女性嫌悪とフェミニズムの攻防はつねに非対称であり、これを男女対立などという言葉で語ることはできない。本書が描いた韓国男子の自画像は、こうした「傾いた運動場」について公正な理解を促すにちがいない。

本書が浮き彫りにした「悔しい男たち」は、韓国だけに存在するわけではない。うだつの上がらない現状を他人を見下すことで解消したり、女性から軽んじられていると自意識過剰になったり、フェミニズムを男性差別を助長するものとして歪曲したりする「韓国男子たち」は、私たちの近くに普通にいる。日本の暴力的なAVコンテンツが韓国男子に日常的に消費され、影響を与えている現実を考えると、すべての問題は地続きである。ジェンダーの構造的不平等をいくら指摘したところで、実存的な困難さを抱えている人たちもいるだろう。しかしそうした困難さは女の慰めによってではなく、自らの膠着した男性性から脱却することでしか克服されない。自己愛と自己憐憫の無限ループに陥らないためには、具体的で小さな関係から新たな物語を積み重ねていくしかない。

最後になったが、本書は、韓国文学や映画、ドラマのなかの家族のあり方や、K－POPの文化的背景を理解するためのネタ本のようにも活用できるだろう。なぜ男子アイドルの兵役が社会的に大きな話題になるのか、女子アイドルのガールクラッシュがなぜ登場したのか、母親と息子の距離がなぜ近いのか、キム・ジヨンのような物語がなぜ反響を呼んだのか。本書にはそのヒントとなる知見がぎっしり詰まっている。読み進んでは立ち止まってほしい。韓国社会をより深く理解し、同時にそれが韓国だけの話だけではないことを読み取ってほしい。自分自身を探求したり、家族や友人など身近な人々とのよりよい関係に向けて本書を存分に活用してほしい。本書を読む可能性は想像以上に開かれている。

［1］チョン・ヒジン「韓国男性の植民性と女性主義理論」、クォンキム・ヒョンヨン他『韓国男性を分析する』、教養人（2017）、pp. 60-61.

［2］斎藤美奈子『忖度しません　世の中ラボ3』筑摩書房、Kindle版、位置No.3753/4443.
［3］伊藤公雄『男らしさのゆくえ――男性文化の文化社会学』、新曜社（1993）。伊藤公雄『男性学入門』、作品社（1996）。
［4］多賀太『男らしさの社会学――揺らぐ男のライフコース』、世界思想社（2006）、第8章。伊藤公雄、多賀太、大東貢生、大山治彦『男性危機？――国際社会の男性政策に学ぶ』、晃洋書房（2022）、第5章。
［5］チョン・チェギ他『フェミニズムに対する男性学と男性運動』、図書出版ウォンミ社（2007）、p. 4.
［6］趙慶喜「ヘイトではない代案、「弱者男性」たちの出口探し――批評家・杉田俊介インタビュー（下）」https://taikou-genron.mystrikingly.com/blog/11a38554daa
［7］たとえば竹島正、森茂起、中村江里編『戦争と文化的トラウマ――日本における第二次世界大戦の長期的影響』日本評論社（2023）。『朝日新聞』「（連載）戦争トラウマ　連鎖する心の傷」、2023.8-2024.
［8］趙慶喜「韓国における女性嫌悪と情動の政治」『社会情報学』6巻3号（2018）。

訳者あとがき

本書は２０１８年に韓国で出版された『한국, 남자』の全訳である。韓国社会において、韓国の男性をとりまく「男性性」の概念がいかにしてつくられ、男性たちに作用してきたかを省察している。これは、韓国に生きる男子たち、韓国男子が抱く困難やジレンマが、社会的弱者（特に女性や性的マイノリティ）への抑圧と表裏をなしながら、いかにして社会構成員全体の生きづらさに関係してきてきたかを跡づけ直す試みでもある。朝鮮時代までさかのぼり、「韓男《ハンナム》」の背景を探るという、一見無謀に見えるこうした試みは、「まず理解するため」と著者は明かしている。

まず、著者について簡単に説明する。１９８４年生まれの著者は、20代の頃から『京郷《キョンヒャン》新聞』や韓国有数の時事週刊誌『時事ＩＮ』など、さまざまなメディアでコラムを発表しており、その主眼は文化、ジェンダー、階級などの問題を問うことにあった。若者をめぐる搾取や疎外の構造を「余剰」というキーワードで探った著書『余剰社会』（２０１３）は、韓国国内で大きな話題を呼んだ。現代の資本主義社会を維持しようとすれば、絶えず競争が繰り返され、余剰とされる負け組が生まれてしまう。一方で著者は、「余剰人間」たちは出口なき資本の時代に別の視点をもたらす可能性を秘めた存在だと考えた。若者のカルチャーを的確に捉え、新たな時代の可能性を提示した著者の分析には、世代を超えた反響が寄せられた。社会学者の曺喜昖《チョ・ヒヨン》ソウル特別市教育監は、同書について「既成の世代が直視できなかったこの極端な時代と、怪物のような韓国社会を新しく洞察した社会学の名著」だと評価している。

『韓国、男子』は、著者の4冊目の単著である。

序文では、「ハンナム（한남）」と呼ばれる韓国男子の起源と現在に触れ、第1章、第2章では、男性性をめぐって世界的に進行中の議論や理論の要点を押さえつつ、韓国国内の社会事情との関連を確認する。第3章、第4章では、韓国近現代史における「男性性」の変遷をたどり、それぞれの局面でどのような困難が立ち現れ、どのようにして暴力と抑圧の構図が生まれたかを論じる。第5章では、2000年以降に行われたジェンダー論争の様相を分析する。

原書が刊行された2018年は、2016年の江南《カンナム》駅殺人事件をきっかけにフェミニズムの大衆化が一気に進んだ時期である。江南駅殺人事件とは、韓国の繁華街である江南駅近くにある雑居ビルの公衆トイレで、20代の若い女性が見知らぬ男に殺された事件だ。犯人が1時間以上女性が来るのを待っていたことから、女性を狙った「フェミサイド」とみなされ、Twitter（現X）をはじめとしたネットメディア上で大きな話題となった。女性たちはそれまでの自分の経験を共有し合い、江南駅10番出口で追悼運動を行った。これがフェミサイドなら、殺されたのは「自分だったかもしれない」「私はたまたま生き残った」と危機意識を高めていた女性たちは、社会に向けて声を出していくようになる。今ではフェミニズム必読書とされるイ・ミンギョン『私たちにはことばが必要だ』がクラウドファンディング出版されたのも、女性たちが「脱コルセット」や「非婚」というムーブメントを起こしたのも、この時期に起きたことだ。

しかし、フェミニズムが隆盛すると同時に、バックラッシュも起きた。チョ・ナムジュ『82年生まれ、キム・ジヨン』を読んだという女性アイドルへの誹謗中傷、フェミニズムを語る女性への冷やかしが絶えなかった。本書にも書かれているように、女性をめぐる数々の蔑称を生み出す男たちを、女性たちはミラーリング手法として「ハンナム」と呼ぶことにする。これが「ハンナム」という言葉の由来だ。こうしたムードの中で、「ハンナム」の背景を探ろうとした著者の試みは、到底理解不可能な相手を「理解」し、ジェンダー的な区分が意味を失う地平まで進もうとしている（p.259）。

韓国社会特有のコンテクストがふんだんに紹介されているので、日本語読者にも伝わるように細心の注意を払った。蔑称の訳出については、日本語訳にすることで新たな蔑称が生まれることを懸念し、すべて韓国語表記にすることも検討したが、理解を助けるために可能な限り日本語に訳出し、訳注で韓国語を併記することにした。ご了承いただきたい。

訳者の質問に丁寧に答えてくださった著者のチェ・テソプさん、解説を書いてくださった趙慶喜先生、最高のサポートをしてくださった編集者の市原加奈子さんに感謝申し上げます。

小山内園子・すんみ

索 引

流行語・造語など，特定の時局に特殊な語義をもって流布された用語はイタリック体で示す．

カ

サ

タ

ナ

参考文献

以下で韓国語文献に関して，表記の種別は次の通り．《　》内は書籍タイトル，「　」内は論文タイトル，〈　〉内はメディア名（誌名）あるいは白書など文書名，“　”内はメディア記事タイトル，<　>内はウェブサイト URL，〔　〕内は他言語の原著書誌および対応する邦訳文献書誌．

書籍・論文

東浩紀　아즈마 히로키,《동물화하는 포스트모던》, 이은미 옮김, 문학동네, 2017.〔『動物化するポストモダン』講談社現代新書，2001〕

アン・サンス　안상수,「군 가산점제 부활 논쟁과 남성의 의식」,〈페미니즘 연구〉제 7 권 제 2 호, 한국여성연구소, 2007.

———，他　안상수 외,「남성의 삶에 관한 기초 연구：군 복무 이행, 성역할 재사회화 및 성 평등 정책 수용을 중심으로」, 한국여성정책연구원, 2014.

———，他　안상수 외,「남성의 삶에 관한 기초 연구（II）：청년층 남성의 성 평등가치 갈등 요인을 중심으로」, 한국여성정책연구원, 2015.

イ・イムハ　이임하,「[특집：역사 속의 여성 노동] 해방 뒤 국가 건설과 여성 노동」,〈역사 연구〉제 15 호, 역사학연구소, 2005.

———，　이임하,「상이군인, 국민 만들기」,〈중앙사론〉제 33 집, 한국중앙사학회, 2011.

———，　이임하,「한국전쟁 전후（前後）동원 행정의 반민중성—군사 동원과 노무 동원을 중심으로」,〈역사연구〉제 12 호, 2003.

イ・ギルホ　이길호,《우리는 디씨》, 이매진, 2012.

イ・グィオク　이귀옥,「‘강한 남자’에서 ‘아름다운 남자’로」,〈미디어, 젠더 & 문화〉제 22 호, 한국여성커뮤니케이션학회, 2012.

イ・ジェウォン　이재원,「時代遺憾, 1996 년 그들이 세상을 지배했을 때—신세대, 서태지, X 세대」,〈문화과학〉제 62 호, 문화과학사, 2010.

イ・ヒョンジョン　이현정,「‘부모 - 자녀 동반 자살’을 통해 살펴본 동아시아 지역의 가족 관념：한국, 중국, 일본 사회에 대한 비교 문화적 접근」,〈한국학연구〉제 40 집, 고려대학교 한국학연구소, 2012.

イ・ビョンリャン　이병량,「한국 성적 소수자 인권운동의 전개와 정책적 대응：가설적 논의」,〈정부학연구〉제 16 권 제 2 호, 고려대학교 정부학연구소, 2010.

イ・ヨンア　이영아,「'씩씩한 남자 만들기' 를 말한다」, 박노자,《씩씩한 남자 만들기》, 푸른역사, 2009.

ヴィステンドール，マーラ　마라 비슨달,《남성 과잉 사회》, 박우정 옮김, 현암사, 2013.〔原著 Hvistendahl, Mara, *Unnatural Selection : choosing boys over girls, and the consequences of a world full of men*, PublicAffairs, 2011. 邦訳『女性のいない世界——性比不均衡がもたらす恐怖のシナリオ』大田直子訳, 講談社, 2012〕

カン・インチョル　강인철,「한국전쟁과 사회의식 및 문화의 변화」, 윤해동 외,《근대를 다시 읽는다 1》, 역사비평사, 2006.

カン・ジユン　강지윤,「원한과 내면—탈식민 주체와 젠더 역학의 불안들」,〈상허학보〉제 50 집, 상허학회, 2017.

カン・ジュンマン　강준만,《한국 현대사 산책 1990 년대편 1》, 인물과사상사, 2006.

———,　강준만,《한국 현대사 산책 1990 년대편 2》, 인물과사상사, 2006.

———,　강준만,《한국 현대사 산책 1990 년대편 3》, 인물과사상사, 2006.

———,　강준만,《세계 문화사전 : 지식의 세계화를 위하여》, 인물과사상사, 2005.

カン・ソンスク　강성숙,「조선 후기 (19 세기) 일상생활의 장에서 남 / 녀 젠더 차이의 간극과 교섭—가장의 역할을 한 여성의 생활사 서술을 중심으로」,〈여성문학연구〉제 30 호, 한국여성문학학회, 2013.

カン・チョルグ　강철구,《우리 눈으로 보는 세계사》, 용의숲, 2009.

カンユ・インファ　강유인화,「한국 사회의 베트남전쟁 기억과 참전 군인의 기억 투쟁」,〈사회와 역사〉제 97 집, 한국사회사학회, 2013.

キム・イェリム　김예림,「1960 년대 중후반 개발 내셔널리즘과 중산층 가정 판타지의 문화정치학」, 성공회대 동아시아연구소,《냉전 아시아의 문화 풍경 2》, 현실문화, 2009.

キム・ウォン　김원,「1970 년대 여공과 민주노조 운동」,〈한국정치학회보〉제 38 권 5 호, 한국정치학회, 2004.

キム・ウナ　김은하,「1980 년대, 바리케이트 뒤편의 성 (性) 전쟁과 여성해방 문학 운동」,〈상허학보〉제 51 집, 상허학회, 2017.

キム・ウンギョン　김은경,「한국 민주화 운동의 기원으로서 4월 혁명 재평가」,《다시 보는 한국 민주화 운동》, 한국정치연구회 엮음, 도서출판 선인, 2010.

キム・ジェス　김재수,「탈진실의 시대, 진실은 침몰하는가」,〈한겨레〉, 2017. 3. 19.

キム・ジュン　김준,「경합하는 정체성，남성성，그리고 계급：1970 년대 거대 조선사업장 노동자들의 사례」,〈산업노동연구〉제 16 권 제 1 호，한국산업노동학회，2010.

キム・チョンガン　김청강,「냉전과 오락 영화」,〈한국학 연구〉제 61 집，2017.

キム・テホン　김태홍,「성별 고용 형태별 임금격차 현황과 요인 분해」,〈여성연구〉제 84 권 제 1 호，한국여성정책연구원，2013.

キム・ドンチュン（キム・トンチュン）　김동춘,《전쟁과 사회》，돌베개，2000.〔邦訳『朝鮮戦争の社会史―避難・占領・虐殺』金美恵他訳，平凡社，2008〕

――，　김동춘,「1980 년대 민주 변혁 운동의 성장과 그 성격」，학술단체협의회,《6 월 민주 항쟁과 한국 사회 10 년》，당대，1997.

キム・ヒョンギョン　김현경,「"문화" 개념과 "성차" 관련 개념들에 관한 몇가지 고찰―1990 년대 이후 한국 사회 "페미니즘 문화연구" 를 중심으로」,〈민족문화연구〉제 53 호，고려대학교 민족문화연구원，2010.

キム・ヒョンチョル　김형철,「1980 년 5 월 광주 민중 항쟁과 한국 민주주의의 현재성」,《다시 보는 한국 민주화 운동》，한국정치연구회 엮음，도서출판 선인，2010.

キム・ボヒョン　김보현,「박정희 정권기 저항 엘리트들의 이중성과 역설」，윤해동 외,《근대를 다시 읽는다 1》，역사비평사，2006.

キム・ミラン　김미란,「베트남전 재현 양상을 통해 본 한국 남성성의 (재) 구성」,〈역사 문화 연구〉제 36 집，한국외국어대학교 (글로벌캠퍼스) 역사문화연구소，2010.

ク・ヘグン　구해근,《한국 노동계급의 형성》，신광영 옮김，창비，2002.

クォン・ヒョクボム　권혁범,《여성주의，남자를 살리다》，또하나의문화，2006.

クォンキム・ヒョンヨン　권김현영,「근대 전환기 한국의 남성성」，권김현영 외,《한국 남성을 분석한다》，권김현영 엮음，교양인，2017.

――，他　권김현영 외,《대한민국 넷페미史》，나무연필，2017.

グラムシ，アントニオ　안토니오 그람시,《그람시의 옥중 수고》(총 2 권)，이상훈 옮김，거름，1999.〔原著 Gramsci, Antonio, *Quaderni del carcere*, Giulio Einaudi, 2014. 邦訳『グラムシ『獄中ノート著作集』』（全 7 巻，うち III 巻および VII 巻が刊行済み），明石書店〕

コ・ギルソプ　고길섭,《문화 비평과 미시 정치》，문화과학사，1998.

コンネル，R・W　R. W. 코넬,《남성성 / 들》，현민・안상욱 옮김，이매진，

2013.〔原著 Connell, R. W., *Masculinities*, Univ. of California Press, 1995. 第 2 版の邦訳『マスキュリニティーズ――男性性の社会科学』伊藤公雄訳, 新曜社, 2022〕

シム・ジェウン, キム・ジンヒ　심재웅 · 김진희,「플레이밍 (Flaming) 에 영향을 끼치는 변인에 관한 연구—사회적 영향 모델을 중심으로」,〈정보화정책〉제 20 권 제 4 호, 한국정보화진흥원, 2013.

シム・ヨンウィ　심영의,「민주화 운동에서 여성 주체의 문제—홍희담과 공선옥의 5·18 소설을 중심으로」,〈인문사회과학연구〉제 13 권 제 1 호, 부경대학교 인문사회과학연구소, 2012.

シン・ビョンシク　신병식,「박정희 시대의 일상생활과 군사주의」,〈경제와 사회〉제 72 호, 2006.

ソ・アヨン　서아영,「가상 공동체의 플레이밍 (Flaming) 에 대한 이론적 탐색과 실증 분석」,〈e- 비즈니스연구〉, 국제 e- 비즈니스학회, 제 13 권 제 1 호, 2012.

ソ・ジョンジュ　서정주,「바다」,《미당 서전주 전집 1 — 시》, 은행나무, 2015.

ソ・ドンジン　서동진,《누가 성 정치학을 두려워하랴》, 문예마당, 1996.

———, 서동진,《자유의 의지 자기 계발의 의지》, 돌베개, 2009.

ソン・ドヨン　송도영,「1980 년대 한국 문화 운동과 민족 · 민중적 문화 양식의 탐색」,〈비교문화연구〉제 4 호, 서울대학교 비교문화연구소, 1998.

ソン・ミョンジン　송명진,「민족 영웅의 발명과 저항적 남성성의 전통 만들기」,〈한국문학 이론과 비평〉제 48 집, 한국문학이론과비평학회, 2010.

多賀太　다가 후토시,《남자 문제의 시대》, 책사소 옮김, 들녘, 2017.〔原著 多賀太『男子問題の時代?――錯綜するジェンダーと教育のポリティクス』学文社, 2016〕

チェ・ウンギョン　최은경,「1950–60 년대 의료 전문가의 동원과 징병검사의 수립」,〈인문과학 연구 논총〉제 44 호, 명지대학교 인문과학연구소, 2015.

チェ・ソンヨン, チャン・ギョンソプ　최선영 · 장경섭,「압축 산업화 시대 노동계급 가족 가부장제의 물질적 모순」,〈한국 사회학〉제 46 집 제 2 호, 한국사회학회, 2012.

チェ・チャンフン　최창훈,「혼인 상태에 따른 증액 연금보험의 도입 검토」,〈고령화리뷰〉제 4 권 제 2 호, 보험연구원, 2016.

チェ・テソプ　최태섭,《잉여사회》, 웅진지식하우스, 2013.

———, 최태섭,〈고자와 게이로서 말하기 : 관계 불가능에 대한 자조와 공포〉,《잉여사회》, 웅진지식하우스, 2013.

———，최태섭，「Digital Masculinity: 한국 남성 청（소）년과 디지털 여가」，연대젠더연구소，《그런 남자는 없다》，오월의봄，2017.

チャン・ギョンソプ　장경섭，《내일의 종언?- 가족자유주의와 사회재생산 위기》，집문당，2018.

チュ・ギョンヒ，チェ・ジウン，イ・ソンギュ　주경희 · 최지은 · 이성규，「인터넷 댓글 문화에서 플레이밍 행동에 영향을 미치는 요인에 관한 연구」，〈문화산업연구〉제 13 권 제 2 호，한국문화산업학회，2013.

チョン・ウンギョン　정은경，「한국의 연령 - 범죄 곡선에 대한 사회문화적 접근」，〈형사정책연구〉제 25 권 제 2 호，2014.

チョン・サンイン　전상인，「신세대의 부상：미워할 수 없는 오리 새끼들」，〈계간 사상〉제 42 호，사회과학원，1999.

チョン・ジェホ　전재호，〈한국 민족주의의 반공 국가주의적 성격―식민지적 기원과 해방 직후의 전개 양상〉，민주화운동기념사업회 기획，《식민지 유산，국가 형성，한국 민주주의》，정근식 · 이병천 엮음，책세상，2012.

チョン・ジェミン　정재민，「조선 후기 설화에 나타난 무인의 위상과 문무 관계」，〈한일 군사문화연구〉제 21 권 제 0 호，한일군사문화학회，2016.

チョン・チェギ他　정채기 외，《페미니즘에 대한 남성학과 남성 운동》，도서출판 원미사，2007.

ノ・ジスン　노지승，「남성 주체의 분열과 재건，1980 년대 에로 영화에서의 남성성」，〈여성문학연구〉제 30 권 제 0 호，한국여성문학학회，2013.

ノ・ヨンギ　노영기，「5・18 항쟁 초기 군부의 대응―학생 시위의 시민 항쟁으로의 전환 배경과 관련하여」，〈한국문화〉제 62 집，서울대학교 규장각한국학연구원，2013.

パク・ノジャ　박노자，《씩씩한 남자 만들기》，푸른역사，2009.

パク・ヒョンファ　박현화，「민중미술에 나타난 남성성」，〈현대미술학 논문집〉제 17 권 제 1 호，현대미술학회，2013.

パク・ヘギョン　박혜경，「경제 위기 시 가족주의 담론의 재구성과 성 평등 담론의 한계」，〈한국여성학〉제 27 권 3 호，한국여성학회，2011.

パクイ・ウンシル　박이은실，「패권적 남성성의 역사」，〈문화과학〉제 76 호，문화과학사，2013.

ピョン・ジョンス　변정수，《나는 남자의 몸에 갇힌 레즈비언》，삼인，1997.

ファイン，コーデリア　코델리아 파인，《젠더，만들어진 성》，이지윤 옮김，휴먼사이언스，2014.〔原著 Fine, Cordelia, *Delusions of Gender : the real science behind sex differences*, Icon Books, 2011〕

ファノン，フランツ　프란츠 파농，《검은 피부 하얀 가면》，이석호 옮김，인

간사랑, 1998.〔原著 Fanon, Frantz , *Peau noire, masques blancs.* 邦訳『黒い皮膚・白い仮面』海老坂武, 加藤晴久訳, みすず書房, 2020〕

ファルーディ, スーザン 수전 팔루디,《백래시》, 황성원 옮김, 아르테, 2017.〔原著 Faludi, Susan, *Backlash : the undeclared war against American women,* Crown, 1991. 邦訳『バックラッシュ——逆襲される女たち』伊藤由紀子, 加藤真樹子訳, 新潮社, 1994〕

ファン・ビョンジュ 황병주,〈박정희 체제의 지배 담론과 대중의 국민화〉, 윤해동 외,《근대를 다시 읽는다 1》, 역사비평사, 2006.

ペ・ウンギョン 배은경,「군 가산점 논란의 지형과 쟁점」,〈여성과 사회〉제 11 호, 한국여성연구소, 2000.

ペク・スンドク 백승덕,「한국전쟁 이전의 국민개병제 구상과 시행」,〈한국사연구〉제 175 호, 한국사연구회, 2016.

ホ・ウン 허은,「1980 년대 상반기 학생운동 체계의 변화와 학생운동 문화의 확산」,《학생운동의 시대》, 이호룡・정근식 엮음, 선인, 2013.

ホ・ユン 허윤,「냉전 아시아적 질서와 1950 년대 한국의 여성 혐오」,〈역사문제 연구〉제 35 호, 역사문제연구소, 2016.

ボンガーツ, ジョン Bongaarts, John and Guilmoto, Christophe Z.,"How Many More Missing Women? Excess Female Mortality and Prenatal Sex Selection, 1970–2050", *Population and Development Review,* Wiley-Blackwell (2015) <https://onlinelibrary.wiley.com/doi/10.1111/j.1728-4457.2015.00046.x>

モッセ, ジョージ・L 조지 L. 모스,《남자의 이미지》, 이광조 옮김, 문예출판사, 2004.〔原 著 Mosse, George L., *The Image of Man : the creation of modern masculinity,* Oxford University Press, 1996. 邦訳『男のイメージ——男性性の創造と近代社会』細谷実, 小玉亮子, 海妻径子訳, 作品社, 2005〕

ユン・ヘドン他 윤해동 외,《근대를 다시 읽는다 1》, 역사비평사, 2006.

リュ・ジニ 류진희,「'무기 없는 민족'의 여성이라는 거울—해방 직후 탈/식민 남성성과 여성 혐오를 단서로 하여」,〈문화과학〉제 83 호, 문화과학사, 2015.

ロージン, ハンナ 해나 로진,《남자의 종말》, 배현・김수안 옮김, 민음인, 2012.〔原著 Hanna Rosin, *The End of Men: And the rise of women,* Riverhead Books, 2012〕

メディア記事・公文書など

bloter　"네이버 뉴스 댓글 '남성' 많고 '10 대 · 여성' 적고", 〈블로터〉, 2016. 7. 25.

igaworks blog　"［2015 구글플레이 게임 총결산 보고서］모바일 게임, 1% 의 이용자가 매출 90% 이상 책임진다", 〈igaworks〉, 2016. 2. 18.

OECD　"Genderwage Gap"< https://data.oecd.org/earnwage/gender-wage-gap.htm>

アジア経済　"백인 우월주의자 DNA 분석해보니 '순수 백인' 아냐", 〈아시아경제〉, 2017. 8. 31.

梨大学報　"1996 년, 대동제를 취재하다", 〈이대학보〉, 2005. 11. 28.

イルダ　"6, 70 년대 가족계획의 실체를 보자—박정희 경제 발전 논리와 여성 재생산권 ①", 〈일다〉, 2004. 8. 8.

———，"［반다의 질병 관통기］당신의 고통과 희생에 위로를… ", 〈일다〉, 2017. 11. 20.

ウォール・ストリート・ジャーナル　"Pinterest's Problem: Getting Men to Commit," *The Wall Street Journal*, 2015.1.22.

エコノミックレビュー　"중국 남녀 성비 불균형 '최악'", 〈이코노믹리뷰〉, 2017. 1. 27.

オーストラリア連邦政府上院教育問題常任委員会　House of Representatives Standing Committee on Education and Training, "Boys: Getting it right — Report on the inquiry into the education of boys", Canberra: Parliament of the Commonwealth of Australia, 2002.

オーマイニュース　"'앙마' 의 촛불 시위 기사에 대한사과—'시민 기자' 의 역할 제고에 더욱 노력", 〈오마이뉴스〉, 2003. 1. 9.

———，"［베트남 평화 기행①］베트남 민간인 학살 공식 희생자만 9 천여명 … 한국 정부는 '침묵'", 〈오마이뉴스〉, 2014. 2. 26.

韓国警察庁　경찰청, 〈2016 범죄 통계〉, 2017.

韓国国防部軍事編纂研究所ホームページ　"베트남 전쟁이란 ?" <http://www.imhc.mil.kr>

韓国雇用労働部　고용노동부, 〈2017 고용 형태별 근로 실태 조사 보고서〉, 2017.

———，고용노동부, 〈2016 고용 형태별 근로 실태 조사 보고서〉, 2016.

韓国コンテンツ振興院　한국콘텐츠진흥원, 〈2022 게임백서〉, 2022.

———，한국콘텐츠진흥원, 〈2022 게임산업 종사자 실태 조사〉, 2022.

韓国最高検察庁　대검찰청,〈2017 범죄 분석〉, 2018.

韓国職業能力開発院　한국직업능력개발원,〈직급 정보를 활용하여 '차이' 와 '차별' 로 나누어본 성별 임금격차〉, 2018. 6. 30.

韓国女性政策研究院　한국여성정책연구원,〈성폭력 무고의 젠더 분석과 성폭력 범죄 분류의 새로운 범주화〉, 2019.

韓国電波振興協会　한국전파진흥협회,〈2022 1 인미디어 산업 실태조사〉, 2022.

韓国統計庁　통계청,〈2017 통계로 보는 여성의 삶〉, 2017.

———,　통계청,〈사회조사〉, 2022.

———,　통계청 웹사이트（kostat.go.kr）의〈군 사망 사고 현황〉.

———,　통계청,〈사망 원인 통계 연보〉, 2015.

———,　통계청,〈일자리 행정 통계를 통해 본 임금 근로 일자리별 소득（보수）분포 분석〉, 2017.

———・女性家族部　통계청 · 여성가족부,〈2018 통계로 보는 여성의 삶〉, 2018.

韓国日報　"남성 가사 분담률 OECD 최하위…아이 키우는 부부 29% 만 맞벌이",〈한국일보〉, 2017. 7. 3.

———,　"맞벌이 아내, 주말에도 남편보다 가사 노동 4 배 더",〈한국일보〉, 2017. 5. 8.

京郷新聞　"게임 내 '메갈 찾기' 는 정당한 소비자 운동일까",〈경향신문〉, 2018.4. 7.

———,　"5・18 계엄군, 실탄 51 만 발 썼다",〈경향신문〉, 2017. 8. 28.

———,　"5・18 계엄군, 광주시민을 '적' 으로 규정했다",〈경향신문〉, 2017. 8. 31.

———,　"엄마 몰카 · 선생님 몰카…아슬아슬 초등생 '엿보기 놀이'",〈경향신문〉, 2018. 5. 16.

———,　"캐나다 차량돌진 용의자는 '인셀' 이었다",〈경향신문〉, 2018. 4. 26.

———,　"[팩트체크] 메이플 '남혐 집게손가락' 의 끊이지 않는 음모론",〈경향신문〉, 2023.12.5.

国家人権委員会差別是正委員会　국가인권위원회 차별시정위원회 결정문,〈사상 및 정치적 의견을 이유로 한 여성 작가 배제관행 개선을 위한 의견 표명〉, 2020.5.26.

サイエンス・タイム　"남자의 기대 수명이 짧은 이유",〈사이언스타임즈〉, 2017. 4. 17.

週刊朝鮮　“유튜브의 신인류들 경제 생태계를 뒤집다”，〈주간조선〉，2018. 3. 18.
出版ジャーナル　“왜곡된 남성다움의 굴레를 벗는다—남성의 눈으로 남성 사회의 억압 구조 파헤친 남성학 관련서 늘어”，〈출판저널〉 제 229 호，1998.
女性経済新聞　“성별 할당제 딜레마…여풍 불어닥친 공직・교직계 남성 할당제 시대”，〈여성경제신문〉，2017. 3. 8.
女性新聞　“여성학을 비판하는 시선들”，〈여성신문〉，2007. 7. 20.
チャムセサン　“민주노총 포스터의 ‘남성 중심성’”，〈참세상〉，2006. 4. 27.
中央日報　“노숙자 IMF 때보다 더 늘어…올 6000 명 1 년 전 2 배”，〈중앙일보〉，1999. 9. 14.
ノーカットニュース　“［美 비밀문서］“그들에게 광주시민은 베트콩이었다””，〈노컷뉴스〉，2017. 8. 21.
ハフィントンポスト・コリア　“20 년 전，IMF 사태를 겪었던 한국의 놀라운 풍경 7 가지”，〈허핑턴 포스트코리아〉，2017. 11. 21.
ハンギョレ　“이유 있는 언니들의 분노…통계로 짚어봤습니다”，〈한겨레〉，2016. 5.24.
———，“［김형민의 ‘응답하라 1990’ (18) 신인류의 출현］압구정서 ‘야~타!’ 외치던 오렌지족，지금은…”，〈한겨레〉，2014. 3. 28.
———，“여성 경력 단절，출산보다 ‘직장 환경’ 탓”，〈한겨레〉，2015. 11. 5.
———，“중국 ‘펀칭 (분노 청년)’ 패배자인가 변혁가인가”，〈한겨레〉，2005. 10. 23.
———，“‘우린 그들의 밥이 아냐’ 밥 하는 아줌마들의 절규”，〈한겨레〉，2002.3. 25.
プレシアン　“3 만 9000 명의 ‘개죽음’을 확인하다”，〈프레시안〉，2017. 2. 25.
平和ニュース　“<5・18> “나는 광주 진압군이었다””，〈평화뉴스〉，2004. 5. 18.
聯合ニュース　“베트남 더 강해진 남아 선호… 성비 불균형 ‘비상’”，〈연합뉴스〉，2015. 8. 17.
———，“작년 수능도 여학생이 잘 봤다…제주，모든 영역 평균 점수 1 위”，〈연합뉴스〉，2017. 9. 26.
———，“‘10 대 남학생，여학생보다 학업 성취도 낮아’〈OECD 보고서〉”，〈연합뉴스〉，2015. 3. 5.
———，“지구촌 10 명 중 4 명 스마트폰 쓴다… 한국은 77.7% 로 6 위”，〈연

합뉴스〉, 2017. 7. 1.

映像資料

EBS 〈비욘드 스페셜 : 인공지능 2 부—이미테이션 게임〉, EBS, 2017. 12. 7.
JTBC “［팩트체크］“한국 남성 가사 분담률 꼴찌 수준”…사실일까 ?”, JTBC 〈뉴스룸〉, 2015. 1. 8.
KBS 〈미녀들의 수다〉, KBS, 2009. 11.
MBC 〈MBC 스페셜 : 우리가 결혼하지 않는 진짜 이유〉, 2016. 10.
Mnet 〈그는 당신에게 반하지 않았다 시즌 2〉, Mnet, 2011. 2.

著者略歴

(최태섭)

1984年生まれ．文化評論家，社会学研究者．韓国・聖公会大学社会学科にて博士課程修了．ジェンダー，政治，労働問題に重点を置いて執筆活動をしている．2011年の共著書『열정은 어떻게 노동이 되는가〔情熱はいかにして労働になるのか〕』（ウンジン知識ハウス）では，韓国社会の若者世代に「情熱」という形態をとって強要される不合理な労働について論じた．2013年，世代論だけでは説明できない搾取と疎外を「余剰」をキーワードに考察する単著『잉여사회〔余剰社会〕』（ウンジン知識ハウス）を発表．2018年に本書の原書『한국, 남자〔韓国，男子〕』（ウネンナム），2021年にはゲーム産業・文化について考察した『모두를 위한 게임 취급 설명서—게임에 대해 궁금하지만 게이머들은 답해줄 수 없는 것들〔みんなのためのゲーム取扱説明書——ゲームについて疑問に思うが，ゲーマーは答えることができないもの〕』（ハンギョレ出版）を上梓した．ほかの著書に，『억울한 사람들의 나라〔やりきれない者たちの国〕』（ウィズダムハウス，2018）など．

訳者略歴

小山内園子〈おさない・そのこ〉1969年生まれ．韓日翻訳者，社会福祉士．訳書に，ク・ビョンモ『破果』（岩波書店，2022）など．すんみとの共訳書にイ・ミンギョン『私たちにはことばが必要だ フェミニストは黙らない』（タバブックス，2018）ほか．

すんみ〈スンミ〉1986年生まれ．韓日，日韓翻訳者．訳書に，チェ・ジニョン『ディア・マイ・シスター』（亜紀書房，2024），ウン・ソホル他『5番レーン』（鈴木出版，2022）など．小山内園子との共訳書にイ・ミンギョン『失われた賃金を求めて』（タバブックス，2021）ほか．

解説者略歴

趙慶喜〈ちょう・きょんひ〉1973年生まれ．韓国・聖公会大学東アジア研究所教員．主な共著書に『残余の声を聴く——沖縄・韓国・パレスチナ』（明石書店，2021），『주권의 야만—밀항・수용소・재일조선인〔主権の野蛮——密航・収容所・在日朝鮮人〕』（ハンウル，2017）．

チェ・テソプ
韓国、男子
その困難さの感情史
小山内園子・すんみ 訳
趙慶喜 解説

2024年12月2日　第1刷発行
2025年2月19日　第3刷発行

発行所　株式会社 みすず書房
〒113-0033 東京都文京区本郷2丁目20-7
電話 03-3814-0131(営業) 03-3815-9181(編集)
www.msz.co.jp

本文組版　キャップス
本文印刷・製本所　中央精版印刷
扉・表紙・カバー印刷所　リヒトプランニング

装丁　木下悠
装画　桂川峻哉

ISBN 978-4-622-09745-7
[かんこくだんし]